Le piège

DU MÊME AUTEUR

L'Argent facile. Dictionnaire de la corruption en France, Stock, 1992.

Un juge face au pouvoir. De la gauche à la droite, les secrets de Van Ruymbeke, avec Roland-Pierre Paringaux, Grasset, 1994.

Les Épinglés de la République, Lattès, 1995.

Le Roman d'un séducteur. Les secrets de Roland Dumas, Lattès, 1998.

L'Homme qui en sait trop. Alfred Sirven et les milliards de l'affaire Elf, avec Jean-Marie Pontaut, Grasset, 2000.

Gilles Gaetner

Le piège

Les réseaux financiers de Pierre Falcone

PLON

ISBN 2-259-19563-6

Avertissement

Ce livre raconte les différentes péripéties d'une affaire qui connaît encore aujourd'hui un très grand retentissement médiatique.

Elle est actuellement instruite par deux magistrats, dont l'un a fait l'objet de nombreux articles et a été souvent critiqué par les avocats des personnes mises en examen.

Notre objectif a été de comprendre, d'analyser, d'expliquer, mais non pas de juger, ou de préjuger, d'une décision de justice.

Il est clair que les faits rapportés ici peuvent être contestés par les intéressés dont bon nombre sont mis en examen. Et qui pourront bénéficier d'un non-lieu de la part des juges d'instruction ou d'une relaxe prononcée par un tribunal.

CHAPITRE I

Un avocat très influent

Ce 2 juin 2000, l'homme qui quitte précipitamment tôt le matin sa maison de campagne de Nemours (Seine-et-Marne) pour rejoindre son luxueux appartement parisien de l'avenue Raymond-Poincaré arbore une fort méchante humeur. Il y a de quoi. Au cours de la nuit, il a été victime d'un important cambriolage. Le ou les malfaiteurs, peut-être alertés par un familier, n'ont pas fait dans le détail, emportant pêle-mêle trois colliers dont un de marque Boucheron, un bracelet lui aussi estampillé Boucheron, une vingtaine de montres dont une Patek Philippe, une collection de stylos Montblanc, trois statuettes de bronze et une tapisserie murale. Un petit trésor représentant plus d'un million de francs. Heureusement, une quinzaine de jours plus tard, un receleur, un certain Jean-Félix, était arrêté à Montmartre alors qu'il sortait de chez une voyante... L'homme pouvait alors récupérer une partie — seulement — de ses biens dérobés.

Ce personnage visiblement à l'abri du besoin n'est pas n'importe qui. Il s'appelle Allain Guilloux. C'est un avocat fiscaliste réputé de la capitale, qui possède l'une des clientèles les plus huppées du barreau : des acteurs, des écrivains, des gens du show-business, des hommes d'affaires, ainsi que quelques personnalités politiques au profil on ne peut plus différent, comme Jean-Marie Le Pen, Jacques Attali, ou l'ancien sénateur RPR Xavier Dugoin. Orfèvre en matière fiscale, il se fait fort, grâce à ses connaissances juridiques — il a été inspecteur des impôts —, de vous ramener un redressement fiscal de 100 millions à zéro franc... au grand dam de son administration d'origine.

Décidément, ce début des vacances se présente mal pour Guilloux. Un mois quasiment jour pour jour après le cambriolage dont il a été victime, voici qu'il reçoit une nouvelle visite.

Cette fois, ce sont des policiers — sur commission rogatoire du juge Philippe Courroye — dont la réputation n'est plus à faire depuis ses instructions sur les affaires Michel Noir et Alain Carignon [1] — qui viennent perquisitionner, d'abord à son cabinet 45, avenue Victor-Hugo à Paris XVIe, puis à son domicile 83, avenue Raymond-Poincaré toujours dans le XVIe arrondissement. D'abord placé en garde à vue, Guilloux est incarcéré le 5 juillet à la prison de la Santé. Huit heures plus tard, son ex-épouse Joëlle se voit contrainte d'accompagner les enquêteurs dans la maison du couple à Bourron-Marlotte près de Nemours [2]. Nouvelle perquisition — et nouvelles découvertes : une lithographie de Raoul Dufy, un tableau de Sigourney, un tableau de Miró noir, rouge, vert, jaune et bleu, une lithographie de Manoukian, des peintures sur papier signées Bonnefoy, une tapisserie des Gobelins signée Marc Chagall, un tableau de Serge Poliakoff, deux lithographies de Tobias et de multiples autres sculptures, peintures et autres bronzes. Un petit musée ! Les policiers ne sont pas au bout de leurs surprises. La perquisition terminée, ils se rendent à l'agence du Crédit industriel et commercial de Nemours, où Joëlle a loué un coffre. Stupéfaction : c'est une véritable caverne d'Ali Baba. On y trouve une bague Boucheron surmontée de deux rubis et d'un saphir, une paire de boucles d'oreilles avec chacune un rubis entouré de dix-huit pierres blanches, des boutons de manchette de marque Hermès, une boîte verte Christofle, un bracelet de perles blanches, un collier de perles blanches, un collier de perles grises... En tout, une trentaine de bagues de marques

1. Respectivement ancien maire de Lyon et ancien maire de Grenoble.

2. Allain Guilloux est divorcé depuis 1988. Il a conservé d'excellentes relations avec son ex-épouse, Joëlle Legall-Guilloux.

célèbres dorment tranquillement dans le coffre... Pas à dire : Joëlle et Allain Guilloux vivent dans l'aisance. Leurs revenus proviennent quasi exclusivement des activités d'Allain, puisque Joëlle, enseignante en sciences économiques dans un lycée, perçoit un salaire ne dépassant pas 20 000 francs par mois.

Reste que ce train de vie, cette accumulation de trésors cachés ne peuvent qu'intriguer — et susciter des interrogations. Comment Allain Guilloux se fait-il rémunérer par ses clients ? En œuvres d'art ? Une autre question taraude le juge Courroye : quelle est la nature exacte des liens de l'avocat avec ses clients ? Cette question, le magistrat se la pose aussi depuis plusieurs mois. Depuis qu'il instruit une affaire de blanchiment où apparaissent deux clients de Me Guilloux : un commerçant du Sentier, Henri Benhamou, et un milliardaire russe, Arcadi Gaydamak, dont nous reparlerons.

Revenons à Benhamou. Le 15 septembre 1997, lui et sa femme sont séquestrés 15, rue Margueritte à Paris XVIIe par plusieurs malfaiteurs qui leur dérobent une importante somme d'argent ainsi qu'un document correspondant à la tenue d'une comptabilité, sur lequel sont indiqués, en face de divers prénoms, le versement de fortes sommes. Bizarrement, Henri Benhamou tarde à déposer plainte. Ce n'est que cinq mois après les faits qu'il s'y résout, en déclarant le vol de 300 000 francs en espèces.

Un an plus tard, le 6 octobre 1998, plusieurs suspects susceptibles d'avoir séquestré Benhamou et son épouse sont interpellés. Pourquoi ont-ils choisi le commerçant pour cible ? Tout simplement parce qu'il est connu pour collecter et blanchir de l'argent. Du coup, les enquêteurs s'intéressent à Benhamou. Filatures. Surveillances. Ecoutes téléphoniques : la PJ ne néglige rien. Jusqu'à ce que, les 23 et 24 novembre 1999, elle arrête trois personnes : Steve O'Hana, un industriel originaire du Maroc, président de la Compagnie marocaine de carton et de papier, David Cohen, directeur financier de la société textile Antonelle domiciliée dans le quartier du Sentier à Paris, et... Henri Benhamou. Dans l'appartement de ce dernier, les enquêteurs mettent la main sur 100 000 francs en espèces, tandis qu'au bureau de Steve O'Hana, avenue

George-V, ils trouvent 362 300 francs, toujours en liquide. Très vite, les policiers soupçonnent que Benhamou se comporte en blanchisseur en recevant des espèces provenant de ventes sans factures... Parfois, Benhamou en redistribue. Notamment à Steve O'Hana qui, en trois ans, aurait reçu, selon le témoignage de sa secrétaire, près de 12 millions de francs en espèces !

Le plus surprenant survient au début de l'an 2000, quand le juge Courroye apprend, grâce à une aimable dénonciation anonyme [1], que Benhamou a acquis le 13 octobre 1998 3,5 millions de francs un appartement de standing de 250 mètres carrés situé rue Margueritte. Or Benhamou aurait versé un dessous-de-table de 1,5 million de francs au vendeur, une société panaméenne dénommée Calvipan, dont l'ayant droit n'est autre qu'Allain Guilloux lui-même.

Ce dessous-de-table, selon le magistrat, aurait été masqué, sur ordre de Guilloux, en une fausse déclaration de prêt consenti par le frère de Benhamou, Salomon. « Une affirmation sinistrement ubuesque », conteste l'avocat qui ajoute : « Lorsqu'on se livre réellement à ce genre d'opération, on se montre plus discret puisqu'une déclaration de prêt est signalée aux services fiscaux. »

Pour prouver qu'il y a bien eu prêt, Me Guilloux exigera que soit interrogé son collaborateur, Me Jacques Faure, qui

1. C'est ce qu'affirme Allain Guilloux qui portera plainte en 2001 avec constitution de partie civile pour dénonciation calomnieuse. Effectivement, la DNVSF recevra en 1999 ou 2000 une lettre d'un corbeau qui écrivait : « Guilloux est propriétaire réel de deux appartements de grand standing d'environ 400 mètres carrés chacun et d'une valeur de 10 millions de francs chacun, suite à deux magouilles : 1) Avec Joffo : 15, rue Margueritte, Paris XVIIe, propriétaire théorique d'une société panaméenne Calvipan. Cet appartement vient d'être vendu par Guilloux avec un desous-detable en espèces de 1,5 million de francs, qui pourrait être encore appréhendé si on agit rapidement. 2) Avec Gaydamak, 83, avenue Raymond-Poincaré, Paris XVIe, qui est actuellement la résidence principale des époux Guilloux. »

avait rédigé le contrat de prêt. Le juge refusera pendant de longs mois avant d'accepter [1].

Philippe Courroye apprend encore qu'Arcadi Gaydamak a mis à la disposition de l'avocat — depuis 1998 — son superbe appartement (300 mètres carrés) de l'avenue Poincaré, estimé à plus de 9 millions de francs. En mars 2000, Guilloux s'apprête à le racheter pour 5 à 7 millions de francs. Le magistrat décèle les intentions de l'avocat. Et, estimant que Guilloux a transgressé la loi avec ses deux clients, il ne fait ni une ni deux : il le met en examen pour blanchiment le 5 juillet 2000, puis le place sous mandat de dépôt à la prison de la Santé.

Allain Guilloux reste incarcéré jusqu'au 20 juillet, date à laquelle il doit verser, pour être libéré, une caution de 2 millions de francs. Une somme qui, pour lui, n'a rien d'exceptionnel. Seulement voilà : c'est un de ses amis, Gérard Depardieu, qui règle la somme. Une générosité qu'explique le célèbre acteur :

« J'ai connu, dit-il, Me Guilloux en 1995 par l'intermédiaire de mon ancienne compagne, Carine Silla, mère de notre fille Roxane. Quelque temps auparavant, nous nous étions séparés. J'ai dû lui verser une pension alimentaire de 25 000 francs par mois. Carine ayant oublié de déclarer cette pension aux impôts, le fisc lui a réclamé 1 million de francs. C'est moi qui ai réglé la somme. Carine a tout de même pris rendez-vous avec Me Guilloux pour tenter de récupérer ce million de francs. Son intervention a réussi. Le million de francs m'a été restitué [2]. »

Un résultat exceptionnel. Du coup, Depardieu, ébahi par le savoir-faire de Me Guilloux, est devenu son ami. Les deux

1. L'avocat d'Allain Guilloux, Me Olivier Lagrave, adressera une lettre au magistrat le 9 mai 2001 afin d'interroger Me Faure. Le juge refusera dans une ordonnance datée du 13 juin 2001. A l'automne 2001, Jacques Faure sera finalement entendu et confirmera l'existence d'un contrat de prêt. Guilloux a toujours affirmé avoir vendu son appartement à Henri Benhamou qu'il ne connaissait pas à l'époque. C'est par la suite qu'il deviendra son avocat.

2. Audition de Gérard Depardieu par le juge Philippe Courroye en septembre 2000.

hommes se sont revus à plusieurs reprises, souvent lors de dîners au restaurant, tantôt en compagnie de Carine Silla, tantôt en compagnie du producteur de cinéma Alain Terzian.

Galopent les années. Depardieu se débat dans une séparation qui n'en finit pas : celle d'avec sa femme légitime Elisabeth. Les époux ont bien engagé une procédure de divorce. Mais les choses traînent. Gérard s'en ouvre à son ami Guilloux. « Quel est votre avocat ? » demande ce dernier. « C'est Me Michelle Cahen », répond le comédien. « Ça tombe bien, réplique Allain. Je la connais. Je vais lui passer un coup de fil afin qu'elle hâte la procédure. »

Le 10 juillet, gros pépin pour notre Cyrano national : il subit un quintuple pontage coronarien. L'homme est costaud. Dès le 17, remis d'aplomb, il s'enquiert de l'évolution de son divorce auprès du cabinet d'Allain Guilloux. Il ne parvient pas à le joindre. Bizarre. Et quand Depardieu obtient au bout du fil les collaborateurs de l'avocat, ceux-ci se montrent évasifs. Troublé, Gérard Depardieu se décide à appeler Joëlle Guilloux, qui lui apprend l'incarcération de son mari. Elle est totalement désemparée. Elle doit verser 2 millions de francs le 20 juillet pour obtenir la libération d'Allain Guilloux. Or, à ce jour, elle n'a pu réunir que 500 000 francs.

Emu par la détresse de Joëlle, Gérard Depardieu prend contact avec sa banque, la Société générale de Saint-Germain-en-Laye. « Débloquez-moi dans les deux heures 2 millions de francs », ordonne l'acteur. Ce qui est fait. Dans la soirée du 20 juillet, Guilloux recouvre la liberté... En échange, il promet de rembourser son sauveur avant le 15 juillet 2001.

*

La presse n'accorde que quelques lignes à la détention d'Allain Guilloux. L'événement passe inaperçu. Sauf chez certains de ses confrères qui connaissent son goût pour les montages subtils. Montages que le juge Courroye considérera comme étant un peu plus qu'à la lisière du droit...

Et pourtant ! La chute d'Allain Guilloux marque le point de départ d'une gigantesque affaire judiciaire qui conduit en Angola, en Russie, aux Etats-Unis, où l'on croise des personnages aussi différents que Jean-Christophe Mitterrand, le fils de l'ancien président de la République, Jacques Attali, l'ancien patron de Radio Monte-Carlo, Jean-Noël Tassez ou l'écrivain à succès Paul-Loup Sulitzer. Ce dossier à tiroirs débouchera également sur le financement politique, présumé pas toujours orthodoxe, du Rassemblement pour la France (RPF) de Charles Pasqua, avec une incursion du côté des maîtres des jeux, au Congo et au Gabon, Robert Feliciaggi et Michel Tomi. Deux proches de l'ancien ministre de l'Intérieur.

Apparaissent aussi deux hommes, inconnus du grand public. Le premier a pour nom Pierre Falcone. C'est un industriel d'origine pied-noir, marié depuis 1994 à Sonia Montero, une ancienne « Miss Colombie », qui vit principalement au Brésil et dans l'Arizona. Le second s'appelle Arcadi Gaydamak. C'est un Russe venu sans le sou à Paris en 1972. Il est aujourd'hui milliardaire.

Falcone et Gaydamak possèdent deux particularités : avoir été associés, de 1993 à 1999, pour vendre des armes à l'Angola du président Eduardo dos Santos à hauteur de 500 millions de dollars et avoir bénéficié d'une grande mansuétude de la part des autorités françaises. En dépit des avertissements répétés — sous forme de notes blanches — des services de renseignements français, principalement de la DGSE et de la Direction centrale des renseignements généraux. A l'inverse, le service français du contre-espionnage, la DST, a souvent fait montre de bienveillance à l'égard de Falcone et de Gaydamak. A ces deux particularités s'en ajoute une troisième : les deux hommes d'affaires utilisent les services du même avocat, qui n'est autre que... Allain Guilloux. Lequel ne ménagera ni son temps ni sa peine pour les sortir des griffes de l'administration fiscale.

Qui est donc cet avocat discret, plaidant rarement, terriblement efficace et détenteur de tant des secrets ?

Agé de cinquante-sept ans, originaire des Côtes-d'Armor, Allain Guilloux, ne serait-ce que par son allure vestimentaire, n'a rien de l'avocat traditionnel tel que l'on se l'imagine. Souvent vêtu d'un polo noir, chaîne en or autour du cou, il a plutôt le look artiste. Du reste, il est l'authentique sosie de l'un de ses prestigieux clients, le sculpteur Arman.

Fils d'un préparateur en pharmacie, Guilloux a été tour à tour maître d'internat, représentant médical, avant de reprendre ses études à la faculté de droit de Rennes en 1966, à l'âge de vingt-deux ans. Deux ans plus tard, il intègre l'Ecole nationale des impôts de Clermont-Ferrand. A sa sortie, au début des années 1970, il se voit affecté comme inspecteur des impôts à une direction prestigieuse et redoutée — elle contrôle les grosses fortunes de notre pays : la Direction nationale des vérifications de situations fiscales, plus connue sous le nom de DNVSF. Guilloux s'y ennuie très vite. A ce constat, s'en ajoute un autre : le salaire. Plutôt maigre. C'est bien connu, la fonction publique se montre pingre avec ses serviteurs.

Jusqu'à ce qu'un jour de 1976 un ancien camarade de lycée désormais avocat, devenu son voisin de campagne, lui fait la proposition suivante : « Et si nous rachetions un cabinet d'avocats à Fontainebleau ? — Soit, répond Guilloux, mais je n'ai pas le CAPA [1]. — Passe-le », répond son ami. C'est ainsi que Guilloux, en 1977, devient avocat et démissionne de l'administration. Finalement, il ne rachète pas le cabinet d'avocats à Fontainebleau, et s'installe avec un autre confrère, Me Jean-Marc Gernigon, où il s'occupera d'un secteur qu'il connaît bien : le contentieux fiscal. Le passage est bref. En effet, par hasard, en 1978, Allain Guilloux apprend qu'un administrateur judiciaire parisien, Me Roland Scemama, qui doit faire face à quelques problèmes de santé, cherche un collaborateur. Recommandé par une amie, Guilloux se présente. Affaire conclue : il devient principal clerc chez Me Scemama, avec perspective de succession. Au bout de quelques mois, l'administrateur retrouve la forme... Adieu la succession ! Du coup, Allain Guilloux se met à son compte et sous-loue un bureau chez un confrère. Une nouvelle aventure commence. Pendant quelques années, il rame, comme on dit. Mais ses compétences, son entregent, sa parfaite connaissance du droit fiscal en font très rapidement un des avocats fiscalistes les plus recherchés de la capitale.

En 1990, c'est l'envolée. Allain Guilloux installe son cabinet dans un quartier chic de Paris, au 11bis, avenue Victor-

1. Certificat d'aptitude à la profession d'avocat.

Hugo, à deux pas de la place de l'Etoile. En 1992, un confrère, breton lui aussi et ancien de la DNVSF, le rejoint. Son nom : Alain Belot. Il vient de passer trois ans aux côtés de Dominique Strauss-Kahn, président de la commission des Finances de l'Assemblée nationale, nouvellement promu ministre de l'Industrie. Aussi, Belot qui ne souhaite pas réintégrer l'administration décide d'opter pour le barreau.

Quelque temps plus tard, un troisième confrère, Me Jean-Pierre Le Sergent, les rejoint. Le trio constitue une société civile professionnelle (SCP), chaque confrère mettant 3 millions de francs au pot.

En 1995, premier accroc : à la suite d'une mésentente avec Guilloux, M^e^ Le Sergent quitte le cabinet. La SCP prend le nom de SCP Guilloux-Belot : 60 % des parts appartiennent au premier, 40 % au second.

Grâce aux relations et au savoir-faire acquis à la DNVSF, le cabinet qui emploie une douzaine de personnes, en comptant les secrétaires, tourne bien. Le chiffre d'affaires annuel atteint 10 millions de francs. Les clients se bousculent. Celui qui les apporte, c'est Allain Guilloux. Lui qui aime nouer des contacts, notamment dans le show-biz, à l'occasion de déjeuners chez Prunier, en face du cabinet, où l'avocat a ses habitudes.

Les clients ? Ce sont des acteurs comme Thierry Lhermitte, Gérard Depardieu ou Carole Bouquet ; des réalisateurs comme Josée Dayan ; des écrivains comme Françoise Sagan, en délicatesse avec le fisc depuis plusieurs années. Guilloux sera son conseil dans un appendice de l'affaire Elf.

En 1991, le fameux André Guelfi, alias Dédé la Sardine, avait en effet versé 4 millions de francs à l'auteur de *Bonjour, tristesse*. Cette somme représentait le prix de l'intervention de Françoise auprès de François Mitterrand afin qu'il persuade le Premier ministre ouzbek Ismael Karimov de délivrer en Ouzbékistan quelques permis d'exploration pétrolière à André Guelfi. Ce qui fut fait, le Président ne refusant rien à sa chère Françoise, qui se vit récompensée de 4 millions de francs. Seulement voilà : Sagan oublia de déclarer la coquette somme, considérée par les impôts comme un revenu. Poursuivie pour fraude fiscale, l'écrivain est passée devant le Tribunal correctionnel fin janvier 2002. Le jugement devait être rendu le 26 février.

Avec Jean-Marie Le Pen, Allain Guilloux obtiendra de beaux résultats. Dans le collimateur du fisc à maintes reprises, le leader du Front national s'en tirera toujours grâce à l'entregent de Guilloux : ses redressements seront pratiquement tous abandonnés. Qui d'autre, encore ? Citons Xavier Dugoin [1], les frères Acariès, anciens champions de boxe reconvertis dans l'organisation de combats, Charly Chaker, un homme d'affaires né au Maroc, très introduit au ministère de l'Intérieur au début des années 1990 [2]. Et aussi Jacques Attali, qui sera pris, par ricochet, dans la tourmente des ventes d'armes vers l'Angola (voir chapitre VI).

*

De ces années 1995-1996, la SCP Guilloux-Belot, à la clientèle aussi fortunée qu'éclectique, fait pâlir d'envie plus d'un confrère de la place. Les deux anciens inspecteurs des impôts s'entendent à merveille. Ils se présentent mutuellement les clients. Ils organisent des dîners, toujours pour le plus grand bénéfice du cabinet. Bref, une collaboration fructueuse et fraternelle.

Témoin, cet épisode survenu fin 1995, qui, cinq ans plus tard, tel un boomerang, éclaboussera les deux avocats.

1. Ancien président (RPR) du Conseil général de l'Essonne, il sera condamné à deux reprises par le tribunal correctionnel d'Evry. Une première fois pour attribution d'emplois fictifs, une seconde fois pour vol de bouteilles d'alcool dans les caves du conseil général de l'Essonne. Cette condamnation n'est pas définitive, l'ancien sénateur s'étant pourvu en cassation début février 2002.

2. En 1991, à la demande du président François Yvinec, il renflouera le club de football Brest-Armorique. A cette occasion, il fera réaliser un audit par Me Allain Guilloux, qui sera, quelques semaines seulement, président du club. Finalement, l'opération de sauvetage se terminera mal pour Charly Chaker qui se verra inculpé de complicité de banqueroute. Condamné en première instance, le 9 décembre 1999, à huit mois de prison, dont six avec sursis, Chaker a vu sa peine alourdie en appel le 21 décembre 2001. La cour d'appel de Rennes l'a condamné à trois ans de prison ferme et à une amende de 1 million de francs. Charly Chaker était poursuivi pour avoir injecté plus de 32 millions de francs prêtés par des banques dans des conditions douteuses.

A cette époque, Jean-Claude Méry, soupçonné d'être le faux facturier en chef du RPR, qui a pour avocat Alain Belot, souhaite livrer à un journaliste des informations inédites sur la sulfureuse affaire des HLM de la Ville de Paris. Un événement. Méry, en effet, depuis des mois fait preuve devant le juge de Créteil Eric Halphen d'un mutisme absolu. Ça tombe bien : Allain Guilloux compte parmi ses clients un journaliste free-lance, producteur de télévision, Arnaud Hamelin. C'est aussi un ami de toute confiance.

Sous l'égide des deux avocats, Hamelin et Méry font connaissance. Le collecteur de fonds du RPR, méfiant, pose deux conditions à l'enregistrement d'une cassette. 1) Qu'elle ne soit pas livrée brute au public, mais serve de support à une véritable enquête journalistique. 2) Qu'elle ne soit publiée qu'après sa mort. Aucun problème, affirme Hamelin. Méry se met donc à parler devant la caméra-vidéo du journaliste. Spectacle surréaliste : on y voit un Jean-Claude Méry, en chemise et en bretelles, tour à tour patelin, menaçant et volubile, distiller des révélations ahurissantes.

Ainsi, il jure avoir remis en 1986, à l'Hôtel Matignon, au chef de cabinet de Jacques Chirac Michel Roussin, 5 millions de francs en espèces et en présence du Premier ministre ! Il affirme encore que l'ancien maire de Paris a toujours été informé de l'existence de commissions versées à l'occasion de marchés passés avec l'Office HLM de la ville. Enfin, il raconte que la gauche n'a pas été oubliée dans les généreuses distributions. Cette confession est une bombe, même si l'enquête chaotique d'Eric Halphen a déjà mis au jour ce système [1]. Car cette fois, c'est l'acteur clé de l'histoire qui parle.

L'enregistrement terminé, la cassette est remise à Alain Belot. Uniquement à lui. Ni Hamelin ni Guilloux n'en détiennent une copie.

1. La procédure d'Eric Halphen, annulée par la chambre de l'instruction de la cour d'appel de Paris le 4 septembre 2001, est désormais instruite par son collègue parisien Armand Riberolles. Celui-là même qui instruit en compagnie de Marc Brisset-Foucault et Renaud Van Ruymbeke le dossier des marchés de rénovation des lycées de la région Ile-de-France.

En avril 1997, la SCP Guilloux-Belot, un peu à l'étroit, déménage à quelques dizaines de mètres de là : au numéro 45 de l'avenue Victor-Hugo. De 170 mètres carrés de surface on passe à 300. Prix d'achat des locaux : 8 millions de francs.

Cette installation, destinée à donner un nouveau souffle au cabinet, ne se passe pas très bien. La fidèle secrétaire de Guilloux depuis 1981, excédée par les coups de gueule de son patron, s'en va. Plus inquiétant : les relations entre les deux associés se dégradent. D'un naturel plutôt discret, presque effacé, Alain Belot supporte mal le luxe ostentatoire de son confrère qui roule en Ferrari tandis que son ex-épouse Joëlle se balade dans un cabriolet Mercedes. De son côté, Allain Guilloux s'exaspère de voir son confrère travailler en dilettante. Que de fois n'a-t-il pas confié à des visiteurs amis qu'il est le seul à faire tourner la boutique ? Petit à petit, la situation s'envenime. Ainsi, Alain Belot, absent de longues semaines à la suite d'un accident domestique survenu en septembre 1998, a le sentiment que Guilloux le dénigre auprès des clients. Quant à Guilloux, il apprend par hasard que Belot a décidé de quitter le cabinet sans l'avertir. Une bonne âme lui a même indiqué que son associé aurait la fâcheuse habitude de fouiller dans son bureau...

L'atmosphère devient irrespirable. Les deux avocats ne se parlent plus. A l'amitié succède la haine. L'Ordre des avocats de Paris est saisi du litige. Belot accuse son confrère « de s'en être mis plein les poches ». Selon lui, Guilloux a détourné 10 millions de francs de la SCP. Et Belot d'égrener ses turpitudes : la vente de l'appartement de la rue Margueritte à Henri Benhamou qui a donné lieu à un confortable dessous-de-table ; l'occupation gracieuse de l'appartement de Gaydamak en échange d'honoraires — dont une partie aurait dû lui revenir ; des tableaux offerts par des artistes, etc. Belot révèle encore qu'Allain Guilloux possède deux hôtels, l'un à Lannion (en Bretagne), l'autre à Nice, gérés par une société, JOAL Investissements, dont l'animateur n'est autre que Guilloux lui-même.

La stratégie de Belot est limpide : il veut faire tomber son confrère. La chute aura lieu, mais elle viendra, on l'a vu, du juge Courroye, le 5 juillet 2000. A l'automne, conséquence de sa mise en examen, Guilloux reçoit un nouveau coup de massue : le conseil de l'Ordre des avocats de Paris le suspend provisoirement. Résultat : il ne peut plus travailler et se voit interdire l'accès à son cabinet.

Décidément, cette année 2000 pour Allain Guilloux mérite bien le qualificatif d'*annus horribilis*. En septembre 2000 survient un coup de théâtre, qui par ricochet relance et amplifie la guerre sans merci que se livrent Allain Guilloux et Alain Belot.

Ce coup de théâtre, c'est la publication le 5 septembre, par *Le Monde*, du contenu de la cassette Méry. Depuis plusieurs semaines, les rédactions en connaissaient l'existence. Les journalistes s'agitaient pour en obtenir une copie. En vain. C'est *Le Monde* qui a décroché le gros lot. Le retentissement médiatique de cette publication est immense. La télévision en diffuse des extraits.

Même blasée par la multiplication des affaires, l'opinion publique découvre que le système des fausses factures mis au point pendant des lustres à l'Office HLM de la Ville de Paris a bel et bien existé. Preuves à l'appui. Ni le RPR ni le PS ne sont épargnés.

Le parti gaulliste a beau crier à la manipulation, invoquer la déontologie — faire parler un mort, est-ce convenable ? —, souligner que la remise des 5 millions de francs en liquide à Michel Roussin — si, par hypothèse, elle a eu lieu — remonte à des temps anciens (1986), le mal est fait. Et le RPR à nouveau embourbé dans la spirale des affaires.

Le PS, oubliant qu'il a lui aussi bénéficié du système Méry, se délecte à la confession posthume de ce dernier. Un plaisir de courte durée. En effet, trois jours après la « bombe » Méry, publiée par *Le Monde, L'Express*, sous la signature de Jean-Marie Pontaut et Jérôme Dupuis, révèle que l'ancien ministre de l'Economie et des Finances, Dominique Strauss-Kahn, a également détenu un exemplaire de la cassette. Il lui a été remis en avril 1998 par un de ses collaborateurs de la commission des Finances qu'il présidait à cette date... Et ce collaborateur n'est autre que Me Alain Belot. L'hebdomadaire émet l'hypothèse qu'une fois en possession de cette cassette, DSK aurait ramené le montant de l'impôt du célèbre couturier Karl Lagerfeld de 300 millions de francs à 80 ! Or, le conseil du couturier n'est autre, depuis 1995, qu'Alain Belot [1].

Quel aurait pu être l'intérêt de Strauss-Kahn ? Certains (mauvais) esprits échafaudent l'hypothèse suivante : en détenant cette bande vidéo, DSK aurait pu l'utiliser comme une arme contre le RPR, lors de la campagne des élections municipales à Paris de 2001, où l'ancien ministre de l'Economie avait toutes les chances d'être investi comme tête de liste du Parti socialiste.

Cette « affaire dans l'affaire » redonne du baume au cœur du RPR. Elle permet au mouvement gaulliste d'évacuer — momentanément — le cauchemar Méry. Quant à Dominique Strauss-Kahn, indigné par les soupçons pesant contre lui, il admet, un peu penaud, avoir bien détenu la cassette. Mais, affirme-t-il haut et fort, « j'ai dû la laisser traîner quelque temps dans la boîte à gants de ma voiture, sans jamais la visionner... Aujourd'hui, je ne sais plus où elle se trouve ». Il reconnaît encore que, le 5 septembre 2000, le jour de la parution des révélations de Méry dans *Le Monde*, il a appelé Belot pour lui fixer rendez-vous à son bureau du Conseil régional de l'Ile-de-France, le lendemain. La raison ? « Je voulais m'assurer auprès de Belot qu'il s'agissait bien de la cassette qu'il m'avait remise en avril 1998 », se justifie DSK. Au cours de cet entretien, Belot, toujours selon l'ancien ministre, lui demandera si c'était lui qui avait « fait sortir » la cassette. Non, répondra DSK. Dans ces conditions, lui aurait rétorqué Belot, « ce ne peut être que Guilloux ».

A la suite de cette cascade de révélations, la justice ne reste pas inerte. Le parquet de Paris décide d'ouvrir deux informations judiciaires : la première pour violation de secret professionnel, soustraction de preuves ; la seconde, pour trafic d'influence [2].

Voici Alain Belot et Allain Guilloux de nouveau sur la sellette. Prêts à en découdre. Encore et toujours.

Alain Belot dégaine le premier.

1. Alain Belot a succédé dans cette tâche à Allain Guilloux.

2. La première vise nommément Alain Belot, Allain Guilloux et Arnaud Hamelin. La seconde est ouverte contre X.

« En juin 1998, dit-il, lors de la Coupe du monde de football, j'ai visionné, grâce à un magnétoscope prêté par un client, la cassette Méry dans notre salle de réunion du cabinet en compagnie d'Allain Guilloux. Ce dernier m'a demandé de lui en fournir une copie. Ce serait plus sécurisant, a-t-il avancé, si nous en possédions chacun un exemplaire. J'ai accepté, car Guilloux était mon associé. A l'époque, M. Méry était encore en vie. A la fin de l'année 1998, Guilloux m'a dit que l'on pouvait retirer de l'argent de cette cassette. Je lui ai répondu non. »

Voilà qui est explicite : en remettant une copie de la cassette Méry au réalisateur Arnaud Hamelin, Guilloux a agi dans le dos de Belot. A des fins mercantiles. Belot poursuit : « Guilloux ne cache pas son amitié avec Jean-Marie Le Pen, dont il est l'avocat fiscaliste et dont il dit partager les idées. Politiquement, il n'a donc pas dû être choqué des accusations de Méry... Mais j'ignore s'il a agi à des fins politiques. »

Guilloux, indigné par l'allégation de son ex-associé, réagit. Et transmet ce communiqué à l'Agence France-Presse : « Mes interventions professionnelles sont indépendantes de toute attache politique. Je suis personnellement étranger aux idées d'extrême droite. »

L'avocat n'en dit pas plus. Pour l'instant. Il est à bout. Il se sent pris dans un piège dont il ne se sortira jamais. Hier, soupçonné de blanchiment, d'entretenir des relations troubles avec ses clients, aujourd'hui étiqueté comme fasciste. Cette campagne cessera-t-elle un jour ? Oui, Allain Guilloux n'en peut plus. Ses enfants, son ex-épouse, Joëlle, dépriment.

Un mois après la révélation au grand jour de la confession posthume de Jean-Claude Méry, Guilloux se ressaisit. Et réagit, dans une interview au *Parisien,* aux accusations d'Alain Belot.

D'abord, sur sa prétendue vénalité : « C'est vrai, Arnaud Hamelin m'a bien écrit une lettre courant 1999 où il parle d'un accord un tiers, un tiers, un tiers sur les produits des ventes. Quand je l'ai reçue, elle m'a mis dans une colère noire. Je me suis fâché. J'ai alors refusé de le prendre au téléphone et de le rencontrer pendant environ six mois. Par la suite, je lui ai confié la cassette en avril ou mai 2000, après qu'il m'eut assuré vouloir procéder à une enquête sur la mairie de Paris. Il disait qu'il avait besoin de la cassette comme support, n'ayant pris aucune note à l'époque. Il m'a rappelé que cela correspondait à la volonté de Jean-Claude Méry. Ce dernier lui avait dit : " J'espère qu'après ma mort vous ferez votre travail de journaliste. " Méry ne voulait pas que la vérité explose de son vivant. »

Pour Guilloux, aucun doute : l'utilisation de la cassette ne correspond ni à la volonté de Jean-Claude Méry ni aux promesses d'Hamelin. Puis, l'avocat, toujours dans *Le Parisien*, aborde la première transaction fiscale effectuée au bénéfice de Lagerfeld. C'était en 1995. Alain Lamassoure était ministre du Budget. Guilloux explique alors que Bernadette Chirac aurait intercédé en faveur du couturier, qui n'était pas un de ses intimes, simplement une connaissance. Guilloux poursuit : « Le secrétaire général adjoint de l'Elysée serait également intervenu. » Fin 1995, poursuit l'avocat, alors que le fisc réclame 60 millions de francs à Karl Lagerfeld, il propose à la Direction générale des impôts (D.G.I.) d'en régler 13. Au bout du compte, le couturier en paiera 10. Pourquoi cette réduction ? L'intervention de l'Elysée aurait-elle été décisive ? Réponse de Guilloux : « Je ne sais pas. » Puis, il évoque la puissance de la DGI : « C'est un Etat dans l'Etat. Une forteresse ne se manipule pas aussi facilement. Si elle veut s'opposer à n'importe qui, elle s'y oppose. Je la vois mal agir aux ordres, les politiques ayant trop peur d'une éventuelle fuite. Les choses ne se passent pas comme le grand public l'imagine. »

Si cette analyse reflète la réalité, elle mérite un commentaire. Pour tout dire, Guilloux se montre très habile. En rendant hommage à l'intégrité de la Direction générale des impôts, il balaye tout soupçon de connivence avec l'Elysée et le pouvoir politique. Et écarte l'idée qu'un cadeau ait pu être accordé à Karl Lagerfeld, d'abord par Alain Lamassoure, ensuite par son successeur à Bercy, Dominique Strauss-Kahn. Pour une fois, Allain Guilloux fait cause commune avec son ex-associé, Alain Belot.

Ce qui ne le prive nullement, dans cette interview au *Parisien,* de revenir sur les sympathies lepénistes que lui prête Alain Belot : « C'est dégueulasse, honteux et fait dans le but exclusif de me nuire. Tous ceux qui me connaissent auront rectifié d'eux-mêmes. »

Bref, cette histoire de cassette demeure passablement embrouillée. Pour l'heure, en ce mois d'octobre, deux questions restent sans réponse : 1) Guilloux a-t-il voulu tirer un profit financier de la vidéo de Jean-Claude Méry ? 2) Belot, en transmettant cette cassette à DSK, a-t-il, en retour, obtenu une faveur pour son client, Karl Lagerfeld ?

A la première interrogation, le juge Marc Brisset-Foucault, chargé de l'enquête, n'a pas de réponse définitive. Il se contente de mettre en examen les deux avocats pour violation de secret professionnel. En effet, Alain Belot, seul dépositaire de la cassette, a commis une faute en la cédant à Guilloux et à DSK. Allain Guilloux, pour sa part, ne devait en aucun cas la remettre au producteur Arnaud Hamelin.

A la seconde question, le magistrat n'a pas davantage de certitude. Ce n'est que le 21 mai 2001, après de longues investigations, qu'il aura des doutes. Suffisamment étayés pour qu'il sollicite la saisine de la cour de justice de la République [1]. Le magistrat estime en effet que des faits de corruption passive et de concussion peuvent être reprochés à Dominique Strauss-Kahn. Sept jours plus tard, le procureur de Paris, Jean-Pierre Dintilhac, se livre à une analyse identique, jugeant dans un rapport transmis au procureur général près la Cour d'Appel de Paris, Jean-Louis Nadal qu'il existe de « fortes présomptions de faits de corruption passive » à l'encontre de l'ex-ministre Dominique Strauss-Kahn dans le dossier Lagerfeld.

Le rapport de Jean-Pierre Dintilhac, après avoir relevé que l'ancien ministre de l'Economie a ramené la dette fiscale du célèbre couturier de 200 millions de francs à 43 millions, conclut : « Sous réserve de plus amples investigations dans un cadre approprié, Dominique Strauss-Kahn, dépositaire de l'autorité publique, semble avoir accordé à Karl Lagerfeld une exonération des droits, contributions, impôts ou taxes publiques, et engagé l'administration fiscale pour l'avenir sur

1. Cette juridiction est seule compétente pour juger les crimes et délits d'un ministre commis dans l'exercice de ses fonctions.

une assiette d'imposition forfaitairement minorée, en violation des textes légaux ou réglementaires. »

Le 12 juin, coup de théâtre : Jean-Louis Nadal prend le contrepied de l'analyse de Jean-Pierre Dintilhac. Dans un rapport transmis au procureur général près la Cour de cassation, Jean-François Burgelin, Nadal, émet de « sérieuses réserves » sur d'« éventuels faits de corruption passive concernant M. Strauss-Kahn ». « Aucun élément de procédure, écrit-il, ne laisse supposer que l'exonération fiscale ait donné lieu à la conclusion préalable d'un quelconque pacte, même tacite ou implicite, entre le corrupteur et le corrompu. » A propos de la concussion [1], Jean-Louis Nadal indique que, si ce délit est constitué, il relève « mécaniquement » de la cour de justice de la République. L'ancien ministre de l'Economie de Lionel Jospin respire. Peu à peu, s'éloigne le spectre de la cour de justice... Un spectre qui disparaît définitivement lorsque Jean-François Burgelin, quelques jours plus tard, estime qu'il n'y a pas lieu de saisir la cour de justice de la République. DSK n'a plus de souci à se faire [2].

*

Tel n'est pas le cas d'Allain Guilloux. Pour la deuxième fois, à cause de cette maudite histoire de cassette, il vient d'être épinglé [3]. Le sort n'en finit pas de s'acharner sur lui. La

1. C'est le fait pour un responsable public d'accorder des exonérations indues.

2. L'instruction concernant la cassette Méry est terminée depuis le début décembre 2001.

3. Voir son livre *Vengeances d'Etat* (Albin Michel). Force est de reconnaître qu'Allain Guilloux, au cours de cette année 2000, ne sera pas épargné, loin s'en faut. Fin juillet 2000, alors qu'il vient d'être élargi, il retourne à la Santé pour rendre visite à René, un ancien codétenu qui lui a demandé de le défendre. Rien que de très normal. Or, à la quatrième visite, Allain Guilloux se voit soudain mis en garde à vue, sous prétexte que son permis de visite était un faux ! Ce qui était totalement inexact. La signature du magistrat qui l'avait délivré n'avait pas été reconnue. A la fin de l'année 2001, le juge refusera à Guilloux d'aller passer les fêtes de Noël en Bretagne avec son père.

poisse. En novembre, son ex-épouse lui apprend que des micros ont été posés dans un haut-parleur de sa chaîne hi-fi, dans sa maison de campagne à Bourron-Marlotte, près de Nemours. Sans doute quelques barbouzes voulaient-ils connaître la teneur des conversations entre Joëlle et son ex-mari, qui se rend fréquemment à Bourron-Marlotte... Déjà Joëlle et Allain Guilloux, dès sa sortie de prison le 20 juillet, avaient été suivis par des inconnus.

L'emploi du temps de Me Guilloux ne laisse pas indifférent. Bien au contraire. Il aiguise l'appétit de nombreux curieux. Pourquoi ? Un client mécontent chercherait-il à se venger ? L'avocat serait-il victime d'un chantage ? Mais lequel ? Plus prosaïquement, quelques officines privées souhaiteraient-elles en savoir davantage sur les liens unissant l'avocat à Arcadi Gaydamak et Pierre Falcone ? Ces mêmes officines voudraient-elles apprendre, coûte que coûte, des informations inédites sur ces ventes d'armes vers l'Angola, informations que seul détiendrait Guilloux ? Tout est possible. L'avocat, en effet, connaît beaucoup, beaucoup de choses sur cette histoire, même si Gaydamak et Falcone, extrêmement méfiants, avaient un goût prononcé pour cloisonner au maximum leurs réseaux.

Guilloux, il est vrai, détient bien des secrets. Il sait parfaitement comment la société slovaque ZTS Osos, animée par ses deux clients, a vendu des armes à l'Angola pour 500 millions de dollars. C'est lui qui s'est occupé du dossier fiscal de Gaydamak et Falcone pour tenter de leur éviter d'énormes redressements. Dans ce domaine, Allain Guilloux s'est battu comme un beau diable à coups d'arguments judicieux. En faisant valoir qu'Osos, ne disposant pas de siège social à Paris, mais en Slovaquie, ne pouvait faire l'objet d'une imposition sur le territoire français. En arguant quc Falconc et Gaydamak, ayant rang de diplomates en Angola, bénéficiaient d'une immunité en France. Enfin, en pressant, on le verra plus tard, son ami Jacques Attali d'intervenir auprès du ministre des Affaires étrangères Hubert Védrine afin que soit traité avec bienveillance le dossier fiscal d'Arcadi Gaydamak et Pierre Falcone.

Qui sont ces deux personnages aux relations politiques

œcuméniques, ayant toujours le souci de rendre service... pour tenir leurs obligés, et qui ont bénéficié, des années durant, d'une bienveillance étonnante des plus hautes autorités de notre pays ?

CHAPITRE II

L'entreprenant M. Falcone

Visage rond, volontaire, surmonté d'épais sourcils, costumes de chez Lanvin impeccablement coupés, amateur de restaurants branchés [1], Pierre Falcone, à l'inverse de son ami Arcadi Gaydamak, serait plutôt extraverti... Faut-il y voir une cause de sa générosité quasi légendaire ? En tout cas, le constat est là : Falcone aime redistribuer l'argent qu'il gagne. A sa famille — on ne s'en étonnera pas de la part de cet homme à l'esprit de clan très marqué — et à ses amis ou employés. Même quand le vent tourne. Et, en l'an 2000, c'est carrément la tempête qui s'annonce. Il n'empêche. L'homme d'affaires se montre toujours prodigue. Prenez le cas de Corinne Devesa. Son père était le comptable de Falcone père. Elle connaît quelques difficultés financières. Eh bien, le 25 avril 2000, Pierre lui débloque 100 000 dollars, à partir de son compte à la banque Leumi de Genève. Son vieil ami, Luay Al Saadoun, un Saoudien spécialisé dans le trading alimentaire et le commerce de produits technologiques, traverse, lui aussi, une phase difficile. Qu'à cela ne tienne ! Au printemps 2000, Pierre lui alloue 170 000 dollars ! Sans espoir de retour...

Laurent Zambernardi, originaire d'Afrique du Nord, tour à

1. Quand il se trouve à Paris, il fréquente souvent, surtout le soir, « Marius et Jeannette » à deux pas de la place de l'Alma. Il ne dédaigne pas non plus se rendre chez l'Italien Conti, non loin de la place de l'Etoile.

tour dirigeant d'une société d'import-export de textile, directeur de l'immobilier chez Félix Potin, animateur d'une société de gestion de patrimoine immobilier, ne sera pas mal loti. En 1997, Falcone met à sa disposition un bureau au siège de la société de Brenco. Son job ? Parachever une étude sur le recensement de la population marocaine et mettre au point une carte d'identité infalsifiable. En 1999-2000, Zambernardi a du mal à régler ses impôts. Falcone vient à son secours en lui versant 500 000 francs sur son compte à Genève à la Banque de l'Union de Crédit [1]. De même, lorsque l'architecte d'intérieur Jacques Pascal, qui a réalisé des travaux de décoration et d'agencement au siège de Brenco, se plaint de ne pas être suffisamment payé, Falcone ne lésine pas : il lui verse, en plusieurs fois, un peu plus de 500 000 francs en espèces [2].

1. Sur trois ans, entre 1997 et 2000, Falcone lui versera en espèces une somme totale de 350 000 francs.

2. Ces versements qui ne dépasseront jamais, excepté une fois, 50 000 francs, se sont étalés entre octobre 1996 et janvier 2001. Jacques Pascal, dont le fils Camille, professeur agrégé, sera conseiller de Philippe Douste-Blazy à l'Assemblée nationale de juin 1997 à janvier 2001, aurait été à l'origine d'une rencontre, au siège de Brenco, entre l'ancien ministre de la Culture, maire de Lourdes à l'époque, et Pierre Falcone. Selon Camille Pascal, ce rendez-vous auquel il assista a dû avoir lieu soit fin 1998, soit début 1999. Il aurait duré selon lui « une grosse demi-heure ». Au cours de cet entretien, Douste-Blazy parla à Falcone de sa carrière et de son projet politique. L'homme d'affaires fera remarquer à son interlocuteur que le « Centre n'était pas sa famille ». Douste-Blazy et Falcone évoqueront aussi Lourdes et le rugby. Deux mémos rédigés par la fidèle Isabelle Delubac à l'intention de son patron, Pierre Falcone, montrent qu'à deux reprises l'ancien maire de Lourdes aurait sollicité un rendez-vous avec l'homme d'affaires. Ainsi, dans un mémo datant du 8 avril 1999, on lit : « M. Philippe Douste-Blazy souhaite vous rencontrer. » Dans deux autres mémos, des 15 et 28 juin 1999, il est écrit : « M. Philippe Douste-Blazy aimerait vous inviter avec les Pascal à dîner, selon votre disponibilité. »

Selon Camille Pascal, il s'agissait de trouver une date pour un dîner qui n'a jamais eu lieu. Et le fils de Jacques Pascal d'estimer,

Bon mari, Falcone pense aussi à son épouse, Sonia. Le 4 mai 2000, il opère un virement de 200 000 dollars au profit de sa société de produits diététiques Essante, installée à Salt Lake City, dans l'Utah aux Etats-Unis. Deux mois plus tard, il lui offre une superbe bague en brillants, redessinée par ses soins, d'une valeur de 230 000 dollars. Bon frère, Pierre adresse à sa sœur Lyne deux virements d'un montant total de 2,5 millions de dollars ; 1 million atterrit sur le compte de Lyne à la banque Scottia de Luxembourg, le million et demi restant sur le compte qu'elle détient à Montréal.

Falcone ne s'oublie pas davantage. Le 2 juin 2000, il se fait un magnifique cadeau : divers objets d'art précolombien acquis auprès d'un des plus grands experts mondiaux, Claude Pimont, pour la somme de 185 000 dollars. Toujours en 2000, il n'hésite pas à dépenser 93 500 dollars pour la réparation de son bateau acheté trois ans plus tôt à Phœnix (Arizona) pour la coquette somme de 300 000 dollars. Enfin, il s'offre pour 50 000 dollars une Porsche destinée à être utilisée lors de ses déplacements à Paris.

Cette opulence, Falcone ne l'a pas toujours connue, même si ses parents étaient loin d'être démunis. Retour sur la jeunesse et le parcours d'un homme, qui au fil des ans, va se constituer — surtout à droite — un réseau extrêmement dense de relations. Au point de devenir un personnage incontournable en développant ses activités de l'Afrique aux Etats-Unis, en passant par la Colombie, le Brésil et même l'Extrême-Orient.

Né le 19 mars 1954 à Alger, Pierre Falcone est issu d'une famille d'origine napolitaine installée en 1880 sur l'autre rive de la Méditerranée, en Algérie, riche en bancs d'anchois. Elle est surtout connue pour être devenue propriétaire de l'une des plus importantes entreprises d'Algérie, dont tous les pieds-

---

au cours de son audition, le 24 décembre 2001, par la Brigade financière, que l'unique rencontre entre Douste-Blazy et Falcone se serait déroulée plutôt au printemps 1999 qu'au début de cette année-là. Quant à Philippe Douste-Blazy, aujourd'hui maire de Toulouse qui situe cette rencontre en 1998, il se souvient avoir évoqué avec Falcone l'hypothèse d'un sponsoring du club de rugby de Lourdes, « ni oui ni non ». Leurs relations en restèrent là.

noirs se souviennent : les conserveries Papa Falcone, célèbres pour leurs anchois. Pour exercer son activité, la société, dirigée par les cinq frères Falcone — Nicolas, Vincent, Pierre, François et Sauveur —, possédait une flottille de pêche non négligeable.

A l'indépendance de l'Algérie en juillet 1962, la société Falcone se replie au Pays basque français et fusionne avec les établissements Claude Lorcy et Compagnie. En 1969, la société connaît quelques difficultés financières, qui entraîneront en 1974 d'importants licenciements.

Son baccalauréat de philosophie obtenu en 1973, le jeune Pierre [1] s'inscrit à la faculté de droit et des sciences économiques d'Aix-en-Provence. Au bout de deux ans, il interrompt ses études pour effectuer son service militaire au 9e régiment de chasseurs parachutistes à Toulouse.

De retour à la vie civile, Pierre Falcone s'installe une grande partie de l'année au Brésil, obtient la nationalité brésilienne et apprend très vite le portugais, ce qui lui sera fort utile pour son activité ultérieure en Angola.

Que fait-il au Brésil ? Dans un premier temps, il exploite des bananeraies — ce qui lui vaut le surnom de « La Banane » —, avant de travailler avec son père, important intermédiaire pour des firmes d'armement américaines et canadiennes. Une activité qui permet à Pierre de nouer de nombreux contacts avec les responsables des polices brésilienne et bolivienne.

En octobre 1985, il fonde avec son père, qui en est le gérant statutaire, Brenco Trading International Limited, une société immatriculée aux îles Vierges britanniques et à l'île de Man, qui dispose de bureaux situés avenue Hoche dans le VIIIe arrondissement. Par la suite, Brenco Trading aura un bureau à Paris, Brenco-France, installé successivement avenue Franklin-Roosevelt, puis en 1989 avenue Montaigne, et enfin en 1996, avenue Kléber dans un vaste hôtel particulier de 1 300 mètres carrés occupé dans les années 1980-1985 par la Direction générale des relations culturelles et scientifiques du Quai d'Orsay. Et dont le loyer annuel sera de 2 millions de francs.

1. Selon l'état civil, il se prénomme Pierre-Joseph. Il est le fils de Pierre, aujourd'hui décédé.

L'activité officielle de Brenco ? Essentiellement la construction d'hôpitaux, d'autoroutes et d'écoles pour les pays en voie de développement. En 1987, Pierre Falcone recrute une assistante, styliste de formation, rencontrée par des amis communs : Isabelle Delubac. Pendant plus de douze ans, elle sera à la fois sa femme de confiance, son éminence grise et la mémoire de l'entreprise. Constamment informée de tous les secrets (grands et petits) de son patron.

C'est elle qui note les rendez-vous confidentiels, effectue les virements bancaires, accueille les hôtes de marque, envoie des cadeaux aux amis et surtout, tel un scribe scrupuleux, note sur des « mémos » les sommes en liquide généreusement distribuées aux obligés de son patron.

A la fin des années 1980, Brenco, qui compte une quinzaine de salariés, s'intéresse à autre chose que les infrastructures routières et autres constructions d'hôpitaux indispensables aux pays en voie de développement : elle porte son dévolu vers la vente de matériel militaire. C'est plus rentable. Cette nouvelle activité, Brenco la doit au hasard des rencontres. En 1990, à l'occasion d'un salon d'armement qui se tient à Athènes, Pierre Falcone fait la connaissance de Christian Jallabert, un cadre supérieur de chez Thomson, dont le nom apparaîtra dans l'affaire Elf parce qu'il paraissait susceptible d'avoir bénéficié d'un emploi de complaisance au sein du groupe [1]. Falcone, charmant comme il sait l'être, vante la qualité de ses contacts en Amérique latine. Séduit, Jallabert rétorque que, le moment venu, il ne l'oubliera pas. Il tiendra promesse. Quelques années plus tard, en effet, Jallabert, devenu l'un des dirigeants de la branche internationale de Thomson, se montre plein de sollicitude à l'égard de Falcone, le faisant profiter de ses relations. C'est ainsi qu'il lui présente Philippe Lethier, l'un des dirigeants de Giat Industries et frère de Pierre Lethier, ex-colonel de la DGSE qui a occupé, de 1984 à 1988, les fonctions de chef de cabinet de

1. C'est le numéro 2 du groupe pétrolier entre 1983 et 1989 et Alfred Sirven qui seraient à l'origine de cette générosité. Christian Jallabert vit actuellement à Bangkok où il a été président de la Chambre de commerce franco-thaïlandaise.

deux patrons des services spéciaux français, les généraux Imbot et Mermet. Et que l'on retrouvera comme consultant d'Elf en 1991, lors de la reconstruction de la raffinerie de Leuna dans l'ex-Allemagne de l'Est.

Lethier, qui à cette occasion empocha près de 300 millions de francs de commission en compagnie d'un ancien des services allemands, Hans-Dieter Holzer, fait l'objet depuis plus de deux ans d'un mandat d'arrêt international délivré par le juge parisien Renaud Van Ruymbeke. Actuellement introuvable, on le dit à Londres...

Toujours grâce à Jallabert, l'homme d'affaires franco-brésilien rencontre un ancien de la DGSE, Thierry Imbot, le fils du général. Remarié avec une journaliste américaine, Imbot travaille aux Etats-Unis pour la firme Winchester. Jallabert, Imbot et Falcone décident de s'associer dans une entreprise dénommée TDIE, qui tente de s'imposer sur les marchés d'armement de Taiwan et de Chine. Hélas, l'aventure tourne au fiasco. Qu'importe, au fond, cet échec ! Grâce à Thierry Imbot et à ses multiples introductions, Pierre Falcone côtoie le monde feutré du marché de l'armement et en retire quelques bénéfices [1].

Il prospecte aussi, toujours en Chine, des marchés nettement moins sensibles, comme celui de l'affichage de la publicité. Falcone recrute, à cet effet, en 1997, une jeune commerciale, Ding Feng. Grâce à elle, un contrat de *joint venture* sera conclu avec la ville de Nankin. Hélas, sans grand succès, cette activité ne se révélant guère rentable. Pierre Falcone tente également d'obtenir, grâce à un intermédiaire, Alexandre Gia — surnommé le « Chanteur chinois » —, l'autorisation de faire de la publicité dans les aéroports. Mais, là, sans succès.

Pour en revenir à Thierry Imbot, il connaîtra une fin tragique : le 10 octobre 2000, vers 23 h 30, il est retrouvé mort dans la cour de son immeuble. Il est tombé du quatrième étage de l'appartement cossu rue Jean-Goujon, non loin des Champs-Elysées, dans lequel il vient d'emménager. Son épouse, journaliste à CNN, devait le rejoindre avec leurs deux

1. Pour son travail auprès de Falcone, Thierry Imbot percevra 50 000 dollars.

jeunes enfants. Thierry revenait des Etats-Unis où il animait une société de consulting opérant en Afrique dans le secteur de l'armement. Mort accidentelle, concluront les enquêteurs de la Brigade criminelle. Plus d'un an et demi après ce drame, certains en doutent encore... Et si Imbot, sentant son audition inévitable dans le cadre des activités de Pierre Falcone, avait pris peur et s'était suicidé ? Et si Imbot avait été proprement exécuté parce qu'il en savait trop sur l'affaire des frégates de Taiwan dont il avait été un des acteurs ? En tout cas, un des magistrats qui a suivi — certes indirectement — l'enquête sur le décès du fils du général Imbot nous fera savoir en confidence que, s'il avait été chargé de l'enquête sur la mort de Thierry Imbot, il n'aurait pas hésité à ouvrir une information judiciaire.

Falcone, on le voit, aime côtoyer des hommes issus des services spéciaux. Sans doute est-ce à ses yeux un gage de discrétion et d'efficacité. C'est ainsi qu'il fait la connaissance, toujours en 1990, d'un officier de carrière, parlant plusieurs langues asiatiques, jadis en poste en Thaïlande comme attaché militaire. Son nom : Jean Pichon. Installé désormais en Birmanie, l'ex-officier est en cour auprès des autorités de ce pays, auxquelles il a rendu d'énormes services. Il a notamment joué les intermédiaires entre la compagnie pétrolière française Total et le Sloec — Conseil d'Etat pour la restauration de la loi et de l'ordre — afin de permettre l'exploitation d'un gisement de gaz offshore et la construction d'un gazoduc vers la Thaïlande. A cette occasion, il a fallu mater les rebelles des régions de Rangoon présents sur le tracé. Pour y parvenir, Pichon, qui aurait été associé pour la circonstance à Falcone, négociera en 1990, pour le compte des autorités birmanes, l'achat de vingt et un hélicoptères auprès de la firme polonaise PZL. Cela malgré l'embargo européen sur les livraisons d'armes à la junte birmane [1]. Preuve encore que les

1. Cf. la *Lettre du Continent* du 21 février 2001. Pierre Falcone démentira de la façon la plus formelle, dans une lettre adressée le 7 mai 2001 au juge Courroye, avoir vendu des armes à la Birmanie. Cette lettre a été écrite alors que Pierre Falcone était détenu depuis le 2 décembre 2000 à la prison de Fleury-Mérogis.

relations entre Pichon et Falcone ont été d'excellente qualité : la société du premier, Setraco, sera abritée dans les locaux parisiens de Brenco. Et, bien souvent, Pichon se présentera indifféremment comme représentant de Brenco et de Setraco [1].

Enfin, Falcone, à nouveau par l'entremise de Jallabert, rencontre, toujours en 1990, un autre cadre supérieur de chez Thomson plein d'allant, Bernard Poussier. Les deux hommes se retrouveront pour faire un bout de chemin ensemble.

Ce sera en juin 1994, lorsque Poussier, nommé directeur général adjoint de la Société française d'exportation du ministère de l'Intérieur (Sofremi), fait appel à Falcone qui va en devenir l'apporteur d'affaires quasi exclusif. Avec à la clé de juteuses rémunérations. Poussier, on le verra, en sera récompensé.

Outre Bernard Poussier, Falcone est également soutenu par un ami de son père, Etienne Léandri, qui offre l'avantage d'être un proche de longue date du ministre de l'Intérieur, Charles Pasqua. Voilà qui ne peut que faciliter les choses. Un personnage hors du commun qu'Etienne Léandri, qui décédera en 1995 à l'âge de soixante-seize ans ! Féru de latin et de grec, il fréquente dès l'âge de vingt ans le milieu marseillais, avant de se lancer avant-guerre dans le monde des cosmétiques où il devient administrateur de la célèbre firme

1. Décidément fasciné par les militaires, Falcone recrute en 1997 un ancien de Saint-Cyr : Paul Anselin. Cet « anar de droite », comme il se définit lui-même, très lié à Jacques Chirac qui lui « sauvera la peau » en 1957 pendant la guerre d'Algérie, sera le consultant mexicain de Brenco de 1997 à 1998. A ce titre, il s'occupera de l'assainissement du port d'Acapulco et du renouvellement des plates-formes pétrolières. Pour ce travail, Anselin, qui affirme n'avoir jamais été en Angola, percevra 400 000 francs.

Paul Anselin occupe les fonctions de vice-président du Conseil régional de Bretagne (divers droite). Il a été maire de Ploërmel de 1977 à 2001, date à laquelle lui a succédé Pierre Kerloc'h (divers droite). Parallèlement à sa carrière politique, Paul Anselin mène une activité d'homme d'affaires international, via sa société Paul Anselin Associés Conseil (PAC). Il accompagnera son ami Jacques Chirac lors de son voyage officiel au Mexique du 12 au 16 novembre 1998.

Tokalon... La suite s'avère nettement moins brillante : sous l'Occupation, Etienne Léandri fricote avec les Allemands, ce qui lui vaut quelques ennuis à la Libération. Pourtant, tous les témoignages concordent, il sauvera des Juifs, par exemple le publicitaire Georges Cravenne, inventeur des « césars ».

En 1945, le virus des affaires le reprend : il devient un intermédiaire patenté pour tous les grands contrats d'armement et fait fortune. Ses amis qui lui rendent visite à Marbella sont ébahis par le faste de sa maison de plus de 500 mètres carrés. Au début des années 1980, Etienne Léandri, qui roule en Bentley, est un homme influent de l'establishment industriel. Ainsi, le président de Thomson, Alain Gomez, et, plus tard, Loïk Le Floch-Prigent, P-DG d'Elf, ont recours à ses services [1].

Poussier-Léandri : tel est le tandem qui facilite l'envol de Pierre Falcone.

Avant de disséquer par le menu les diverses opérations qui ont profité à Falcone, coup d'œil sur la Sofremi.

Elle voit le jour le 13 mars 1986 à l'initiative du ministre de l'Intérieur Pierre Joxe. Sa vocation : promouvoir les exportations de matériels et systèmes français (radio-télécommunications, radars) destinés aux différentes polices des Etats étrangers. Détenue à 35 % par l'Etat, la Sofremi compte parmi ses actionnaires Thomson, Alcatel, l'Aérospatiale et diverses banques nationalisées [2]. Pendant plusieurs années, l'entreprise fonctionne cahin-caha, encore qu'elle remporte un somptueux et juteux contrat (600 millions de francs) en 1991 : le déminage du Koweït à la suite de la guerre du Golfe. A cette occasion, Léandri perçoit, sans raison appa-

1. Loïk Le Floch-Prigent, sur les conseils d'Etienne Léandri, demandera en 1991 à l'homme d'affaires irakien Nadhmi Auchi d'effectuer une opération de portage afin que le groupe pétrolier français puisse racheter le numéro 1 du raffinage espagnol, le groupe Ertoil. A cette occasion, Auchi aurait perçu 300 millions de francs de commission. Voir le livre de l'auteur et Jean-Marie Pontaut, *L'homme qui en sait trop. Alfred Sirven et les milliards de l'affaire Elf*, Grasset, 2000.

2. Depuis le 1er juillet 2000, l'Etat n'est plus actionnaire de la Sofremi.

rente, une commission de 6 millions de francs, versée sur le compte bancaire de l'une de ses sociétés, Mundford SA, domiciliée en Suisse. En 1993, le nouveau ministre de l'Intérieur, Charles Pasqua, éjecte le président de la Sofremi Philippe Melchior, inspecteur général de l'administration et membre de la « gauche policière [1] ». Pour lui succéder, il choisit un polytechnicien, ingénieur de l'armement détaché chez Thomson, Bernard Dubois. Quelques mois plus tard, Bernard Poussier, en poste chez Thomson depuis vingt ans, est nommé directeur général adjoint. Poussier ne cache pas ses sympathies pour Charles Pasqua ; il rejoindra, quelques années plus tard, l'association Demain la France et le RPF (Rassemblement pour la France) présidé par l'ancien ministre de l'Intérieur.

Sous la présidence de Bernard Dubois, les dérives continuent, significatives d'une absence de rigueur dans la gestion.

Des exemples ? Ce sont des notes de restaurant remboursées sans mentionner l'identité des personnes invitées, ou des dépenses supérieures à 3 000 francs engagées sans une double signature, alors que c'est la règle. Ce sont encore des prêts personnels accordés aux cadres dirigeants à un taux zéro. Bernard Poussier en sait quelque chose : il bénéficie d'une avance de 50 000 francs pour financer les travaux de sa résidence principale. Poussier va même jusqu'à faire prendre en charge par la Sofremi — pendant trois ans — vingt-cinq voyages en avion Paris-Figari. Quant au président, Bernard Dubois, grand amateur d'art lyrique, il n'hésite pas à souscrire quatre abonnements à l'Opéra de Paris. Toujours réglés par la Sofremi. Montant du cadeau : 8 280 francs. Dubois n'hésite pas non plus à faire payer par la Sofremi ses déplacements strictement privés en Haute-Savoie et sur la Côte d'Azur. Certes, il ne s'agit là que de sommes relativement modestes. Des broutilles.

Le directeur administratif et financier, Nicolas Maroslavac, n'est pas mal loti, lui aussi. La Sofremi lui garantira un

1. Philippe Melchior a participé avec Daniel Vaillant, futur ministre de l'Intérieur de Lionel Jospin, au groupe de réflexion mis en place au Parti socialiste sur les problèmes de sécurité.

emprunt de 850 000 francs, souscrit auprès du Crédit agricole de l'Aube et destiné à acheter sa résidence de Troyes. Généreuse, l'entreprise, en cas de départ de Maroslavac, devait rembourser les 850 000 francs en ses lieu et place ! Ne lui refusant rien, la Sofremi prendra même en charge la location de son studio parisien, pour environ 100 000 francs par an.

Que dire encore des frais engagés pour la location du siège de la Sofremi ? Depuis 1992, celui-ci se trouve dans un immeuble cossu de l'avenue de Messine, à deux pas du parc Monceau. D'une superficie de 745 mètres carrés, répartis sur 3 étages, les bureaux sont loués près de 2 millions de francs par an. Ce qui est loin d'être négligeable. Mais surtout, que penser de 745 mètres carrés pour 18 personnes travaillant à temps plein, soit une surface de 41 mètres carrés par agent !

Telle est donc l'entreprise pour laquelle Falcone va travailler pendant trois ans. Trois ans pendant lesquels il amasse une petite fortune, ouvrant, il est vrai, les portes de la Sofremi au marché sud-américain. Grâce à son intervention, la société décroche dès 1994 le contrat d'installation de la salle de commandement de la police de Bogota. Montant : 194 millions de francs. Pour services rendus, Falcone perçoit une commission de 14 millions de francs. On apprendra plus tard que ces 14 millions ne correspondaient à aucune prestation. « C'était un investissement commercial pour l'avenir », avouera Bernard Dubois.

De 1994 à 1995, il multiplie les voyages afin de prospecter des marchés pour la Sofremi. Souvent accompagné par Bernard Poussier, il se rend au Kazakhstan, au Brésil et en Angola. Toute peine méritant salaire, il se fait grassement rémunérer. En deux ans il perçoit 36 millions de francs de commissions. Les années suivantes, les sommes seront nettement plus réduites : 2 millions en 1996, à peine 400 000 francs en 1997.

En réalité, lorsqu'il devient le conseiller quasi officiel de la Sofremi, Pierre Falcone, largement soutenu par Bernard Poussier, n'a qu'une idée en tête : forcer les portes du marché angolais pour aider le président Dos Santos qui subit les assauts répétés de la rébellion de l'Unita de Jonas Savimbi. Il doit se défendre. Aussi lance-t-il des appels au secours à la France (voir chapitre V).

Pour parvenir à s'attirer les bonnes grâces de Luanda, Falcone ne lésine pas : il offre une Safrane blindée au président angolais, payée moitié par sa société, Brenco, moitié par la Sofremi. Montant du cadeau : 1 350 000 francs.

Hélas, cette stratégie commerciale ne sera guère couronnée de succès. En 1995, un projet de fourniture d'équipements au ministère de l'Intérieur angolais est mis au point. Seulement voilà : certains matériels (gilets pare-balles, matériel de radio-télécommunication, bateaux de police) devant avoir le feu vert de la Commission interministérielle d'exportation de matériels de guerre (CIEEMG), le marché est repoussé à la fin 1995. En août 1997 enfin, le contrat est sur le point d'être signé. Un contrat juteux pour la Sofremi : 320 millions de francs... Au dernier moment, la CIEEMG oppose son veto. Exit le marché. Falcone est furieux. Ce refus risque d'entacher sa crédibilité et ses bonnes relations avec le président Dos Santos. D'autant plus qu'un autre contrat ne parvient pas à être débloqué : celui des radars de surveillance côtière qui doivent être livrés par Thomson. Pour calmer Dos Santos, Falcone propose de construire un complexe hôtelier de luxe à Luanda... Finalement, avec la Sofremi, l'Angola n'aura été qu'un rêve éphémère pour Falcone. En revanche, en tant qu'animateur, aux côtés d'Arcadi Gaydamak, de la société ZTS Osos qui enverra des armes, toujours en Angola, la réussite et les bénéfices seront exemplaires (voir chapitre V).

Une énigme demeure : pourquoi la CIEEMG a-t-elle dit non à toute autorisation d'exportation vers Luanda ? Des raisons de géopolitique ? Cela a joué, sans aucun doute. La France, toujours soucieuse de maintenir un équilibre entre les forces légales de Dos Santos et la rébellion de Savimbi, n'a pas voulu privilégier le régime officiel. Ensuite, hypothèse plausible, les réseaux Elf — très influents en Angola où le groupe extrait 30 % du pétrole —, jaloux de leurs prérogatives, auraient pu voir d'un mauvais œil l'arrivée d'un intrus dans cette partie de l'Afrique australe. A ces raisons, s'en ajoutent d'autres. Vraisemblablement capitales. La DGSE (dépendant, rappelons-le, du ministère de la Défense, comme la CIEEMG) a, à plusieurs reprises, écrit des choses désagréables — dans ses notes blanches — sur Pierre Falcone en soulignant l'aspect trouble de son associé Arcadi Gaydamak. Dans une note de juillet 1997, intitulée « Poursuite des activités africaines de MM. Falcone et Gaydamak », les services spéciaux français agitent même le spectre de la mafia russe incarnée par Arcadi Gaydamak [1].

Cette note tombe très mal pour les deux associés. Elle préfigure aussi la fin de l'idylle nouée entre Pierre Falcone et la Sofremi. Et il y a peu de chances qu'elle se renoue un jour. D'abord, parce que la gauche — que Falcone ne porte guère dans son cœur — a repris le pouvoir en juin 1997 à la suite de la dissolution ratée du président Chirac. Ensuite, parce que le temps de l'alternance va également sonner à la Sofremi. En octobre, elle se voit dotée d'un nouveau président. Exit Dubois, Poussier. Adieu les prébendes et l'argent facile !

Le successeur de Bernard Dubois est un préfet. Tout ce qu'il y a de plus classique. Son nom : Henri Hurand. Ancien secrétaire général de la préfecture du Nord, préfet de Haute-Corse en 1991 au moment de la catastrophe de Furiani, il vient à Paris de prendre la direction du Service de coopération technique internationale de la police (SCTIP). Le devoir l'appelle. Il sera donc président de la Sofremi. A son arrivée, Henri Hurand trouve une entreprise démotivée. Agressive à l'égard de la direction précédente et particulièrement dégradée sur le plan financier : elle affiche des pertes de 20 millions de francs pour l'année 1997 pour un chiffre d'affaires d'à peine 60 millions. Quant aux frais de structure, ils sont anormalement élevés : 30 millions de francs par an.

Aussi, le préfet Hurand commande-t-il un audit financier au cabinet de commissaires aux comptes Salustro-Reydel ainsi qu'une étude sur l'état général de la Sofremi. Cette dernière est confiée à Antoine Veil, l'époux de l'ancienne

1. Fort mécontent du contenu de ces notes, il a porté plainte contre la DGSE et la Direction centrale des renseignements généraux.

ministre de la Santé, qui exerce désormais une activité de consultant.

Les conclusions du cabinet Salustro-Reydel sont particulièrement sévères. Elles révèlent que les contrats passés par la Sofremi, notamment en Bolivie, comportaient des clauses aberrantes. Comme ces taux de commissions allant de 14 à 24 % ! Elles révèlent aussi que le bénéficiaire, souvent Pierre Falcone, percevait des rémunérations sans fournir la moindre prestation. C'est le cas, par exemple, lors du contrat conclu entre la Sofremi et la police de Rio de Janeiro, où il empochera 350 000 francs. Ce n'est pas tout : le rapport confirme qu'Etienne Léandri, évoqué plus haut, et très lié à Poussier, a perçu la bagatelle de 15 millions de francs réglés en deux fois (9 millions en 1993, 6 millions en 1994) à l'occasion du contrat de fourniture de matériel de radio-télécommunications à la police de Buenos Aires. Le pactole atterrira à la Société des banques suisses (SBS) de Genève sur le compte d'une société Ingeniera, contrôlée par Léandri. Ce dernier, généreux, en ristournera 1,2 million de francs à Bernard Poussier. Cette somme permettra à ses parents de financer la moitié de l'achat de leur appartement à Levallois-Perret dans les Hauts-de-Seine !

Estomaqué par ces révélations, Hurand sollicite de ses collaborateurs quelques explications sur le rôle de Falcone à la Sofremi.

Le directeur administratif et financier, Nicolas Maroslavac, ne lui en dit que du bien. C'est un homme précieux, plaide-t-il, très introduit en Colombie, en Angola et au Kazakhstan... et donc susceptible d'y décrocher de beaux contrats. Maroslavac vante encore le rôle primordial que pourrait jouer Pierre Falcone pour obtenir le marché d'équipement de la police du Brésil. Un marché de 400 millions de dollars, soit près de 3 milliards de francs. Colossal ! De quoi redonner du tonus à la Sofremi...

Le préfet Hurand est littéralement scandalisé lorsqu'il apprend qu'en cas de succès Falcone devait percevoir une rémunération de 20 millions de dollars, soit près de 150 millions de francs. Tel était l'engagement de Bernard Poussier qui avait signé un contrat en bonne et due forme à Pierre

Falcone [1]. Là, c'est trop. Hurand décide d'éjecter Falcone des sphères de la Sofremi. Mais ce dernier résiste, tentant d'amadouer le préfet en lui adressant des cadeaux, notamment une énorme malle Fauchon. Henri Hurand, prototype du haut fonctionnaire, choqué, refuse. Il n'en démord pas : Falcone doit quitter la Sofremi [2].

Des conversations se déroulent début 1998 entre les deux hommes. Elles sont sinon houleuses, du moins difficiles. Le 5 novembre 1998, Henri Hurand a le dernier mot. Aux termes d'un protocole d'accord signé avec Pierre Falcone, ce dernier reconnaît avoir bénéficié, sans contrepartie, d'avantages conséquents de la Sofremi, notamment les 14 millions reçus à l'occasion du contrat colombien.

L'homme d'affaires reconnaît également s'être substitué en avril 1997 au ministère de l'Intérieur angolais en versant 8 millions de francs à la Sofremi. Cette demande, formulée par son président, Bernard Dubois, visait à démontrer l'intérêt que le régime de Luanda portait à la concrétisation d'un contrat portant sur la livraison de vedettes, de fusils et de matériels de radio... L'objectif était double : forcer le feu vert de la CIEEMG et redonner de l'oxygène à la Sofremi. Une

1. Le contrat brésilien sera finalement signé le 31 mars 1998 par Henri Hurand lui-même, sans donner le moindre centime à Pierre Falcone.

2. Début janvier 2001, dans une interview au *Figaro*, Henri Hurand affirmera avoir la « conviction » que Pierre Falcone avait « arrosé tout le monde pendant des années ». Indiquant qu'il avait travaillé sous les ministres de l'Intérieur successifs, le préfet Hurand soulignait que « la période la plus significative » était celle de Charles Pasqua. Il précisait : « Tout le monde sait que celui-ci a toujours suivi ce genre de marchés internationaux et que c'est lui qui a nommé le tandem Dubois-Poussier à la tête de la Sofremi. » Cette interview, bien évidemment, ne fit guère plaisir à Charles Pasqua. Quelques jours plus tard, Henri Hurand, dans une lettre d'excuses adressée à l'ancien ministre de l'Intérieur, faisait amende honorable. Regrettant sa « stupide interview », Henri Hurand écrivait encore : « Je suis d'autant plus navré et malheureux que je n'oublie pas ce que vous avez fait pour moi il y a quelques années. »

stratégie sans lendemain, puisque la Commission opposera son veto.

En cette fin 1998, exit donc Falcone.

Son fidèle allié, Bernard Poussier, est parti un an plus tôt. Très exactement le 10 novembre 1997. Considéré comme l'un des responsables de la situation catastrophique de la Sofremi, Henri Hurand l'a licencié en lui versant 325 000 francs d'indemnités.

Poussier n'éprouve guère de difficultés à se recaser : dès le 12 novembre, il réintègre, selon le souhait exprimé par le nouveau ministre de l'Intérieur, Jean-Pierre Chevènement, le groupe Thomson où il est entré en 1973. Sa nouvelle affectation : directeur, attaché à la direction internationale du groupe. Son salaire : 54 000 francs brut par mois.

Ce nouveau job laisse à Bernard Poussier quelques plages de liberté. Dès qu'il le peut, il rend visite à son vieux complice Pierre Falcone, vers 19 heures, au siège de Brenco, avenue Kléber à Paris. Même si l'homme d'affaires est toujours assailli de coups de téléphone, répondant avec autant d'aisance en portugais, en français ou en anglais, ce début de soirée est idéal. Falcone affiche toujours une fort bonne humeur. Il sirote son thé vert — il adore ça — et se montre parfaitement affable. De quoi parlent les deux hommes ? De l'Angola, bien sûr. De ce mirobolant marché angolais qui leur est passé sous le nez à cause de ces sourcilleux fonctionnaires de la CIEEMG. Une claque que ni Falcone ni Poussier n'ont acceptée.

Alors, un jour de février 1998, Bernard Poussier décide d'en référer en haut lieu. Non pas à Matignon ou au ministère de l'Intérieur — son crédit y est quasiment nul —, mais à l'Elysée. Aussi, avec Bernard Dubois, l'ancien président de la Sofremi débarqué en octobre 1997, il rédige une note à l'intention du directeur de cabinet du président de la République, Bernard Landrieu. Daté du 3 février, ce document de trois pages pourrait s'intituler « Défense et illustration du bien-fondé des intentions de M. Falcone en Angola ». Mais c'est une note secrète. D'où son titre, à la fois sobre et elliptique : « Note confidentielle sur le dossier angolais ».

Les deux auteurs, revenant sur le refus de la CIEEMG de

délivrer le feu vert sur le contrat angolais, soulignent « l'action et le travail considérable effectués par Pierre Falcone », tout en mettant l'accent sur « le capital exceptionnel de confiance personnelle dont jouit l'industriel auprès du président Dos Santos ».

Un capital aisé à comprendre : « Alors que l'ensemble des Etats occidentaux, y compris la France dans les années 1993-1995 [1], soutenaient les rebelles de l'Unita dirigés par Jonas Savimbi, seul Falcone a pris fait et cause pour Dos Santos. » Or, écrivent Dubois et Poussier, « le développement harmonieux des relations franco-angolaises est d'un intérêt stratégique économique majeur pour la France, face à une concurrence américaine (pétrole, aéronautique civile). Il n'est pas acceptable, poursuivent-ils, de compromettre ce développement par des querelles basées de plus sur de fausses déclarations ».

« Fausses déclarations » ? L'allusion est limpide. Il s'agit des articles très complets publiés en 1996 et 1997 par *L'Evénement du jeudi* et *Le Canard enchaîné* sur les deux organisateurs de ventes d'armes en Angola, qui ne sont autres que Pierre Falcone et Arcadi Gaydamak [2].

Les auteurs exposent leur requête : « A très court terme le dossier Sofremi devrait être " libéré ", entraînant immédiatement d'autres affaires (Thomson-CSF), mais il faudra aller plus loin et plus vite. » Puis, c'est l'appel au président Chirac : « Le président Dos Santos recherche un développement rapide et fort des relations franco-angolaises qu'il considère comme très importantes pour l'Angola. Dans cette perspective, et dans celle d'une visite présidentielle [de Jacques Chirac] à Luanda, il pourrait être utile qu'un geste soit fait sur la dette, la France prenant de vitesse dans ce sens

1. A l'époque, François Léotard est ministre de la Défense. Comme tous les membres du Parti républicain, il est un fervent supporter de l'Unita.

2. Voir *L'Evénement du jeudi* du 3 au 9 octobre 1996, l'article de Serge Faubert, « L'étrange M. Gaydamak » ; et, dans *L'Evénement du jeudi* du 23 au 27 janvier 1997, l'article de Serge Faubert, « Angola : la diplomatie française dérape sur un trafic d'armes ».

tous les autres pays créditeurs et les entraînant derrière elle. Les " renvois d'ascenseur " pourraient préalablement et discrètement être mis au point avec le président Dos Santos lui-même... »

La note se termine sur un couplet qui, une fois de plus, vante les mérites de Falcone : « Il serait regrettable de ne pas valoriser, dans l'intérêt national, la position privilégiée de totale confiance acquise par Pierre Falcone. C'est ce que souhaite ce dernier qui sera très probablement courtisé par les Américains (Boeing, entre autres), comme chaque fois que la France ne sait pas protéger ses vrais amis. »

Quand il lit cette note, Bertrand Landrieu, un homme fin, en comprend immédiatement le sens réel. Que l'on défende Falcone, soit ! Mais à ce point ! Bref, le directeur de cabinet du Président, qui n'est pas dupe, a bien compris : Bernard Dubois et Bernard Poussier plaident davantage la cause de leur protecteur que celle des relations franco-angolaises.

Quelques années plus tard, le juge Philippe Courroye découvrira la fameuse note sur une disquette soigneusement dissimulée au domicile de la secrétaire de Pierre Falcone. Elle avait été tapée au siège de Brenco, la société de l'homme d'affaires [1].

*

Le 29 juin 1998, lorsque le président Chirac se rend à Luanda, il fait preuve d'une extrême prudence sur le devenir des relations économiques franco-angolaises. Certes, Chirac a bien conscience que l'ancienne colonie portugaise comporte d'énormes réserves pétrolières et que la France ne peut négliger ce gigantesque marché potentiel. Certes encore, il n'est guère avare de compliments à l'égard du régime de Dos Santos qui a remis en selle au Congo un vieil ami de la

1. Bernard Poussier, interrogé par le juge Courroye le 16 janvier 2001, affirmera que Falcone n'avait pas participé à la rédaction de cette note. « Trouvez-vous normal qu'une note destinée au cabinet du président de la République soit tapée au sein de la société Brenco ? » lui demandera encore Courroye.

France gaulliste, le général Sassou N' Guesso. Sur les autres sujets, il reste ferme. L'effacement de la dette angolaise à laquelle tiennent tant Dubois et Poussier ? Pas question, dit le Président, de céder au lobby pro-angolais et aux quarante chefs d'entreprise français qui l'accompagnent. Luanda doit d'abord obtenir un prêt du FMI pour bénéficier d'un geste de la France, annonce clairement Chirac à son homologue angolais : « Le jour où cet accord interviendra au sein du Club de Paris, la France sera sans aucun doute aux côtés de l'Angola. » Et Chirac d'exhorter : « La dette générale de l'Angola, qui est trop importante, doit être réduite au titre de la solidarité internationale. » Bref, c'est une fin de non-recevoir.

Sur le plan militaire, le président français se montre tout aussi circonspect. Au nom du maintien de l'équilibre des forces entre Dos Santos et Savimbi, il souhaite qu'aucun accord de coopération ne soit signé [1].

Pierre Falcone, qui se trouve également à Luanda, est terriblement déçu du discours mi-figue mi-raisin tenu par le président français aux autorités angolaises. C'en est fini des dividendes qu'il aurait pu en tirer. Pourtant, Falcone espère une compensation : que Jacques Chirac vienne poser la première pierre du luxueux complexe hôtelier (coût de l'investissement : 300 millions de francs) qui sera construit au bout de la presqu'île de Luanda. Associé à un homme d'affaires proche de Dos Santos, Antonio M'Bakassi, Falcone en est le maître d'œuvre. Nouvelle déception. Chirac ne se déplace pas. Et c'est le ministre du Tourisme angolais qui, seul, pose la première pierre de l'hôtel, dénommé « La Pointe ».

Falcone est abattu. Jamais il n'aurait imaginé que le voyage de Jacques Chirac ruinerait à ce point ses espérances. Il ne se fait plus d'illusions : adieu l'obtention de marchés de matériels sensibles en Angola ; adieu la bénédiction des autorités françaises. En tout cas, tant que Jacques Chirac sera

1. Un an plus tard, la France refusera d'expulser le représentant de l'Unita à Paris. La décision irritera fortement le président Eduardo Dos Santos.

l'hôte de l'Elysée [1]. Le Président, qui a lu les méchantes notes de la DGSE et de la Direction centrale des renseignements généraux sur le tandem sulfureux Falcone-Gaydamak, n'a guère envie de faire plaisir à Pierre Falcone. Un duo qui, en sous-main, vend depuis 1993 des armes au régime de Luanda...

Il est temps de s'intéresser à Arcadi Gaydamak, personnage insaisissable, objet de bien des fantasmes, à la fortune considérable, et qui, dit-on, a rendu de grands services à notre pays.

1. Voir l'article de l'un des meilleurs connaisseurs de l'Angola, Stephen Smith, dans *Le Monde* du 17 janvier 2001 : « Après 1997, les offres de service de l'homme d'affaires, à droite comme à gauche ».

CHAPITRE III

Un génie des affaires

Lorsqu'il débarque dans la banlieue parisienne, le 22 novembre 1972, il n'a pour tout bagage qu'une... cartouche de cigarettes.

Cet homme, qui arrive en France après une halte de sept mois en Israël, vient tout droit de Moscou. Juif, il sait qu'en Union soviétique, périodiquement gagnée par le virus de l'antisémitisme, il éprouvera toutes les peines du monde à se faire une place au soleil. Il n'a donc aucune chance de faire fortune, d'autant plus qu'il n'appartient pas au Parti communiste et qu'il n'a suivi aucune étude universitaire. Alors le jeune Arcadi Gaydamak, vingt ans, œil vif, visage toujours en mouvement mais l'air taciturne, trouve refuge dans la patrie des Droits de l'homme. En quelques semaines il y apprend le français. Après avoir loué un petit logement à Gentilly dans le Val-de-Marne, il exerce toutes sortes de métiers ; d'abord employé dans une société de gardiennage, la Cofrinec, il en est vite licencié en raison d'absences répétées. Puis, en 1973, il passe un brevet de technicien supérieur (BTS) dans une école technique située à Montreuil-sous-Bois, en Seine-Saint-Denis. Ce qui lui permet de travailler comme ouvrier sur des chantiers de construction. C'est à cette époque qu'il épouse une jeune femme, Irina Tsirulnikova, russe comme lui, qui effectue des études de médecine à Rome.

Une nouvelle vie démarre pour le jeune Arcadi qui exerce un métier, disons, plus intellectuel, puisqu'il est devenu traducteur indépendant. Sa clientèle est si importante que

Gaydamak n'arrive pas à poursuivre seul son activité. Aussi, associé avec Olivier Dassault, fils de Serge et petit-fils du célèbre avionneur, propriétaire de *Jours de France*, il crée la Sotradoc, installée à Neuilly-sur-Seine.

Le traducteur Gaydamak prend une nouvelle dimension. Creusot-Loire, la régie Renault ont recours à ses services. Tant et si bien qu'à la fin des années 1970, Gaydamak s'est constitué un solide carnet d'adresses et a noué des liens privilégiés avec bon nombre de responsables de grandes entreprises industrielles, tels évidemment Renault et Creusot-Loire, gros exportateurs vers l'Union soviétique. Moins de dix ans après son arrivée en France, Gaydamak gagne entre 300 000 et 500 000 francs par mois ! En 1982, Gaydamak devient le patron de sa propre société de traduction, « Les Traductions Gaydamak ». Le succès est tel qu'elle ouvre une filiale au Canada.

En 1986, signe de reconnaissance, Gaydamak obtient la nationalité française après avoir obtenu la canadienne l'année précédente...

Commence pour le couple Gaydamak une vie aisée, à l'abri du besoin. Qu'il est loin, ce jour de novembre 1972 où un petit Juif débarquait de sa Russie natale ! En 1983, Arcadi et Irina achètent leur première résidence secondaire : une maison à Deauville, pour 1 100 000 francs. Onze ans plus tard, c'est l'acquisition, au lieu-dit La Vallée à Hauteville dans les Yvelines, d'une maison de maître entourée d'un parc boisé de sept hectares. Montant de la transaction : 3 600 000 francs.

Entre-temps, l'entreprenant Gaydamak a abandonné la traduction. Le mur de Berlin est tombé en 1989. Le régime communiste de l'Union soviétique a vacillé, éclatant en plusieurs Républiques indépendantes. Tout est à reconstruire dans cette partie du monde, qui prend goût aux délices du capitalisme. Les hommes d'affaires occidentaux le comprennent vite, accourant faire du business dans les anciens pays communistes. Arcadi Gaydamak comprend immédiatement l'intérêt d'affirmer sa présence à l'Est. Et il va en profiter, car il bénéficie d'atouts non négligeables : il est russe ; il manie très bien la langue française et il peut compter sur son entregent extraordinaire. Arcadi Gaydamak multiplie alors les voyages dans l'ex-Union soviétique, notamment au Kazakhstan où il décroche une licence d'exportation de charbon, via une société Ventana qu'il a fondée pour la circonstance. Décidément hyperactif, soucieux de faire du commerce avec les pays de l'Europe de l'Est dans l'agroalimentaire, l'énergie, l'armement, il crée la Compagnie internationale de technologie et d'investissement (CITI), située rue Galilée dans le XVIe arrondissement. Pour mener à bien sa mission, il recrute Jean-Dominique Blardone, ancien patron de l'entreprise Rouge-Baiser, dont le nom sera cité dans l'affaire Urba. La CITI cessera son activité à la fin de l'année 1992.

Parallèlement, son épouse Irina, qui a délaissé son activité médicale, a ouvert une galerie d'art. Las ! sans grand succès. Une transaction seulement sera réalisée en 1992. Pour 60 000 francs ! Une misère.

Déjà, le fisc lui cherche des noises. En 1990, à la suite d'une vérification de sa comptabilité, l'homme d'affaires franco-russe doit régler 1 469 945 francs au titre d'un rappel de TVA, et 1 291 746 francs au titre de redressement sur les bénéfices commerciaux.

Le contribuable Gaydamak paie, guère ému de s'attirer les foudres de l'administration fiscale. En 1993, *bis repetita.* Cette fois, c'est la redoutable Direction nationale de vérification des situations fiscales (DNVSF) qui s'interroge sur la réalité de ses salaires déclarés en 1991, 1992 et 1993. Ils sont convenables, mais, eu égard à son train de vie, apparaissent sous-évalués.

Le 14 octobre 1991, il ne déclare que 492 500 francs au titre des salaires versés par la CITI en 1990 ; une somme réévaluée à 650 000 francs lors d'une seconde déclaration rectificative.

Le 16 avril 1992, il avoue 650 000 francs au titre des revenus de 1991, et le 18 mai 1993, 548 487 francs au titre de ceux de 1992. Sommes effectivement minimes. Et pour cause : les dépenses personnelles du couple Gaydamak excèdent largement ses revenus. N'ont-ils pas l'habitude, par exemple, de louer ou d'acheter des voitures de fortes cylindrées comme ces deux Mercedes 560, cette Jaguar ou cette

Chrysler de 14 CV ? Surtout, Gaydamak n'a-t-il pas acquis, via une SCI Raymond 83, elle-même contrôlée par une société canadienne, sa résidence principale, 83, avenue Raymond-Poincaré, pour un prix de 10 millions de francs [1] ?

Le Canada n'est pas le seul pays où Gaydamak transfère ses avoirs. Les Pays-Bas, l'Angleterre et la Russie, où il crée de nombreuses sociétés gérées par des hommes de confiance, sont également utilisés comme terres d'accueil.

Les limiers du fisc pressentent les combines de Gaydamak. En effet, ses revenus officiels — 600 000 à 700 000 francs par an — semblent ne rien à voir avec la réalité. Comment le prouver ? La chance va servir les inspecteurs. En 1993, Gaydamak leur affirme qu'il a avancé 3 920 000 francs à un de ses amis, Youri Konontchuk, pour que celui-ci offre à sa fille Nathalie une propriété sur la Côte d'Azur. Intriguée, l'administration fiscale vérifie les dires de Gaydamak. Or elle découvre que ce dernier n'a rien prêté du tout, et que son ami Youri a, en fait, obtenu un prêt de Paribas. Cette fois, le fisc se fâche et se livre à un contrôle approfondi des ressources de Gaydamak. Ses découvertes sont ahurissantes et le constat implacable : l'homme d'affaires a perçu 11 383 276 francs en 1990, 16 562 844 francs en 1991 et 9 282 969 francs en 1992. Les neuf dixièmes sont d'origine indéterminée. La sanction tombe : 33 millions de francs de redressement fiscal.

Gaydamak argumente, conteste. En vain. Le fisc — qui ne lui accorde qu'un dégrèvement minime (265 824 francs !) — ne le lâche pas et porte plainte pour fraude fiscale [2].

1. Cette SCI Raymond 83 est elle-même contrôlée par une société canadienne installée à Halifax (Haute-Ecosse) dénommée Continental Realities Inc. Selon un rapport de 1993 de la Direction centrale des renseignements généraux sur la mafia russe, le principal dirigeant de Continental Realities Inc. a attiré l'attention des autorités judiciaires canadiennes. Il est soupçonné d'appartenir à la criminalité organisée en Europe orientale.

2. La 11e chambre correctionnelle du tribunal de grande instance de Paris condamnera Gaydamak le 3 mars 1999 à 13 mois de prison avec sursis et à 250 000 francs d'amende. La peine sera confirmée le 20 mars 2000 par la 9e chambre de la cour d'appel de Paris. Gaydamak s'est pourvu en cassation.

Tout autre contribuable aurait été assommé. Notre Russe, lui, ne se décourage pas. Désormais milliardaire — il vient d'acquérir un appartement avenue Georges-Mandel pour 31 600 000 francs [1] — il poursuit son chemin. Toujours boulimique. Toujours à la recherche d'une belle opération. Un jour, il se trouve à Moscou, un autre à Londres, un autre encore au Kazakhstan ou à Saint-Pétersbourg, parfois à Paris. Impossible de le joindre à son bureau : il n'en possède pas. Ses contrats, il les traite par téléphone, dans des hôtels ou dans son appartement parisien, avenue Raymond-Poincaré. C'est surtout dans l'ex-Union soviétique que Gaydamak investit à tout-va : dans l'hôtellerie où il dirige plusieurs hôtels à Moscou ; les matières premières où, grâce aux 2 300 bateaux, affirme-t-il, affrétés par ses soins, il transporte 1 million de tonnes de métaux ferreux vers Saint-Pétersbourg. Résultat : le port — et capitale de l'ancienne Russie — retrouve tout son éclat [2]. L'aéronautique n'est pas oubliée : dès 1992, Gaydamak, qui souhaite construire un avion d'affaires type « Lear Jet », crée une société mixte composée à parts égales de capitaux russes et israéliens. Hélas, l'appareil ne voit pas le jour. Au fond, qu'importe ! En effet, grâce à sa connaissance des milieux aéronautiques russes, il va jouer les intermédiaires pour des firmes françaises, Snecma, Thomson, Aérospatiale, Matra qui souhaitent engager des pourparlers avec la firme Mikoyan pour la construction d'un aéronef militaire d'entraînement.

Tout naturellement, l'aéronautique le conduit à nouer d'étroites relations avec des hauts responsables militaires, comme l'ancien chef de l'armée de terre de Russie Vladimir Semenov, aujourd'hui gouverneur de la province de Karatchievo-Tcherkessie. Grâce à Semenov, Gaydamak crée un fonds de pension destiné à assurer la retraite des officiers de l'armée de terre russe. Ce qui lui permet de s'attirer les bonnes grâces de l'ensemble des officiers ! Avec le pouvoir civil, les relations sont également excellentes.

Gaydamak rencontre, quand il le souhaite, le patron de la

1. Acheté via une holding hollandaise.

2. Selon Gaydamak, un quart de l'activité du port de Saint-Pétersbourg serait effectué grâce à lui.

compagnie pétrolière Ioukos, Mikhaïl Khodorkovski, le Premier ministre russe ou son ministre des Affaires étrangères, Igor Ivanov. Ce dernier, lorsqu'il est de passage à Paris, ne manque jamais de rendre visite à son ami Arcadi.

Au Kazakhstan, Gaydamak se sent quasiment chez lui. Dans cette République — où jadis Leonid Brejnev occupa les fonctions de premier secrétaire du PC —, notre milliardaire ne cesse d'investir, tantôt dans la production d'aluminium, tantôt dans les engrais. Toujours au Kazakhstan, dans l'année 1994, en compagnie du directeur général adjoint de la Sofremi, Bernard Poussier, il ne ménage pas ses efforts pour faciliter la conclusion d'un contrat de 250 millions de francs relatif à l'équipement des douanes. Gaydamak interviendra également pour qu'EDF participe à la modernisation du réseau électrique kazakh.

Cette efficacité plaît au président Nazarbaev : il fait de Gaydamak son conseiller spécial. Cette place de choix lui permet d'entretenir des relations de toute confiance avec Rakhat Aliev, l'un des responsables du KNB — l'équivalent du KGB soviétique — qui n'est autre que le gendre du président de la République kazakhe. Pragmatique, opportuniste, Gaydamak l'est assurément. Toujours soucieux d'avoir deux fers au feu. Même s'il retourne fréquemment dans sa patrie d'origine, l'homme d'affaires n'oublie pas Israël. Comment ? En ne perdant pas le contact avec d'anciens responsables du Mossad — principalement son ancien directeur, Dany Yatom, qui sera chef de cabinet du Premier ministre Benjamin Netanyaou. Une précaution, nous le verrons plus tard, qui s'avérera fort utile.

Opportuniste, Gaydamak — mais les deux choses n'iraient-elles pas ensemble ? — sait se montrer roublard.

Arrêtons-nous un instant sur sa rencontre en 1994 avec l'industriel français Gilbert Salomon, l'une des figures les plus marquantes du monde agroalimentaire au même titre que Jean-Baptiste Doumeng, alias le milliardaire rouge [1], ou Marcel Bruel.

1. Décédé il y a quelques années. Membre du Parti communiste, Doumeng a bénéficié pendant des années du quasi-monopole des échanges agroalimentaires avec l'Union soviétique.

Agé aujourd'hui de soixante-douze ans, ce personnage peu banal a connu un destin hors norme et, pour tout dire, bouleversant. Arrêté par le régime de Vichy le 11 avril 1943 à l'âge de quatorze ans, il est déporté avec l'un de ses frères à Auschwitz puis à Buchenwald. Seul le petit Gilbert s'en sort et revient à la vie. Encore qu'il souffre de paratyphoïde et se retrouve dans un état de maigreur extrême. Pendant quatre ans, il réapprend à marcher, à lire et à écrire au château de La Versine à Saint-Maximin, dans l'Oise, qui accueille des enfants en grande difficulté psychologique. Lorsqu'il quitte cette institution, Gilbert Salomon se promet de la soutenir, en signe de reconnaissance, dès que ses moyens financiers le lui permettront [1].

En 1950, le jeune Gilbert, guéri, abandonne donc le château de La Versine, muni du seul certificat d'études. Il est successivement mineur, puis ouvrier agricole.

Un peu avant les années 1960, associé à l'un de ses frères, Pierre, il fonde sa première entreprise d'industrie de la viande, en Sarre occupée par la France. La Sarre, souhaitant rester allemande après un référendum, les frères Salomon rapatrient leur société, Viand'Est, à Metz, qui devient leader dans son secteur en France. Intuitif, Gilbert Salomon pressent que l'avenir de la viande — face à la puissance des groupes hollandais et allemands — passe par un regroupement en coopératives. C'est ainsi que naît, en 1972, la Socopa, sous l'impulsion de Gilbert Salomon, mais aussi de son frère Pierre, ainsi que Jean-Baptiste Doumeng et Marcel Bruel.

Au bout de dix-huit mois, c'est le succès. Immense : la Socopa est devenue le numéro 1 européen de l'industrie de la viande, avec un chiffre d'affaires annuel de 113 milliards de francs, et 4 000 employés.

Galopent les années. Gilbert Salomon consolide son groupe autour d'une holding, Agripar, qui s'enrichit de nou-

1. Salomon tiendra parole. Nommé à la fin des années 1960 directeur du château de La Versine, il y restera une trentaine d'années. Aujourd'hui encore, Gilbert Salomon s'y rend trois ou quatre fois par mois et organise, sur ses deniers personnels, de nombreux galas de bienfaisance pour soutenir l'institution.

velles acquisitions : les Boucheries Bernard en 1985, la société fabricante de charcuterie Herta en 1986. En 1987, l'apothéose : Agripar rachète le premier groupe français de salaisons, Olida Caby (3,5 milliards de francs de chiffre d'affaires), puis, dans la foulée, la compagnie Optorg, spécialisée dans le négoce international.

Gilbert Salomon vit un conte de fées. La presse loue son talent, s'extasie devant son extraordinaire ascension et sa farouche volonté de réussite. Sacrée leçon de la part de celui qui fut déporté à quatorze ans, un funeste jour du printemps 1943 ! Sans doute, Salomon qui gagne beaucoup, beaucoup d'argent, n'oublie-t-il jamais ce passé douloureux. Sans doute, aussi, est-il toujours hanté par la peur de manquer. Alors, en 1985, il investit, avec frénésie, dans l'immobilier : 400 000 francs pour un appartement à Saint-Maur-des-Fossés ; 760 000 francs pour un autre, cette fois dans le XIe arrondissement de Paris, 2 200 000 francs une maison à Châtenay-Malabry, et encore 500 000 francs pour un appartement à Cannes.

La liste serait incomplète si l'on ne mentionnait les deux hôtels particuliers acquis, dix ans plus tard, à Boulogne-Billancourt et à Paris, dans la très huppée villa Montmorency, impasse protégée où habitent hommes politiques ou artistes fortunés. Ajoutons-y une superbe maison à Antibes, la villa de l'Islette, achetée en 1993 avant d'être revendue en 1997. Elle sera occupée un temps, par Arcadi Gaydamak.

En attendant, nous sommes dans les années 1992-1993, les affaires de Gilbert Salomon battent de l'aile. Le commerce international est rude. Salomon doit s'allier en 1991 au leader allemand de la viande, le groupe Moksel, pour résister aux groupes italiens Agnelli et Gardini ainsi qu'à l'Américain Onagra. Les Boucheries Bernard, déjà secouées par un dépôt de bilan en 1993, connaissent de graves difficultés. La compagnie Optorg a dû être cédée au premier groupe privé marocain.

Fatigué, lassé par une situation financière incertaine, Gilbert Salomon souhaite vendre l'hôtel particulier de la villa Montmorency. Le cabinet immobilier Féau est chargé de trouver un acheteur. Un visiteur se présente. Dommage. Il ne semble guère intéressé. Son nom ? Arcadi Gaydamak. Il aperçoit Salomon aux côtés du représentant de l'agence. « C'est vous, le propriétaire ? lance-t-il. — Oui... » La conversation s'engage. On parle de tout et de rien. A dire vrai, c'est surtout Arcadi qui se montre bavard, racontant qu'il exporte des produits agroalimentaires à partir de la Hollande ; qu'il approvisionne les grands hôtels de Moscou et qu'il a pour principal fournisseur le groupe Intermarché. Salomon, subjugué, écoute. Au bout d'une demi-heure, les deux hommes, contents d'avoir fait connaissance, se quittent. Peut-être ne se reverront-ils jamais ? A moins que le hasard... qui sait ?

Un mois plus tard, coup de fil de Gaydamak à Salomon. « Peut-être pourrions-nous nous revoir, j'en serais ravi », suggère le Russe un brin enjôleur. Quelque temps après, la rencontre a lieu. Tout se passe bien. Tellement bien que Salomon propose à Gaydamak d'entrer dans le capital d'Agripar. Le Russe, a priori, n'est pas hostile.

Plusieurs jours s'écoulent. Salomon, jugeant son enthousiasme un peu trop hâtif, s'enquiert du pedigree de Gaydamak auprès du cabinet du ministre de l'Agriculture. « N'ayez aucun souci, lui dit-on, vous pouvez le prendre comme partenaire [1]. » Toujours méfiant, Gilbert Salomon s'adresse également à Jean-Pierre Mattei, président du tribunal de commerce de Paris. Désormais dirigeant du groupe André, Mattei, qui a tâté de la politique (il a été membre du Mouvement des radicaux de gauche), personnage plein d'entregent, connaît Gaydamak. « Pas de problème », répond-il à Gilbert Salomon.

Comment Jean-Pierre Mattei aurait-il pu fournir une autre réponse ? En effet, à travers la société Serimo, l'ancien président du tribunal de commerce de Paris contrôle le parking de La Tour-Maubourg, qui compte parmi ses actionnaires une énigmatique société luxembourgeoise, Luxstreet, animée par... Gaydamak lui-même. Ce qu'ignore Gilbert Salomon. Il n'empêche. Rasséréné par ces deux témoignages favorables, Salomon signe le 3 décembre 1994 une convention avec son

1. Telle est la version de Gilbert Salomon.

sauveur. Aux termes de celle-ci, Gaydamak, qui injecte 13 millions de francs dans le capital et 15 millions en compte courant, détiendra 35 % des actions d'Agripar, Salomon demeurant majoritaire avec 65 % des parts. L'origine de l'argent ? Une banque luxembourgeoise. Salomon respire. Agripar est sauvé. Jusqu'à ce coup de fil de Gaydamak, le 9 décembre : « Je dois vous prévenir que c'est finalement une société dénommée Pivoine SA, de droit luxembourgeois, qui me substitue dans le capital d'Agripar. » Quoique un peu surpris, Salomon n'y voit pas malice. Le 11 décembre 1994, il reçoit un courrier confirmant que son nouveau partenaire s'appelle bien Pivoine SA.

Début 1995, nouvelle surprise : Gaydamak exige de toute urgence un rendez-vous. « Gilbert, rendez-moi un service, j'ai fait une connerie... » Et d'expliquer que la banque Worms, en raison d'échéances impayées, a saisi son appartement de l'avenue Raymond-Poincaré. Gaydamak poursuit : « Il faut faire vite. L'appartement va être vendu aux enchères. Achetez-le », supplie Gaydamak. Bonne poire, Salomon accepte, sans être le moins du monde étonné d'une telle démarche. Bizarre tout de même, Gaydamak n'a rien d'un SDF. Ne vient-il pas de renflouer Agripar à hauteur de 28 millions de francs ?

En février 1995, le patron d'Agripar, comme promis, vient au secours de son associé en achetant à la barre du tribunal l'appartement de l'avenue Raymond-Poincaré pour 9 millions de francs. Gilbert Salomon règle 1 million cash immédiatement, les 8 restants devant être versés dans un délai d'un an.

En réalité, Salomon est piégé : il ne dispose pas des 8 millions. Que faire ? Emprunter, tout simplement. Ce qu'il fait au printemps 1995 en s'adressant à une mystérieuse société anglaise, Edsaco, qui devient *de facto* propriétaire de l'appartement. Qui se cache derrière Edsaco ? Gaydamak lui-même. Lequel fait coup double : 1) Il redevient propriétaire dudit appartement. 2) Grâce à son ami Salomon, l'origine des fonds ayant servi à le racheter est indécelable. Personne ne connaît donc l'identité de l'heureux acheteur. Bien joué, Gaydamak, qui retrouve son bien !

En droit, ce micmac porte un nom : blanchiment. Ce qui vaudra une mise en examen à Gilbert Salomon. Ce dernier confiera, tout penaud, au juge Philippe Courroye : « J'ai fait une connerie. Je suis allé en Russie avec lui. J'ai eu l'impression qu'il était là-bas un personnage officiel et qu'il brassait des affaires énormes. » Avant de terminer : « Je lui ai fait confiance. J'ai voulu lui rendre service, car il m'avait rendu service. »

En mai 1995, revoilà l'ami Gaydamak. Une fois encore à l'occasion d'une transaction immobilière. Et, une fois encore, on retrouve Gilbert Salomon ! Pour comprendre cette histoire embrouillée, un petit retour en arrière s'impose. Les années 1991-1992. Christian Pellerin, promoteur connu et talentueux — il a été le concepteur du quartier de La Défense —, connaît quelques soucis judiciaires. Pour avoir enfreint les règles de l'urbanisme à l'occasion de la construction de sa propriété du cap d'Antibes, la villa de L'Islette, un juge de Grasse l'a placé en détention quelques mois à la prison de la ville. L'une des conséquences est que sa villa, digne d'un palais des Mille et Une Nuits, doit être vendue aux enchères en 1993. Claude Muller, son beau-père, envisage de l'acheter à la barre... mais d'une façon un peu curieuse : il propose à un de ses vieux amis, qui n'est autre que Gilbert Salomon, de l'acquérir dans un premier temps, pour ensuite la lui céder. C'est bien connu, on ne refuse rien à un ami de trente ans !

Salomon accepte la proposition et se présente à la barre du tribunal de Nanterre. Affaire conclue : il acquiert la villa de L'Islette pour 40 millions de francs.

Patatras ! Quelques jours plus tard, voici Claude Muller incarcéré à son tour à la maison d'arrêt de Grasse. A sa sortie, au bout de trois mois, le beau-père de Pellerin n'a plus du tout envie d'acheter la villa de L'Islette. Le patron d'Agripar est à nouveau coincé. Soucieux coûte que coûte de s'en débarrasser au plus vite, il contacte le cabinet immobilier John Taylor pour trouver un acheteur. Hélas, aucun client ne se manifeste. Du coup, Gilbert Salomon y effectue quelques réparations pour la louer.

A peine la propriété est-elle remise en état qu'en mai 1995 un candidat se présente : Arcadi Gaydamak ! « Prêtez-la-moi quelques jours seulement, le temps d'y recevoir quelques ministres russes », demande Arcadi. Salomon ne peut refuser. Les agapes terminées, Gaydamak propose de louer vraiment la villa. Un bail est signé. Non entre Salomon et Gaydamak... mais entre Salomon et une société domiciliée à Londres, Minotaure, censée représenter les intérêts du Russe.

Comme d'habitude, cette anomalie n'émeut guère Gilbert Salomon. Pas une seconde, il ne cherche à savoir qui paie réellement le loyer. Il est comme ça, le brave Salomon : il fait confiance. Et ça marche : il sera toujours réglé, rubis sur l'ongle, de mai 1995 à août 1996, date à laquelle Gaydamak lui lance : « Je veux acheter la villa de L'Islette. » Salomon, qui n'en attend pas tant, accepte. Et signe un compromis de vente avec la mystérieuse société Minotaure, déjà titulaire du bail de location. Montant de la transaction : 59 millions de francs. Salomon a tout lieu d'être satisfait, puisqu'il réalise, en quelques mois, une plus-value de 19 millions !

Au moment de signer chez le notaire, étonnement de Gilbert Salomon : l'acquéreur a changé de nom. Il ne s'appelle plus Minotaure, mais Palmetto, une société immatriculée au Luxembourg animée par une certaine Joëlle Maman. Et qui semble être la femme de confiance de Gaydamak dans le Grand-Duché. On l'a deviné : le Russe se livre à une nouvelle opération apparemment peu orthodoxe. Salomon laisse faire. Encore. Trop content d'empocher 59 millions de francs !

Déroutant personnage que Gilbert Salomon. Industriel avisé, intraitable en affaires, tatillon dans les négociations, il rend à nouveau service à son associé. Cette attitude surprend d'autant plus que depuis le premier coup de pouce donné à Gaydamak lors de la vente de l'appartement de l'avenue Raymond-Poincaré, Salomon a appris des choses fort désagréables sur son associé. Ainsi, le patron de la Coface, François David, un haut fonctionnaire au jugement sûr, l'a clairement mis en garde : « Vous savez, Gaydamak ce n'est pas un type bien [1]. »

Le patron d'Agripar n'en tient pas compte. Un pacte secret lierait-il les deux hommes ? Seraient-ils de mèche pour

1. Cet avertissement aurait été adressé en réalité par Jean-Charles Marchiani à François David qui l'aurait répercuté au patron d'Agripar. Cette confidence est d'autant plus troublante que Marchiani, nous le verrons plus loin, entretenait des relations amicales avec Arcadi Gaydamak.

blanchir de l'argent ? L'explication est plus prosaïque : Gaydamak tient Salomon. Fin 1994, ce dernier, qui selon sa propre expression « était pris à la gorge », en raison d'énormes difficultés financières, a en effet demandé au Russe de lui avancer 5 millions de francs. Trop heureux de rendre service, Arcadi a illico débloqué la somme. Elle sera tirée d'un compte à la Chase Manhattan Bank de New York et ne fera l'objet d'aucune convention de prêt ! Aussi Salomon ne remboursera-t-il jamais les 5 millions de francs...

Huit ans ont passé. Gilbert Salomon, même si peu ou prou il a bénéficié du « système Gaydamak », ne porte guère le Russe dans son cœur. Témoin, le procès qu'il a intenté contre l'une de ses sociétés faux-nez, Palmetto. Cette dernière aurait oublié de lui restituer 2 millions de dollars (12 millions dc francs) à l'occasion d'un contrat signé avec Agripar. L'audience dudit procès n'est pas pour demain. Aussi l'espoir, pour Salomon, de récupérer son dû semble bien illusoire.

Extraordinaire Gaydamak ! Un magicien. Une formidable mécanique intellectuelle, toujours à l'affût d'un montage sophistiqué. Sa passion, c'est faire des affaires et accumuler une immense fortune. Une fortune avec laquelle il achète des appartements avec un objectif immuable : que personne ne sache qu'il en est le propriétaire.

En voici un nouvel exemple, qui mérite d'être conté. Fin juillet 1992, rue Béranger dans le IIIe arrondissement de Paris : c'est le siège d'un bureau de change dénommé Sedigi. Un Iranien, client du bureau, profère des menaces contre son dirigeant. Il l'accuse de blanchiment de capitaux et de trafic de stupéfiants. La PJ s'en mêle. L'office central de répression de la grande délinquance financière [1] interpelle l'Iranien. Dans la foulée, une information judiciaire est ouverte, confiée à un juge parisien, et le Tracfin [2], organisme chargé de lutter

1. OCRGDF. Office qui dépend de la Direction centrale de la police judiciaire.

2. Sigle qui signifie : Traitement du Renseignement et Action Contre les Circuits Financiers. Créé il y a une dizaine d'années, il dépend du ministère des Finances, et compte parmi ses membres des inspecteurs des impôts, des douaniers et des policiers.

contre le blanchiment, se met lui aussi à enquêter. Bien lui en prend. Le Tracfin apprend, dans le cadre de ses investigations sur Sedigi, qu'un certain nombre de personnages semblent se livrer à de gigantesques transferts de fonds entre la Suisse d'une part et Moscou, Saint-Pétersbourg, l'île de Man et le Luxembourg d'autre part. En tout, plusieurs dizaines de millions passent d'un pays à l'autre ! Très vite, PJ et Tracfin voient apparaître des noms familiers : Pierre Falcone, Arcadi Gaydamak et un certain Serge Gortchkov. Proche de Gaydamak, Gortchkov est considéré en Russie comme l'un des financiers du député ultranationaliste Vladimir Jirinovski.

Si les investigations sur le bureau de change Sedigi révèlent quelques petites combines, elles permettent d'apprendre que Falcone et Gaydamak entretiennent des liens étroits. C'est ainsi que le premier a réglé — pour le compte du couple Gaydamak — bon nombre de voyages aux Etats-Unis. Et que sa société, Brenco, a versé en 1993 à l'ami russe plus de 1 million de francs. Pas de quoi fouetter un chat ! En revanche, ce que les enquêteurs découvrent sur Gaydamak n'a rien de banal. Au cours du dernier trimestre 1993, l'homme d'affaires s'est livré à une cascade d'opérations, de transferts de fonds, comme on en voit peu. Jugez plutôt : le 6 octobre 1993, une de ses sociétés immobilières, Extrainvest, domiciliée au Luxembourg, adresse un virement de 28 millions de dollars (170 millions de francs environ) sur le compte d'une mystérieuse société Rangoon établie... à l'île de Man. Cinq jours plus tard, une partie du magot — 20 millions de dollars — se retrouve à la Menatep, une banque moscovite dans laquelle Gaydamak a des intérêts.

Au même moment, une autre société, Gordon — liée sans doute à Gaydamak —, transfère 10 millions de dollars (60 millions de francs) sur le compte de Rangoon à l'île de Man.

Moins de deux mois plus tard, le 26 novembre, l'énigmatique Rangoon — animée par des hommes de confiance de Gaydamak — opère deux virements : le premier, de 1,5 million de dollars (9 millions de francs) sur le compte suisse d'une société Ersetz ; le second, de 3 millions de dollars (18 millions de francs), à la Dresdner Bank de Luxembourg...

Etonnant, non ? En quarante-cinq jours, 200 millions de francs se sont volatilisés vers la Russie, le Luxembourg, la Suisse. Pour le plus grand bonheur de Gaydamak.

Et c'est là qu'on retrouve notre Russe, dans une énième histoire d'appartement. Tout à fait fortuitement. Les policiers qui ont appris que Sedigi a émis, sans justification, un chèque de 501 300 francs à l'ordre de Gortchkov, s'intéressent à ce dernier. Et, le soupçonnant de racket, l'interpellent début avril 1995. A cette occasion, les limiers de la PJ découvrent que Gortchkov est très lié à un Ouzbek, originaire de Tachkent, plus connu sous le sobriquet du « Taiwanais », en raison de son physique très typé. Il s'appelle Alimjam Tokhtakhounov et occupe un poste de consultant à la CITI, présidée, on le sait, par Arcadi Gaydamak. Comme le monde est petit ! Le 18 avril 1995, Gortchkov, qui se trouve en situation irrégulière, est expulsé de France. La police s'intéresse alors de fort près au Taiwanais, propriétaire officiel d'un somptueux appartement dans le XVIe arrondissement, qui appartient en réalité à Gaydamak. Mais qui, une fois encore, ne voulait pas apparaître...

27 janvier 1993. Répondant à une annonce passée par le cabinet John Arthur et Tiffen, Gaydamak visite un appartement, au 14, rue du Conseiller-Collignon dans le XVIe arrondissement de Paris. « Je viens pour le compte d'un ami qui doit prochainement s'établir en France », dit le Russe au patron de l'agence, Jean-Philippe Beuchard, présent sur les lieux. « Il est splendide, votre appartement, constate Gaydamak. Le prix ? — 7 900 000 francs, répond Beuchard. — Je vous rappelle dans quelques jours », conclut Gaydamak. Promesse tenue. Finalement on se met d'accord sur un prix : 6 millions. Début février, Alimjam Tokhtakhounov débarque rue du Conseiller-Collignon. Il est emballé. « OK, j'achète », promet-il. Rendez-vous est pris pour le 17 février chez le notaire du Taiwanais, installé dans le quartier du Palais-Royal. Le 17, tout le monde est présent pour la signature de la promesse de vente : le notaire de l'acheteur, Alimjam Tokhtakhounov, Arcadi Gaydamak, Beuchard, le patron de

John Arthur et Tiffen, et le notaire du vendeur. La promesse est sur le point d'être signée... quand, coup de théâtre, Alimjam sort de sa mallette 600 000 francs en coupures de 500 francs ! Stupéfaction et embarras des parties. Le notaire de Tokhtakhounov refuse de prendre la somme. Finalement, Jean-Philippe Beuchard accepte d'être séquestre des 600 000 francs, qu'il dépose sur le compte d'Arthur et Tiffen à la banque Monod. « Il n'y aura pas de problème, dit Beuchard, nous sommes des clients depuis de nombreuses années. » Incident terminé. Le 7 avril, la vente de l'appartement de la rue du Conseiller-Collignon est signée. Petit problème : Tokhtakhounov ne dispose pas de la totalité des fonds pour payer... Le notaire doit patienter jusqu'au lendemain, le temps pour Alimjam de recevoir deux chèques, l'un de 1 404 615 francs provenant de la Monte Paschi ; l'autre de 4 700 000 francs, en provenance d'un établissement genevois, l'United Overseas Bank. Le 8 avril, comme prévu, Tokhtakhounov règle le prix de vente, soit 5 927 080 francs. Dans la foulée, le notaire de ce dernier adresse le chèque à son confrère qui représente le vendeur.

Alimjam ne prend pas immédiatement possession de l'appartement. Désireux d'abord d'y effectuer des travaux, il s'adresse à un entrepreneur de Montreuil-sous-Bois, qui revoit tout : la plomberie, l'électricité, les peintures, la menuiserie... Montant des travaux : 1 100 000 francs. Alimjam ne lésine pas. En juin 1994, son appartement est comme neuf. Survient un coup de théâtre : pour des raisons obscures, l'entrepreneur le balance au Tracfin. Purement et simplement. En révélant à cet organisme chargé de lutter contre le blanchiment que Tokhtakhounov a payé son appartement 9 millions de francs et non pas 6 comme l'acte notarié l'affirme. Et, en prime, en liquide !

Incroyable dénonciation ! Le Tracfin enquête et se rend à l'évidence : l'entrepreneur corbeau s'est totalement fourvoyé. Seulement voilà, en vérifiant les dires dudit entrepreneur, les fonctionnaires du Tracfin vont faire une drôle de découverte. Ou plutôt, plusieurs découvertes : 1) les deux factures de rénovation de l'appartement de la rue du Conseiller-Collignon ont été réglées par des entités contrôlées par

Gaydamak, notamment la société Reminvest BV de Rotterdam [1] ; 2) le prix de l'appartement n'a pas été réglé par les propres fonds du Taiwanais, mais bien par l'United Overseas Bank, citée plus haut... agissant sur ordre de Reminvest BV. En quelques mois, sans que personne n'y prenne garde, Gaydamak a donc acquis trois biens immobiliers grâce à des prête-noms. Salut, l'artiste !

Nous sommes en août 1994. Le Tracfin et l'Office central de répression contre la grande délinquance financière (OCRGDF) poursuivent leurs investigations sur Gaydamak, Gortchkov et Falcone. Ils découvrent bien la mise en place de structures complexes, de dimension internationale. En février 1997, jugeant ses éléments peu convaincants, le parquet de Paris décide de ne pas poursuivre et ordonne un classement sans suite.

Entre-temps, Arcadi Gaydamak, qui semblait avoir la baraka en ces années 1990, commence à être traqué.

En atteste ce message urgent envoyé le 20 avril 1996 par le siège d'Interpol à Moscou à son antenne de Paris. C'est le deuxième en six mois.

Voici l'intégralité de ce télex :

Gaydamak Arcadi, né le 8 avril 1952, demeurant précédemment à Moscou, Russie. L'intéressé a déjà fait l'objet de notre correspondance en janvier-mars 1994, car il est soupçonné par nos autorités de police de trafic d'armes à feu et de stupéfiants.

Il a résidé jusqu'en avril 1972 à Moscou, avant de partir en Israël pour rejoindre ses parents [...]. L'intéressé serait un des membres d'une organisation criminelle ayant des liens à

1. Pour être très précis, la première facture, d'un montant de 500 000 francs, a été réglée le 7 juin 1994 grâce à un virement émis par l'United Overseas Bank. Le donneur d'ordres était bien Reminvest BV de Rotterdam. La seconde facture, d'un montant de 600 000 francs, a été réglée le 10 août 1994 grâce à un virement de la Bank in Liechtenstein de Vaduz. Le donneur d'ordres : une société International Credit Corporation, liée vraisemblablement à Arcadi Gaydamak.

l'échelle internationale. Il serait employé à la société Reminvest située à Paris. Le service du contrôle de la criminalité organisée nous a signalé que Gaydamak avait proféré des menaces, par le biais de ses relations à Moscou, à l'encontre de la banque Rossijsiky Kredit située à Moscou.

Puis Interpol Moscou demande à Interpol Paris :

Veuillez localiser l'intéressé, l'interroger en lui posant les questions suivantes :

1. Quelles sont ses relations avec l'administration de cette banque.

2. Y a-t-il des réclamations concernant cette banque ? Si tel est le cas, de quelle nature sont-elles ?

3. Y a-t-il eu des conflits entre lui et cette banque ?

4. A-t-il demandé à quelqu'un à Moscou de proférer des menaces sur l'administration de cette banque ? Veuillez nous faire savoir si vous possédez des renseignements de nature criminelle concernant l'intéressé. Nous n'avons reçu aucune réponse à nos messages précités. L'intéressé est aussi indiqué comme étant le représentant en Russie des sociétés Zts Osos (République slovaque) et Reminvest BV (Pays-Bas). Zts Osos a conclu, les 26 mars 1994 et 10 juin 1994, des contrats avec Komeck, société de Saint-Pétersbourg, pour des livraisons de véhicules et de matériels de travaux publics. Montant : 31 186 680 US dollars. La Reminvest a conclu un contrat en date du 16.3.97 avec la société Ventana de Saint-Pétersbourg pour l'expédition de marchandises dans le port de Ventspils (République lettone). Les sociétés Komeck et Ventana sont dirigées par les mêmes personnes, à savoir un dénommé Samoilov : date et lieu de naissance non précisés.

La police du contrôle fiscal de Saint-Pétersbourg a révélé que Komeck et Ventana ont commis de très graves infractions à la législation fiscale. Ces délits sont considérés comme des crimes en vertu du Code pénal russe. Merci coopération. Fin.

Sacrément instructif, ce télex ! D'abord, il révèle, pour la première fois, l'existence d'une société slovaque, ZTS Osos, qui se trouvera au cœur de l'affaire des ventes d'armes vers l'Angola, et entraînera par ricochets la mise en examen de nombreuses personnalités de l'Hexagone.

Ensuite, la requête d'Interpol Moscou montre que Gaydamak, même s'il côtoie les hautes sphères du pouvoir russe, ne compte pas que des amis dans l'administration moscovite. En tout cas, pas dans la police, qui le considère comme lié à une organisation criminelle internationale. Enfin, ce message formule, *mezza voce,* quelques reproches à la France pour le peu d'attention qu'elle porte au cas Gaydamak. Serait-il protégé par l'Hexagone ? Une certitude : en ces années 1994-1995, il a ses entrées à la DST où il entretient des relations de confiance avec le numéro 2 du contre-espionnage français, Raymond Nart, un excellent spécialiste de l'ancien bloc soviétique. Depuis la chute du mur de Berlin en 1989, même si le contexte géopolitique de la Russie et des anciens pays satellites s'avère plus facile à appréhender — en raison de la multiplication de contrats commerciaux —, l'intérêt de nouer des contacts avec un homme tel que Gaydamak paraît primordial. Il se rend souvent dans son ancienne patrie où il a un accès direct aux pouvoirs politique et militaire ainsi qu'aux services de renseignement russes très actifs dans l'ancien bloc de l'Est, notamment en Yougoslavie ; en France, il fréquente la diaspora russe ; enfin, il compte bon nombre d'amis au sein des services secrets israéliens, le Mossad.

De plus, en ces années 1994-1995, il éprouve de l'affection pour la droite, n'ayant jamais caché son aversion pour les années Mitterrand. Ce qui ne l'empêchera pas, beaucoup plus tard, alors qu'il est réfugié en Israël, de prendre fait et cause pour le fils de l'ancien président, Jean-Christophe.

Autant de raisons de ne pas négliger Arcadi Gaydamak. En retour, quels bénéfices en tire-t-il ? Une mansuétude des autorités françaises fermant les yeux sur la conduite parfois peu orthodoxe de ses affaires ? Sans doute. Encore que désormais il traîne en France, selon la direction centrale des Renseignements généraux, une réputation contrastée. Les RG ont écrit en effet plusieurs notes blanches peu amènes à son égard, notamment sur les conditions d'achat, via des prête-noms, de son appartement parisien et de la villa de L'Islette. Le fisc continue de s'intéresser à lui. Malgré les bons rapports que Gaydamak entretient avec la droite au pouvoir, il préfère tirer sa révérence pour s'installer à Londres. La chance va pourtant lui sourire. Lui, le « paria », l'« affairiste », va avoir l'occasion d'obtenir de son pays d'adoption toute sa reconnaissance.

CHAPITRE IV

La décoration de M. Gaydamak

Août 1995. Depuis plusieurs jours, la Yougoslavie de Slobodan Milosevic subit les bombardements répétés des forces de l'Otan auxquels s'est associée la France, bien qu'ayant quitté le commandement intégré de l'organisation en 1966, à la suite d'une décision du général de Gaulle.

Survient le 30 août une tragique nouvelle : deux Mirage 2000 de l'armée française ont été abattus dans l'après-midi au-dessus de Palé, la capitale bosnio-serbe. Les deux pilotes, le capitaine Frédéric Chiffot et le lieutenant José Souvignet, originaires de la région de Nancy, dont les appareils ont été touchés par un missile sol-air de la défense antiaérienne bosnio-serbe, sont parvenus à s'éjecter en parachute. Tombés dans le champ d'une ferme, ils ne sont que légèrement blessés : une cheville foulée et quelques contusions aux jambes. Hélas pour eux, un fermier en armes les intercepte, appelle en renfort des éléments de l'armée bosnio-serbe qui conduisent les deux officiers français à Palé, où ils sont faits prisonniers. Leur cauchemar commence.

L'événement est abondamment commenté dans les médias, à la télévision. Une occasion de prouver, si besoin en était, à une partie de l'opinion publique française hostile à l'intervention de l'Otan — et des Américains — le bien-fondé de cette guerre. Les familles des deux militaires, bouleversées, lancent des appels à la télévision, adjurant le gouvernement français de tout faire pour les libérer. Déjà, les rumeurs les plus alarmistes commencent à courir : les deux officiers seraient morts...

Entre alors en scène Jean-Charles Marchiani, ancien conseiller pour la sécurité du ministre de l'Intérieur Charles Pasqua [1]. Un négociateur hors pair : c'est lui qui, entre 1986 et 1988, a joué un rôle clé pour la libération des Français détenus au Liban par le Hezbollah.

Marchiani contacte Arcadi Gaydamak qu'il a connu par l'intermédiaire de Pierre Falcone. Voici ce qu'il lui dit : « Nous avons des informations selon lesquelles nos pilotes sont en vie, mais il court le bruit selon lequel ils seraient morts. C'est dans l'intérêt de la présidence de la République française qu'ils soient sauvés [2]. » Message reçu cinq sur cinq. On demande à Gaydamak d'intervenir et de récupérer les otages français.

Lui seul peut réussir, en raison de ses entrées auprès de l'ex-KGB soviétique, qui lui-même entretient des rapports étroits avec les services de renseignement du frère slave, la Yougoslavie. Sans perdre de temps, Gaydamak s'envole pour Moscou et rencontre l'ancien patron des services de renseignement soviétiques Mikhaïl Barzoukov. D'emblée, il évoque la mission qui lui a été confiée. « Je ne réussirai que si vous m'organisez le contact avec le colonel Vladimir Koulitch. »

Koulitch a été pendant vingt-cinq ans chargé des questions yougoslaves au sein du KGB. C'est un as du renseignement, sorti tout droit d'un roman d'espionnage. Du genre, dit Gaydamak, « qui rigole quand il se brûle ». Requête acceptée. Mais à condition qu'Arcadi prenne en charge tous les frais de la mission.

Quelques jours plus tard, Gaydamak informe Marchiani des entretiens fructueux qu'il vient d'avoir à Moscou. Les deux hommes envisagent de partir pour Belgrade. Ils sont d'autant plus optimistes que Koulitch leur a affirmé début octobre que les deux pilotes étaient bien vivants. Un tuyau sûr fourni par les services de Belgrade. La présidence de la République française en a été avertie.

1. A cette époque, Pasqua n'est plus ministre de l'Intérieur.

2. Voir son interview dans *Libération* du 6 mars 2001, recueillie en Israël par Michaël Illouz et Alexandra Schwartzbrod.

Le 29 octobre, le conseiller de Pasqua et Gaydamak qui accepte de prendre en charge les deux tiers des frais (2 millions de francs) [1] s'envolent du Bourget à bord d'un Mystère 20 affrété par Air Entreprise à destination de la capitale yougoslave. De leur côté, Koulitch et deux officiers russes partent de Moscou également pour Belgrade. Arrivés sur place, les équipes française et russe logent à l'hôtel Intercontinental où ils ont réservé deux chambres voisines.

Premiers contacts avec les services de renseignement de Milosevic. Déception et avertissement : « Si vous recherchez les pilotes français, nous considérerons que vous menez sur un territoire étranger une opération hostile. Vous risquez d'être emprisonnés... », préviennent les Serbes. Atmosphère tendue. Il n'empêche. On se démène. On multiplie les contacts. Koulitch, surtout, qui quitte, tôt le matin, l'Intercontinental pour aller aux nouvelles. Le soir, il livre son compte rendu à ses partenaires français, qui le répercutent à Charles Pasqua. Lequel à son tour informe Jacques Chirac.

Galopent les jours. La situation apparaît bloquée. Pas de libération des pilotes en perspective. On s'impatiente. On s'ennuie. On a peur aussi, c'est la guerre. Il fait froid. Une pluie glaciale tombe en permanence sur la capitale yougoslave. Un soir, pourtant, Gaydamak — c'est sa version — décide d'aller faire un tour du côté de l'Hôpital central de Belgrade. Un grand bâtiment vide. Sans lumière. Un spectacle irréel, presque pathétique. Soudain, un clochard l'accoste, pas rasé, casquette vissée sur la tête, marchant avec des béquilles. « C'est fait, je les ai vus de mes propres yeux », lance l'inconnu... Gaydamak le regarde : c'est le colonel Koulitch ! Pour ne pas être repéré, il s'était déguisé. Joie de Gaydamak d'apprendre que les pilotes sont sains et saufs. Admiration aussi pour le colonel prêt à jouer les facétieux !

L'heure du dénouement serait-elle proche ? Le 12 novembre, Gaydamak et Marchiani rencontrent le président de la

1. Le reste, 900 000 francs, sera financé par l'Elysée sur ses fonds spéciaux. Leur montant dévolu à la présidence de la République, comme l'a rappelé un communiqué de Matignon en juillet 2001, s'élève à 24 millions de francs par an.

République serbe de Bosnie [1], Radovan Karadzic, à Palé près de Sarajevo, puis le 25 le général Ratko Mladic, chef d'état-major de l'armée serbe de Bosnie [2]. Lequel, curieusement, a déjà rencontré le 17 novembre, on le verra, un autre émissaire français, dépêché par Raymond Nart, numéro 2 de la DST, le général Pierre Gallois...

Quinze jours plus tard, le 12 décembre, les otages sont remis à Zvornik au chef d'état-major des armées, le général Jean-Philippe Douin. La scène se déroule en présence d'une seule chaîne de télévision, TF1. Son envoyé spécial Bernard Volker, ancien correspondant de la télévision à Bonn et fin connaisseur des questions d'Europe orientale, a été averti par Gaydamak, en confidence, du jour et de l'heure du rapatriement. Décidément jamais à court d'idées et de savoir-faire, Arcadi ! Il sait qu'en retransmettant à la télévision, en direct, le départ des deux pilotes, les risques de les voir abattus, comme dans un guet-apens, sont quasi nuls. Dans la soirée, le capitaine Chiffot et le lieutenant Souvignet embarquent dans le Mystère 20. Jean-Charles Marchiani les accompagne. Deux heures plus tard, à l'aéroport de Villacoublay, le président de la République Jacques Chirac et son ministre de la Défense Charles Millon accueillent les deux officiers.

« Bravo ! bravo ! lance chaleureusement le Président à Jean-Charles Marchiani. Quant à Arcadi Gaydamak, il est absent [3].

1. La Republika Srpska.

2. Karadzic et Mladic sont aujourd'hui poursuivis pour génocide par le tribunal pénal international de La Haye.

3. Arcadi Gaydamak aurait également joué un rôle prépondérant dans la libération, en 1998, de quatre membres de l'association humanitaire Equilibre, basée à Lyon, enlevés au cours de l'été 1997 au Daghestan avant d'être « revendus » aux Tchétchènes. Les membres d'Equilibre étaient, selon Gaydamak, des agents de la DGSE. Grâce à ses liens d'amitié tissés non seulement avec le général Zorine, ancien chef du service action du KGB, mais aussi avec la DST, Gaydamak aurait permis la libération des quatre otages. A cette occasion, assure Gaydamak, le gouvernement de Lionel Jospin aurait versé 25 millions de francs. Une affirmation qu'a fermement démentie Olivier Schrameck, le directeur de cabinet de Jospin.

Il a rejoint Moscou. Quelque temps plus tard, il revient à Paris, en compagnie du colonel Koulitch, pour recevoir, au cours d'une réception à l'Elysée, les félicitations du chef de cabinet militaire du président de la République.

Plus de six ans ont passé depuis la libération des deux pilotes français. Or, voici que quelques fausses notes apparaissent. D'abord, la réception à l'Elysée n'aurait pas eu lieu. « Je continue à douter de l'existence de cette rencontre à l'Elysée qui relevait davantage des services », confie aujourd'hui Bertrand Landrieu, le directeur de cabinet du président de la République [1]. Ensuite, il y a les révélations d'un général français. Lui aussi a négocié en novembre 1995 la libération des deux officiers français. Ce général s'appelle Pierre Gallois. Agé aujourd'hui de plus de quatre-vingt-dix ans, c'est un ancien élève de l'Ecole de l'air, également diplômé de l'Ecole supérieure de guerre. Après sa retraite en 1957, il a sillonné le monde en donnant des conférences sur les questions stratégiques, tout en étant chroniqueur au *Figaro*.

Voici les circonstances qui l'ont amené à se rendre en Bosnie.

Le 10 novembre 1995, vers 15 heures, il reçoit un coup de fil d'une personne affirmant être de la DST. « Je dois vous voir pour un problème d'une importance capitale. » Scepticisme du général. Son interlocuteur insiste. Une demi-heure plus tard, le sous-directeur de la DST — service du contre-espionnage français —, Raymond Nart, se présente à son domicile.

— Deux aviateurs français ont été capturés en Bosnie. Il est impératif de savoir s'ils sont vivants et de les récupérer avant que les Américains y parviennent de leur côté.

Le général écoute.

— Pourquoi moi ?

— Parce que vous connaissez bien le général Mladic, chef d'état-major de l'armée serbe en Bosnie.

Là, Gallois est interloqué. Effectivement, il connaît Mladic qu'il a croisé à l'occasion de conférences.

Nart termine :

1. Audition chez Philippe Courroye le 15 novembre 2001.

— Il est de votre devoir d'aller en Bosnie...

En bon militaire, soucieux de servir encore son pays, le général Gallois prend immédiatement attache avec un de ses anciens interprètes, Alexandre Radovic, directeur des Douanes à Belgrade.

7 heures du matin, le 16 novembre, à l'aéroport de Roissy-Charles-de-Gaulle. Il fait froid. Un froid à couper au couteau. Le général Gallois embarque dans l'avion d'Air France qui doit l'emmener à Belgrade. Cinq heures plus tard, à 12 h 35, après une escale à Francfort, il arrive dans la capitale yougoslave où l'attend son ami Radovic.

Les deux hommes égrènent quelques souvenirs, puis filent chez l'ancien président de la Fédération yougoslave, Dobritsa Cosic, qui habite une petite maison entourée d'un jardinet dans le quartier résidentiel de Belgrade. Accueil chaleureux, Cosic connaît les sentiments slavophiles de Gallois. La conversation s'amorce, détendue. A dire vrai, c'est plutôt un monologue. L'ancien président de la Fédération yougoslave évoque, pêle-mêle, l'occupation prolongée de la Bosnie, de la Macédoine, et qui sait ? un jour, du Kosovo. Puis il se lance dans une longue diatribe contre le « suivisme » français et britannique tout en déplorant la soumission de Moscou à Washington.

Le général écoute son interlocuteur. Il en vient à l'objet de sa visite : le sort des deux pilotes français prisonniers depuis le 30 août. Deux mois et demi déjà. Cosic ignore tout de leur sort. « Allez voir Radovan Karadzic à Palé, vous obtiendrez des informations », conseille-t-il au général.

A 15 heures, Gallois, accompagné de Radovic et d'un fidèle de Cosic, Matovic — ancien directeur du journal *Borba* —, part pour Palé en voiture. Trois cents kilomètres d'un voyage pénible, ponctué de crevaisons et dévié à plusieurs reprises de son itinéraire en raison des bombardements de l'Otan. Après plus de cinq heures de route, le trio arrive à Palé. Par politesse, Gallois, malgré la fatigue — il a quatre-vingt-dix ans, rappelons-le —, rend visite au président des Serbes de Bosnie, Radovan Karadzic. Juste le temps de le saluer. Puis le général va se reposer dans son hôtel.

22 h 15. Retour au siège du PC de Karadzic pour un dîner

auquel participent Radovic et Matovic. Karadzic, sans fioriture, confirme que les deux pilotes français, alors qu'ils se trouvaient à l'hôpital, ont bien été enlevés par un commando d'hommes masqués. Mais, affirme-t-il, « nous ne savons pas où ils sont ».

Gallois, stupéfait : « Les deux aviateurs étaient prisonniers, donc gardés, et les gardes n'ont rien fait ? Y a-t-il eu lutte, échange de coups de feu ? Le personnel de l'hôpital est-il intervenu ? »

Karadzic, embarrassé, hésite, avant de lâcher : « Non, non, à ma connaissance, il n'y a pas eu de coups de feu... Les ravisseurs étaient assez nombreux. Ils portaient des cagoules. Les aviateurs, dont l'un était blessé, étaient peu gardés. »

Le général, qui ne croit pas un mot de cette histoire d'enlèvement, avance une hypothèse : « Serait-ce un coup des Bosniaques musulmans ? »

Le président, agacé, répond : « Si tel avait été le cas, ils auraient tué les deux hommes et déclaré que des Serbes étaient coupables. »

Gallois imagine autre chose : « On a dit que ce pourrait être la police de Milosevic. »

Le président, péremptoire : « Non, non, ce n'est pas elle. »

Le général revient à la charge : « Comment se fait-il que, dans un pays que vous contrôlez étroitement, il puisse y avoir des " commandos masqués " ne relevant pas de votre autorité ? »

Karadzic, toujours gêné : « Peut-être s'agit-il de paysans furieux d'avoir été bombardés, ayant perdu famille et biens dans les attaques aériennes... Voulaient-ils se venger ? Ou s'agit-il de bandits cherchant à obtenir une rançon ? »

Constat de Pierre Gallois : « C'est pour moi un aspect inattendu du pays. »

Karadzic poursuit : « Pour que les preneurs d'otages se révèlent, il faudrait un signal, un geste de la France qui leur permettrait de passer pour des héros, des patriotes défendant leur terre. »

A minuit trente, l'entretien touche à sa fin. Karadzic, content d'avoir rencontré un général français proche des Serbes, peut l'avouer. Enfin. « Rassurez-vous, déclare-t-il à

Gallois, les deux pilotes sont sains et saufs. Il faut que vous rencontriez Ratko Mladic, le chef d'état-major des armées serbes de Bosnie. » Le général peut aller se coucher, après cette harassante journée...

Le lendemain, le 17 novembre, dès 7 h 45, Mladic vient le chercher à son hôtel. La veille, le président Karadzic lui a demandé de voir le général français. A 8 h 30, Gallois et Mladic, accompagnés d'une escorte, se rendent au QG du général serbe, à 30 kilomètres au nord-est de Palé. Une heure plus tard, ils prennent leur petit déjeuner en présence de trois officiers supérieurs serbes. Les entretiens commencent.

Comme Karadzic vingt-quatre heures plus tôt, Mladic ne mâche pas ses mots sur l'attitude de notre pays dans les Balkans... La France, nation amie qui bombarde la République serbe de Bosnie avec les Américains... La France qui a inventé une punition que nous ne méritions pas, pour des forfaits que d'autres ont commis...

Le ton est dur. Les reproches terminés, le Serbe, désireux de montrer à Gallois les dégâts causés par les « amis français », l'emmène à Kalinovik, son village natal, où quatre-vingts personnes ont péri. Spectacle de désolation. Le village est entièrement détruit. Pataugeant dans la boue et la neige, Mladic montre au général les véhicules incendiés, les bâtiments détruits, les poutres carbonisées. « J'ai perdu ma fille à cause de cette guerre. Elle avait vingt-trois ans. Elle était étudiante en médecine », assène tout d'un coup Mladic. Emotion de Gallois, muet de longues secondes...

Cette mise en condition effectuée, les deux hommes rejoignent un petit local pour aborder la question des otages. Mladic jure ignorer leur lieu de détention. Il bluffe, comme Karadzic. Gallois, qui s'en doute, l'interroge : « Mon général, que devons-nous faire pour que vous repreniez les recherches ? » Mladic propose une solution :

« Si un général français, chef d'état-major, accepte de se rendre à Palé pour passer en revue avec moi les troupes serbes et qu'il échange une poignée de main pour vider le contentieux avec la France, alors les Serbes libéreront les otages. »

Mise en garde de Gallois :

« Un chef d'état-major français ne se déplacera jamais pour récupérer des cercueils. »

Mladic le coupe :

« Pierre, ils sont vivants, en bonne santé. Je sais où ils se trouvent. »

Cette fois, Gallois le croit. Mladic est disposé à libérer les pilotes contre la venue d'un général français. Pierre Gallois suggère un nom, celui d'un militaire en retraite qui jouit d'un grand prestige : le général Maurice Schmitt, commandant des troupes françaises pendant la guerre du Golfe en 1990. Mladic acquiesce.

Ce 17 novembre, après quarante-huit heures de séjour à Palé et à Belgrade, le général Gallois est totalement rasséréné. Dans quelques jours les otages vont recouvrer la liberté, revoir leurs familles après plusieurs semaines de détention. A midi, Mladic met un hélicoptère à sa disposition pour rejoindre Belgrade. Un court arrêt pour dire au revoir au président Cosic et à son ami des douanes, Alexandre Radovic. Le général se retrouve à l'aéroport où il s'apprête à embarquer lorsque survient un incident.

Trois policiers des services de sécurité du président Milosevic fouillent la valise de Pierre Gallois et feuillettent avec attention son carnet d'adresses. Peut-être espèrent-ils y trouver un message de Mladic pour les autorités françaises. Cette initiative, dira plus tard Gallois, avait un objectif : court-cicuiter Mladic et permettre à Milosevic de tirer les bénéfices personnels de la libération des otages.

La fouille achevée — elle durera une demi-heure —, Gallois embarque vers 16 heures pour Paris où il arrive aux alentours de 18 heures.

A peine rentré chez lui, il joint Raymond Nart au téléphone. Dans la demi-heure, le numéro 2 de la DST se présente au domicile du général. Qui raconte que les deux pilotes sont bien vivants et qu'il faut envoyer un général français, selon le souhait du général Mladic.

« Puis-je prévenir les familles ? interroge Pierre Gallois.

— Non, répond Nart, votre mission est terminée. »

Le général ne comprend pas très bien.... Mais il est discipliné. Il ne pose pas de question. Nart prend congé.

Quelques instants plus tard, Gallois rédige le compte rendu de sa mission à Belgrade et Palé. Et le lendemain, s'en va le remettre en mains propres à l'Assemblée nationale au député (UDF) de la Manche, Yves Bonnet, qui est un ancien patron de la DST [1]. Pourquoi Bonnet ? Parce que c'est lui qui avait délégué Nart afin qu'il missionne le général Gallois. Bonnet, membre de l'association Serbie-Montenegro Terre d'Europe, affiche des sentiments plutôt pro-serbes.

Quelques jours plus tard, vers le 20 novembre, Yves Bonnet remet à son tour le précieux récit au ministre de la Défense, Charles Millon, et au ministre des Affaires étrangères, Hervé de Charette. Du premier, il n'aura aucune nouvelle. Quant à Charette, que le député rencontre quelque temps après, lors d'une réception au Quai d'Orsay, il aura cette réflexion : « Tu te rends compte de ce que tu me demandes ? — Je ne te demande rien, rétorquera l'ancien patron de la DST ; je te répercute seulement les conditions de Mladic. La visite d'un général français à Mladic afin qu'il libère les deux pilotes français. »

On en reste là. Le 12 décembre, le capitaine Chiffot et le lieutenant Souvignet recouvrent la liberté. Pas un mot n'est dit sur le rôle du général Gallois par les autorités françaises.

« Ecœuré », Bonnet décide d'écrire au président de la République pour lui rappeler le rôle du général et demander qu'on lui manifeste la reconnaissance de la nation française.

Un peu avant Noël 1995, Yves Bonnet, qui se trouve à Cherbourg, reçoit un coup de fil de Jacques Chirac. « J'ai bien reçu ta lettre, dit le président, je connais bien Gallois, mais je ne peux pas lui écrire. » L'ancien patron de la DST, qui a participé à sa campagne électorale de mai 1995, s'en-

1. De 1982 à 1985. Il a été nommé sous la présidence de François Mitterrand. Le général Gallois transmettra également le compte rendu de sa mission en Bosnie à Jean-Pierre Chevènement, qu'il connaît de longue date. Peu de temps après, l'ancien ministre de la Défense lui demandera de remplir son dossier pour être promu grand officier de la Légion d'honneur. Pierre Gallois déclinera l'offre.

hardit : « Est-ce que tu acceptes que je le remercie de ta part ? » Réponse : « Oui, tu peux le faire. »

Conversation courte qu'explique ainsi Yves Bonnet : « Je pense que ce coup de fil du Président constituait un signe pour que le général Gallois et moi-même restions discrets sur la libération de nos deux pilotes. » Plus tard, devant le juge Courroye, Bonnet sera plus précis [1] : « Je pense que le président de la République souhaitait montrer son implication personnelle avec ses réseaux, et notamment l'intervention de Jean-Charles Marchiani. C'était pour lui une façon de se mettre en avant dans cette opération de libération des pilotes en occultant le rôle du général Gallois. »

L'ancien patron de la DST va même jusqu'à déclarer : « Selon moi, Jean-Charles Marchiani s'est mis dans le sillage des informations récupérées par le général Gallois. Il a carrément récupéré ces informations et les renseignements que le général avait obtenus lors de sa mission. »

La version des faits, telle qu'elle est rapportée par l'ancien patron de la DST, semble effectivement troublante.

Les deux pilotes français, qui auraient dû être libérés quelques jours après le retour de Gallois à Paris, ne le seront que trois semaines plus tard... Que s'est-il passé ? Pourquoi avoir envoyé deux missions en Bosnie ? Pourquoi Raymond Nart a-t-il dépêché le 15 novembre le général Gallois, alors que Marchiani et Gaydamak étaient déjà sur place depuis le 29 octobre ? La chronologie a de quoi intriguer : certes, Gaydamak et Marchiani rencontrent dès le 12 novembre Radovan Karadzic, soit avec quatre jours d'avance sur Pierre Gallois. En revanche, les deux émissaires français ne voient Mladic que le 25 novembre, soit neuf jours après le général. Alors, aurait-on voulu envoyer deux missions en Bosnie pour ne négliger aucune piste ? Le tandem Marchiani-Gaydamak aurait-il profité des informations de Gallois lui permettant de récupérer les deux pilotes français ?

Avec le recul, le général Gallois pense aujourd'hui que l'entrevue Mladic-Gaydamak-Marchiani aurait pu tout faire capoter, le général serbe s'estimant délié de ses engagements

1. Audition du 7 juin 2001.

à son endroit [1]. Le général Gallois va même très loin, puisqu'il soupçonne la présidence de la République d'avoir différé la libération des deux officiers français.

Etrange affaire, en vérité. Toujours compliquée lorsqu'elle a trait à des prises d'otages. Mais d'où ressortent trois certitudes. C'est bien un militaire français de haut rang, comme Mladic et Gallois en sont convenus, le général Jean-Philippe Douin, qui s'est rendu le 11 décembre 1995 à Palé pour y rencontrer son homologue serbe, le général Momsilo Perisic, et Ratko Mladic. Face à leurs exigences [2], le général Douin rompra toute discussion.

C'est bien Jean-Charles Marchiani qui, le 11 décembre 1995, en compagnie du colonel russe Koulitch, alors qu'il se trouve lui aussi à Palé, réalise un coup de bluff génial. En avertissant Karadzic : « Si vous ne libérez pas nos deux pilotes, les troupes françaises évacueront les quartiers serbes de Sarajevo, qui sera à la merci des Bosniaques. » Ça a marché. Karadzic et Mladic céderont. C'est bien, *in fine*, Marchiani qui, le lendemain, ramène à Villacoublay, à bord d'un Falcon 900, le capitaine Frédéric Chiffot et le lieutenant José Souvignet, après plus de trois mois de captivité [3].

1. Peut-être. Mais c'est oublier que Gaydamak et Marchiani pouvaient compter sur l'appui de Moscou, qui a joué un rôle non négligeable dans le dénouement.

2. Ratko Mladic en avait formulé trois : création d'une commission chargée d'évaluer les dégâts provoqués par les bombardements de l'Otan, indemnisation des victimes et non-engagement de poursuites contre les dirigeants bosnio-serbes devant le tribunal pénal international de La Haye. Voir *Le Nouvel Observateur* du 21 décembre 1995 : « Les secrets d'une libération. Pilotes : comment les Serbes ont craqué », par Hervé Algalarrondo.

3. *Le Canard enchaîné* du 27 décembre 1995 a raconté, sous la signature de Louis-Marie Horeau et Brigitte Rossigneux, et sous le titre « Les sévices infligés aux pilotes, classés secret-défense », leurs conditions de captivité. A plusieurs reprises, les deux officiers français seront passés à tabac et interrogés, sans ménagement, par Mladic lui-même, qui les préviendra : « Vous êtes nos prisonniers. Vous serez traités en criminels. » A plusieurs reprises encore, au cours de leur détention, les Serbes leur imposeront un simulacre d'exécution.

Une zone d'ombre subsiste : le rôle exact de Gaydamak [1] et les conditions de son attribution de l'ordre national du Mérite. Yves Bonnet n'en a jamais entendu parler, pas plus que le général Gallois. Avis totalement opposé du côté de Charles Pasqua et Jean-Charles Marchiani. C'est d'ailleurs le premier, en tant que ministre de l'Intérieur, qui en décembre 1995 a proposé que Gaydamak reçoive l'ordre national du Mérite. Conformément au souhait du Russe qui avait lancé tout de go à Charles Pasqua, en octobre : « Si je réussis à faire libérer les deux pilotes français, je veux une décoration. » Le président de la République aurait donné son feu vert.

L'instruction du dossier du futur récipiendaire se déroule en un temps record. Le 5 mai 1996, le chef du service de décoration de la présidence de la République, M. Cosnard, alerte le ministre de l'Agriculture. Lequel à son tour demande des renseignements à la préfecture des Hauts-de-Seine, département où est domiciliée Agripar, la société de Gaydamak spécialisée dans le commerce de produits agricoles. Première surprise : en principe, c'est la préfecture du lieu de résidence de l'intéressé qui devrait être sollicitée. En l'espèce, la préfecture de Paris, puisque Gaydamak habite avenue Georges-Mandel dans le XVIe arrondissement. Deuxième surprise : aucune enquête de moralité — toujours réalisée par les Renseignements généraux — n'est transmise au ministère de l'Agriculture. Troisième surprise : le timbre, situé en haut du projet de mémoire de proposition effectué au ministère de l'Agriculture, masque le nom du ministère.

Malgré ces anomalies [2], le décret nommant Arcadi

1. Dans une interview donnée au *Monde* le 26 janvier 2002, Gaydamak, qui habite à quarante kilomètres de Tel-Aviv, déclarera : « Affirmer, comme le fit le général Gallois, que M. Marchiani et moi ne sommes pour rien dans la libération des pilotes, c'est malhonnête. Je ne conteste pas qu'il se soit rendu à Belgrade pour y rencontrer Mladic, mais ce dernier ne contrôlait rien. La situation a été débloquée grâce aux Russes qui ont fait pression sur Karadzic. »

2. Soulignées par Daniel Cordier – chef du bureau du cabinet au ministère de l'Agriculture, de mars 1993 à juin 1998 – lors de son audition chez le juge Courroye le 13 novembre 2001.

Gaydamak au grade de chevalier de l'ordre national du Mérite est signé par le président de la République le 15 mai 1996, sur la réserve présidentielle.

Ce jour-là, deux autres personnes — toujours au titre du ministère de l'Agriculture mais sur la réserve présidentielle — sont promues officiers de l'ordre national du Mérite : un ingénieur en chef du Génie rural des Eaux et Forêts ainsi que le président de la Fédération départementale des clubs ruraux de la Corrèze.

Deux mois plus tard, Arcadi Gaydamak est comblé. Le jour de notre fête nationale, le 14 juillet, le préfet du Var Jean-Charles Marchiani lui épingle, dans les salons de la préfecture, les insignes de chevalier dans l'ordre national du Mérite.

Dans la soirée, l'homme d'affaires russe offre une somptueuse réception à la villa de L'Islette à Antibes, gracieusement mise à sa disposition par l'industriel Gilbert Salomon.

*

Plus de cinq ans ont passé depuis la sauterie organisée par Gaydamak. Cette histoire de décoration recèle toujours quelques mystères. Nous avons interrogé la Grande Chancellerie de la Légion d'honneur pour tenter de reconstituer le cheminement administratif nécessaire à l'attribution de cette décoration. Le directeur de cabinet de Jean-Philippe Douin, le Grand Chancelier, nous a fait savoir qu'il n'avait aucun commentaire à formuler. Sauf que M. Gaydamak n'était, à ce jour, ni suspendu ni radié dans l'ordre national du Mérite. Présomption d'innocence oblige.

Un ancien député UDF du Pas-de-Calais, réputé pour sa rigueur et sa rectitude, ancien journaliste (de talent), ne comprend toujours pas aujourd'hui les raisons pour lesquelles Gaydamak a été proposé pour sa décoration. C'est Philippe Vasseur, désormais reconverti dans la banque. Il était, en 1996, ministre de l'Agriculture. Voici ce qu'il déclare : « Je ne connais pas Gaydamak. Je suis formel, ce n'est pas un nom qui m'était connu lorsque j'étais au ministère de l'Agriculture. Je ne l'ai jamais reçu et, à mon avis, mon cabinet n'a jamais été en contact avec lui. » Et Vasseur d'ajouter :

« En mai 1996, à la date de signature de ce mémoire, s'il avait joué un rôle important dans le commerce de la viande, je n'aurais pas manqué de le savoir. Je rappelle qu'à cette époque nous étions en pleine crise de la vache folle. » Quant à son rôle dans la libération des deux pilotes, là, Philippe Vasseur s'étonne : « Je n'ai pas entendu dire que M. Gaydamak était intervenu dans leur libération. »

Evoquant la décoration de Gaydamak attribuée sur le contingent du ministère de l'Agriculture, Philippe Vasseur se montre une fois encore, surpris : « Il n'est pas logique que M. Gaydamak soit décoré sur un mémoire du ministère de l'Agriculture pour des faits qui relèveraient davantage de la Défense ou des Affaires étrangères. La seule explication que je vois serait l'épuisement du contingent du président de la République sur ces deux ministères [1]. »

L'ancien chef du bureau du cabinet au ministère de l'Agriculture, Daniel Cordier, se livre à la même analyse [2] : « Pour le service qu'a pu rendre M. Gaydamak en Bosnie [...] l'Agriculture n'a rien à voir. Il aurait pu être décoré directement par la Grande Chancellerie, ce qui est assez logique pour un acte de courage, ou des services éminents rendus à un étranger. Il aurait pu être décoré aussi sous le timbre du ministère de la Défense ou du ministère des Affaires étrangères. » Et Cordier de poursuivre : « J'observe que le mémoire de présentation à l'ordre national du Mérite n'évoque pas du tout son rôle dans la libération des otages.

1. Extraits du procès-verbal d'audition de Philippe Vasseur comme témoin par le juge Philippe Courroye le 21 juin 2001. Lorsque le magistrat montre à l'ancien ministre de l'Agriculture une note de la Direction centrale des renseignements généraux intitulée : « Manque de transparence autour des investissements immobiliers du mafieux russe Arcadi Gaydamak », Vasseur répond : « J'ignorais tout à fait ces éléments, tout comme j'ignorais la demande d'instruction du mémoire de présentation. Je ne comprends pas qu'une note comme celle-ci n'ait pas été versée à l'enquête de moralité. »

2. A ce titre, il avait en charge les affaires réservées, autrement dit les dossiers sensibles et l'examen des demandes de décoration.

Par hypothèse, un mémoire de présentation met en avant les services rendus par l'intéressé. » Le haut fonctionnaire conclut : « Il ne m'apparaît pas logique que le mémoire ne fasse pas apparaître son rôle dans cette libération si c'était le fondement de l'octroi de cette décoration. »

Un point de vue encore partagé par Yves Bonnet, l'ancien patron de la DST [1] : « Rien n'empêchait [effectivement] de rédiger un mémoire de présentation pour décrire le rôle de M. Gaydamak dans la libération des otages, même s'il s'agissait d'une mission secrète. [...] Si les pilotes avaient été arrachés par une action de force ou un commando, peut-être aurait-il fallu cacher le rôle effectif d'Arcadi Gaydamak. Mais la mission s'étant bien terminée, au terme de négociations officielles, avec remise au chef d'état-major des armées des prisonniers, rien n'empêchait de décerner le Mérite national à Arcadi Gaydamak en décrivant son rôle dans ces opérations. »

Bonnet cite, pour accréditer sa thèse, un exemple qu'il a eu à connaître en tant que patron de la DST : « Le commandant Ferrand qui était l'attaché adjoint à l'ambassade de France à Moscou a été décoré de la Légion d'honneur par le président de la République [François Mitterrand], très officiellement, pour son rôle dans l'opération Farewell ayant entraîné l'expulsion de quarante-sept diplomates russes qui étaient des espions. Le commandant Ferrand avait pourtant dérobé ces documents aux KGB. Sa décoration lui a été remise pour son rôle dans cette opération, sans aucun leurre et sans que le mémoire fasse état d'autres services. »

Oui, les conditions dans lesquelles Arcadi Gaydamak a obtenu l'ordre du Mérite demeurent une énigme. Tout comme les motifs. Le directeur de cabinet du président de la République, Bertrand Landrieu, le reconnaît : « Je n'ai aucun élément pour dire qu'il [Gaydamak] a été décoré pour son intervention dans la libération des pilotes. Au vu des éléments qui m'ont été fournis, il n'a pas été décoré pour son intervention dans la libération des pilotes [2]. »

1. Audition chez le juge Courroye le 7 juin 2001.
2. Audition chez le juge Courroye, le 15 novembre 2001. Ce

Un an après la remise de l'ordre du Mérite à Gaydamak, paraissent au *Journal officiel* daté du 25 juillet 1997 deux lignes annonçant, par arrêté du ministère de l'Agriculture, la nomination de M. Arcadi Gaydamak au grade de chevalier de l'ordre national du Mérite agricole. Surprenant et inhabituel : la règle veut que l'on soit promu d'abord dans un ordre ministériel (Mérite agricole par exemple) puis dans un ordre national (Légion d'honneur ou Mérite national). Or, c'est l'inverse qui se produit. Décidément, avec ce diable d'homme, rien n'est jamais programmé. Du moins le croit-on. Avec lui, tout ne semble que mystère. Sauf en Angola où il va jouer, en compagnie de son associé Pierre Falcone, un rôle clair et net : réduire la dette du pays, aider Dos Santos à lutter contre le rebelle Savimbi, et s'octroyer quelques prébendes.

---

jour-là, Bertrand Landrieu précisera que le président de la République, son état-major particulier, suivait le dossier de libération des deux pilotes français. Il ajoutera : « Il n'y a pas eu de rançon payée pour leur libération, conformément à la règle habituelle appliquée par les autorités françaises. »

CHAPITRE V

Les maîtres de l'Angola

Novembre 1992. Voilà un mois que le Mouvement pour la libération de l'Angola (MPLA) du président marxiste Eduardo Dos Santos a remporté les élections législatives contre le chef de la rébellion anticommuniste Jonas Savimbi, qui a très mal pris sa défaite et s'est retiré dans sa région du Jamba. Les combats entre les deux camps reprennent de plus belle. Dans la nuit du 1er au 2 novembre est perpétré un massacre épouvantable par une partie de la population de Luanda contre les troupes de l'Unita. Certains de ses membres sont retrouvés brûlés vifs. On leur a attaché des pneus enflammés autour du cou... En avril 1993, plusieurs tentatives de négociations entre Dos Santos et Savimbi échouent à Abidjan.

En juin, les Etats-Unis reconnaissent le régime de Dos Santos ; quelques jours plus tard, c'est au tour du Conseil de sécurité de l'Organisation des Nations unies d'en faire autant. En septembre 1993, cette même instance demande de renforcer l'embargo contre l'Unita de Savimbi, qui gagne du terrain. A telle enseigne que ses rebelles occupent les huit dixièmes du pays, tandis que le président Dos Santos ne contrôle plus qu'une parcelle de 20 kilomètres de long autour de Luanda et qu'il éprouve toutes les peines du monde à défendre le palais présidentiel de Futungo.

Les denrées alimentaires commencent à manquer. La misère est omniprésente. Le président veut des armes. Il appelle alors à son secours un militant français tiers-mondiste, proche de Nelson Mandela, très introduit auprès de tous les chefs de gouvernement d'Afrique australe. Né en 1939, membre du PS depuis 1970, nommé « Monsieur Afrique australe » du Parti en 1981, Jean-Bernard Curial, barbu, aux cheveux bruns bouclés, se lie d'amitié avec Eduardo Dos Santos dès 1973, un peu avant que le Portugal ne donne l'indépendance à l'Angola. En 1982, déjà, Dos Santos avait sollicité Curial pour qu'il obtienne auprès du président Mitterrand une aide militaire de la France en contrepartie du départ des troupes cubaines souhaité par les Etats-Unis. A l'époque, la France n'avait rien fait, estimant que cet épineux problème devait être résolu par Mario Soarès, Premier ministre du Portugal et membre de l'Internationale socialiste.

Dix ans plus tard, en 1993, Dos Santos presse Curial de solliciter une nouvelle fois le président Mitterrand. Il faut que la France lui achemine des vivres et du matériel militaire.

Curial en parle à Guy Penne, ancien conseiller pour les affaires africaines de François Mitterrand à l'Elysée. Tous deux partent en mai 1993 pour Luanda où ils sont reçus par le président angolais.

Si Guy Penne accepte le principe d'une aide alimentaire et la fourniture de médicaments, il met son veto sur toute vente d'armes. Voilà qui est clair et net. A l'inverse, Jean-Bernard Curial ne voit aucun inconvénient à la livraison de matériels militaires. Mais il prévient le chef de l'Etat angolais qu'en période de cohabitation — Edouard Balladur vient d'être nommé Premier ministre à la suite de la défaite de la gauche aux élections législatives — son souhait n'a que peu de chances d'être exaucé. En effet, les deux ministres susceptibles d'accorder leur aide — François Léotard à la Défense et Charles Pasqua à l'Intérieur — passent plutôt pour être des supporters de Jonas Savimbi.

De retour à Paris, Jean-Bernard Curial, déçu du refus de Guy Penne, prend rendez-vous début juin 1993 avec la cellule Afrique de l'Elysée, animée par le diplomate Bruno Delaye. Nouvelle déconvenue. Dans le contexte de la cohabitation, lui fait-on savoir, il est impossible de venir au secours de Dos Santos. Curial répercute le message au président angolais.

Quelques jours plus tard, Curial rencontre par hasard, à Paris, non loin de la place Maubert-Mutualité, Jean-Christophe Mitterrand, qui a quitté en juillet 1992 la cellule africaine de l'Elysée. Les deux hommes se connaissent, mais se sont perdus de vue. Après les salutations d'usage, Curial raconte qu'il revient de Luanda, que la situation est dramatique, qu'il en a parlé à l'Elysée mais qu'on ne peut rien faire. « Il faut à tout prix des armes, des munitions, de la nourriture et des médicaments pour la population angolaise », lance Curial à son interlocuteur [1].

« Je ne peux vous être utile, répond Jean-Christophe, mais je vais vous donner les coordonnées téléphoniques de " quelqu'un, place Beauvau " qui peut faire passer des messages. »

Dans les heures qui suivant, Curial passe un coup de fil au « Monsieur de la place Beauvau ». « C'est au sujet de l'Angola, dit-il. J'appelle de la part de Jean-Christophe Mitterrand. — Monsieur est en mission. Rappelez plus tard », lui indique une secrétaire.

Au bout d'une petite semaine, le secrétariat du « Monsieur de la place Beauvau » le rappelle pour lui donner rendez-vous dans un bistrot des Champs-Elysées à Paris.

Curial expose à son interlocuteur les desiderata de Dos Santos. L'homme, d'apparence imposante, plutôt chaleureux, laisse d'emblée entendre à Curial que la tâche sera compliquée dans la mesure où ses amis politiques sont hostiles aux régimes marxistes-léninistes.

Curial pressent que l'inconnu remplit un peu le même rôle que lui, mais à droite. Une sorte de Monsieur Bons Offices pour des missions délicates. Au bout de vingt minutes, Curial prend congé de son interlocuteur. Il ne se fait guère d'illusions... Quand, huit jours plus tard, l'homme le rappelle en le priant de passer dans ses bureaux, au 54, avenue Montaigne, situés juste au-dessus de l'ambassade du Soudan à Paris. Les choses semblent avancer. L'énigmatique « Monsieur de la place Beauvau » explique qu'il a évoqué avec ses amis l'aide

1. Voir l'enquête remarquable de Stephen Smith et Antoine Glaser dans *Le Monde* du 13 janvier 2001 : « Les hommes de l'" Angolagate " ».

sollicitée par Dos Santos et que rien n'est impossible. Apaisé et optimiste, Curial propose de lui faire rencontrer un diplomate qui compte en Angola : Elisio de Figueiredo. Certes, il vient de quitter son poste d'ambassadeur d'Angola à Paris, mais — grâce à Curial — Figueiredo a obtenu du Quai d'Orsay de conserver ses prérogatives d'ambassadeur pour mener une mission de concertation auprès de Jonas Savimbi.

L'entretien entre les trois hommes se déroule le 15 juin 1993, au domicile de Figueiredo, 3, rue Adolphe-Yvon, dans le XVIe arrondissement de Paris. Près de dix ans après cette rencontre, Curial, s'il ne se souvient plus de la teneur précise de la conversation, n'a pas oublié par contre que le « Monsieur de la place Beauvau » avait bien jaugé l'influence d'Elisio de Figueiredo auprès de Dos Santos, et immédiatement compris qu'en Angola, rien ne pouvait se faire sans l'appui du diplomate. Ce mystérieux personnage, visiblement important, introduit grâce à Curial auprès de Figueiredo et qui deviendra insensiblement l'un des maîtres de l'Angola, n'est autre que Pierre Falcone.

Aux termes d'un accord passé entre les trois protagonistes les rôles sont distribués : Figueiredo contrôlera l'ensemble de l'opération d'approvisionnement en vivres et armes vers l'Angola ; Curial, via son groupement d'intérêt économique, la Gie Stired [1], enverra médicaments, tentes et lait en poudre ; Falcone s'occupera de l'exportation des armes.

Au départ, tout se passe bien. Chacun joue son rôle. Très vite, les relations entre Falcone et Curial se détériorent, à tel point que le second se voit progressivement mis sur la touche [2].

Profondément meurtri encore aujourd'hui, l'ancien militant tiers-mondiste n'a pas oublié que l'attitude de l'homme d'af-

1. Installé non loin de la place Saint-Sulpice, dans le VIe arrondissement de Paris.

2. Dans le domaine de l'aide humanitaire, c'est la CADA, société immatriculée aux îles Vierges britanniques, propriété de Pierre Falcone et Arcadi Gaydamak, qui se substituera au Gie Stired de Jean-Bernard Curial. La CADA obtiendra un contrat d'exclusivité de cinq ans avec l'Angola.

faires français avait failli le conduire au suicide... Quoi qu'il en soit, en 1993, Falcone, qui prend pied en Angola, aux côtés de Gaydamak, est sûr de lui : il détiendra le monopole des exportations vers l'Angola, tant dans le domaine humanitaire que dans le domaine militaire. Il lui faut d'abord éliminer un autre concurrent. Son nom : Jean-François Clarisse. Agé de quarante-quatre ans, il est implanté en Angola depuis le milieu des années 1980 où il se livre au commerce de produits agroalimentaires, d'alcools et de cigarettes. En 1988-1989, le pouvoir angolais lui demande — déjà pour lutter contre les rebelles de Jonas Savimbi — de trouver des hélicoptères ainsi que des combinaisons de pilotes d'avion. Clarisse entre alors en contact avec la Sofema [1], une société d'Etat contrôlée par le ministère français de la Défense, spécialisée dans ce genre de transactions. La réponse vient vite. C'est non. Refus total. L'Angola se trouvant à l'époque sous embargo, le gouvernement socialiste ne souhaite prendre aucun risque. Malgré cet échec, Jean-François Clarisse reste en bons termes avec les autorités angolaises qui, quelques mois plus tard, reviennent à la charge par l'intermédiaire d'une société d'Etat, Ematec, dénommée par la suite la Simportex.

Cette fois, ça marche : Clarisse se tourne du côté d'une société d'Etat chinoise, Norinco, qui livre 30 000 obus de différents calibres. Montant du contrat : 13,5 millions de dollars, financés grâce à un crédit obtenu auprès de Pékin.

En 1993, *bis repetita*. Clarisse négocie et signe cette fois un marché avec le Chili, en passant par une société d'Etat, Famae, émanation du ministère de la Défense. Cette transaction, d'un montant de 75 millions de dollars, porte, à hauteur de 30 %, sur la livraison de denrées alimentaires, et 70 % sur des armements divers : chars originaires des anciens pays du pacte de Varsovie, lance-roquettes et munitions.

Par hasard, en novembre 1993, Clarisse découvre qu'il n'est pas le seul interlocuteur des Angolais dans la vente de matériels sensibles. En effet, il a appris qu'une délégation angolaise dirigée par le ministre de la Défense, Pedro Maria

1. Désormais privatisée, elle appartient au groupe EADS.

Tonha [1], et le patron de Simportex, Agostinho Castro, se trouve à Paris où elle entame des pourparlers à l'hôtel de la Trémoille, non loin des Champs-Elysées, avec d'autres interlocuteurs français : Pierre Falcone et Arcadi Gaydamak.

Jean-François Clarisse a compris. Il jette l'éponge. On le retrouvera quelque temps plus tard du côté de chez Charles Pasqua (voir chapitre VIII). Curial et Clarisse évincés, Gaydamak et Falcone, qui ont désormais les mains libres, peuvent se lancer dans l'aventure angolaise. Les deux hommes se sont rencontrés en 1992, grâce à un ami commun, Georges Kentzler, riche industriel togolais spécialisé dans la commercialisation du cacao en Côte d'Ivoire.

L'entente entre Pierre et Arcadi a été tout de suite empreinte de complicité, bien que tous deux de caractère radicalement opposé. Autant le Français, marqué par ses origines méditerranéennes, sait se montrer volubile, volontiers bavard, autant le Russe apparaît introverti, voire ténébreux. Aussi, tout naturellement, Falcone aura pour tâche de nouer des contacts commerciaux, d'effectuer un travail de relations publiques, tandis que Gaydamak aura pour mission de s'occuper des montages financiers.

C'est ainsi que, de 1993 à 1999, les deux associés vont assurer au régime de Dos Santos une aide logistique extraordinaire. Preuve de la confiance que leur porte le chef de l'Etat, Falcone et Gaydamak obtiennent rapidement le statut de diplomates.

Leur plan comporte deux volets. 1) La réduction de la dette de l'Etat angolais à l'égard de l'ex-grand frère soviétique. Une dette colossale : elle s'élève à 5,5 milliards de dollars ! Grâce à ses relations en Russie, Gaydamak propose aux

1. Il est décédé à Londres en juillet 1995, sans avoir perçu les 2 millions de dollars promis par Falcone à l'occasion de marchés d'armes conclus en 1993 et 1994. Josephina Tonha, la veuve du général, chargera Jean-François Clarisse, parrain de son dernier petit-fils, de récupérer son dû auprès de l'homme d'affaires français. En vain. Falcone n'allouera que 10 000 dollars à Josephina. C'est ce que révélera, le 8 mars 2001, Clarisse lors de son audition par la Brigade financière.

Angolais de rembourser cash 15 % de la dette, le reste étant échelonné sur vingt ans. C'est la Menarep, banque fétiche d'Arcadi, dans laquelle il détient des parts, qui avancera les fonds à l'Angola. Lequel à son tour rembourse la Russie... Grâce au savoir-faire de Gaydamak, la dette de l'Angola sera ramenée de 5,5 milliards de dollars à 1,5 milliard ! Une performance que même le Fonds monétaire international n'aurait pu réaliser... 2) Parallèlement, une gigantesque opération de compensation est mise en œuvre pour permettre à Luanda d'acheter des armes et de lutter efficacement contre les rebelles de Jonas Savimbi. Le *modus operandi* sera le suivant : un syndicat de banques angolaises, américaines et françaises prête de l'argent à l'Angola en échange de livraison de pétrole. Les banquiers n'ont aucun souci à se faire : le revenu des richesses pétrolières du pays tourne autour de 3 à 5 milliards de dollars par an. Grâce à l'argent mis à la disposition de l'Angola, immédiatement disponible, le président Dos Santos n'aura aucune difficulté à équiper ses troupes. Un montage simple, dans son principe, qui rapportera gros à ses deux initiateurs.

Seulement voilà : l'Angola, même riche en or noir, figure parmi les Etats les plus démunis de la planète et son crédit s'avère quasi nul au niveau international. Qu'à cela ne tienne ! Pierre Falcone, très hostile aux rebelles de Jonas Savimbi qu'il considère comme des criminels, veut réussir.

Fin 1993, avec la bénédiction de Dos Santos, il prend contact avec des banquiers, des compagnies d'assurances pour réfléchir à un système de préfinancement gagé sur la production pétrolière de l'Angola.

A cet effet, il démarche une soixantaine de banques françaises et internationales. Seuls deux établissements, Ing Bank et Paribas, qui travaillent habituellement avec l'Angola répondent favorablement. Fin 1993, Pierre Falcone obtient un rendez-vous avec Alain Bernard, le chef du service de l'ingénierie financière de la banque de la rue d'Antin, non loin de l'Opéra. Entretien bref au cours duquel Falcone certifie que les Angolais n'éprouveront aucune difficulté à s'engager sur une allocation pétrolière de 20 000 barils/jour. Scepticisme d'Alain Bernard : « Vous savez, je travaille depuis dix ans sur l'Angola. Je connais la bureaucratie qui y règne. Je ne crois pas à une telle livraison de pétrole. » Les deux hommes se séparent. Déception de Falcone. Le projet semble renvoyé aux calendes grecques. Quand Alain Bernard, quelques jours après cette rencontre apparemment peu encourageante, rappelle Pierre Falcone. Nouveau rendez-vous. « J'ai compris alors, dira plus tard l'homme d'affaires français, que la porte n'était plus fermée. »

Alain Bernard avait vérifié que l'espoir de Falcone n'avait rien d'illusoire. Après plusieurs autres rencontres, un accord est finalement passé avec Paribas. Voici comment : la Compagnie nationale des pétroles angolais, Sonangol, s'engage à livrer du pétrole à un trader ou un raffineur à hauteur de 20 000 barils/jour. Ce dernier ne règle pas Sonangol, mais Paribas qui a mis au point le système de préfinancement [1]. Les fonds — qui proviennent donc indirectement de l'Angola — sont déposés sur le compte de la société slovaque ZTS Osos sous le numéro 42856 Q [2]. Et avec ses fonds, l'Angola pourra commander des hélicoptères, des missiles, des chars, des ambulances, des obus, des lance-roquettes à l'ex-Union soviétique ou d'anciens pays du pacte de Varsovie.

Deux personnes seulement disposent de la signature sur le compte Osos et sont habilitées à effectuer des paiements :

1. Le principal acheteur de pétrole à Sonangol sera Glencore, deuxième compagnie de trading du monde, fondée par le financier Marc Rich. Glencore a été cédée en 1992 à ses anciens associés. Né en 1934 dans une famille juive d'Anvers, Marc Rich fuit le nazisme en 1941 avec ses parents pour s'installer à New York. Surnommé le « génie du trading », il vit actuellement à Zug, en Suisse. On a beaucoup parlé de lui en janvier 2001 lorsque Bill Clinton, à la veille de terminer son mandat à la Maison-Blanche, lui a accordé, dans des conditions controversées, le pardon dans une énorme affaire de fraude fiscale.

2. ZTS Osos existerait depuis une cinquantaine d'années. Il semblerait que, depuis 1993, bien que de droit slovaque, 67,5 % de son capital soit détenu par la société d'Etat russe Spetsvnechtekhnika. En réalité, les services secrets.

Pierre Falcone et Arcadi Gaydamak, mandatés par le gouvernement angolais.

Tel est le dispositif imaginé par Falcone, opérationnel dès le mois de novembre 1993. Le 7, en effet, le premier contrat est signé entre Osos et les Angolais. Son montant ? 47 millions de dollars. Trois semaines plus tard, des obus de mortier, des pièces d'artillerie provenant de l'ex-Union soviétique arrivent à Luanda. A la grande satisfaction du président Dos Santos. Et aussi de Pierre Falcone, qui s'en félicite dans une lettre adressée au ministre angolais de la Défense, Pedro Maria Tonha, connu sous le nom de guerre de « Pédale » !

Le 22 avril 1994, un avenant au marché est ratifié, portant sur une liste complémentaire de matériels à livrer. Et quel avenant, puisqu'il s'élève à 463 millions de dollars ! Pour ce prix, l'Angola a droit à des hélicoptères, des jeeps, des tanks, des véhicules de transport de troupes. Tous de fabrication soviétique.

A la veille de Noël 1994, à la suite des « demandes pressantes » de Luanda, Falcone, bon prince, envoie à nouveau du matériel militaire, bien que non prévu dans le contrat initial : 4 hélicoptères de combat MI 24, 15 kits complets pour des hélicoptères MI 17 ainsi que 600 000 cartouches de calibre 7,62 mm. Tout ce matériel — d'un montant de 37 millions de dollars — arrive dans la capitale angolaise à bord d'avions spécialement affrétés par le généreux Pierre Falcone.

Ce geste, l'homme d'affaires souhaite que l'on ne l'ignore pas en haut lieu, c'est-à-dire au palais présidentiel de Futungo. Aussi écrit-il à un proche de Dos Santos : « Je vous souhaite mes meilleurs vœux de Noël paisible et chaleureux à l'aube d'une Angola nouvelle, et bien sûr des vœux de prospérité pour toute la société angolaise, qui peut enfin, nous l'espérons vivement, aspirer à une paix durable dans un contexte de développement économique et social concret. »

En cette fin 1994, les associés Falcone et Gaydamak ont toutes les raisons d'être heureux. D'autant plus qu'ils ont été sollicités par un autre pays, le Cameroun.

Ainsi, en mars 1994, le ministre de la Défense camerounais Edouard Akame N'Foumou demande à Falcone de lui livrer des armes antichars ainsi que des fusils d'assaut. Pas de problème... Un contrat est mis au point. Et le 11 avril, le Cameroun adresse le règlement de la commande, soit 1 530 000 dollars, à la banque Moskva de Moscou, en faveur de la société ZTS Osos. Un mois plus tard, nouvelle démarche de Douala. Cette fois pour un contrat de 562 000 dollars. Et ainsi de suite... De 1994 à 1996, ZTS Osos réitère ses livraisons (mortiers, lance-missiles, mines, hélicoptères de combat) provenant toutes de Pologne. Il en aura coûté au Cameroun 71 millions de dollars [1].

Pour la petite histoire, le matériel, qu'il soit livré à l'Angola ou au Cameroun, ne semble pas avoir été toujours d'une fiabilité exceptionnelle. A plusieurs reprises les officiels angolais s'en plaindront à Falcone, qui réalisera de belles plus-values sur ses ventes. A titre d'exemple, lorsque ZTS Osos achetait — pour l'Angola — 43 000 dollars un missile antiaérien à son fournisseur russe, elle le refacturait 98 000 ! Soit une culbute de plus de 100 %... Un tarif identique était pratiqué pour le Cameroun.

Une ambulance — toujours destinée à l'Angola — acquise 6 785 dollars était revendue trois fois son prix, soit 18 000 dollars.

En ces années 1995-1996, Pierre Falcone est au faîte de sa puissance. Aussi bien à Paris qu'à Luanda.

Dans la capitale française on se bouscule pour le voir. Des délégations d'industriels chinois, russes, angolais se rendent dans les locaux luxueux de Brenco. Falcone a toujours un projet, une idée ou un contrat à proposer.

On le courtise, car on sait qu'il est devenu un personnage influent introduit dans les sphères du pouvoir, notamment au ministère de l'Intérieur. On le courtise encore parce qu'on sait qu'il est riche et généreux. C'est dans ces années 1995-1996 que Falcone rencontre le très médiatique Paul-Loup Sulitzer, l'ancien patron de Radio Monte-Carlo Jean-Noël Tassez et Jean-Christophe Mitterrand. Et aussi Bernard Poussier, le directeur général adjoint de la Sofremi, avec lequel Falcone se montrera fort prodigue.

1. Le Cameroun dément vigoureusement avoir eu recours aux services de Pierre Falcone pour passer ses marchés d'armement.

A Luanda, où il séjourne fréquemment, l'homme d'affaires est devenu incontournable. Dos Santos le considère comme un ami très cher. Mais il n'est pas le seul : le directeur de la présidence, José Leitao, le chef d'état-major des armées, le général Salviano Jesus Sequeira, et Elisio de Figueiredo, l'ancien ambassadeur d'Angola à Paris, tiennent Falcone en très haute estime.

Quant à Arcadi Gaydamak, il est lui aussi au top. Insatiable, il fait des affaires, on l'a vu, en Angola, mais aussi à Moscou, où il possède d'importants intérêts dans la banque, et au Kazakhstan où il a accédé aux fonctions de conseiller du président Nazarbaev.

Fin 1996. Arrivent les premières mauvaises nouvelles. C'est la presse qui s'en fait l'écho : en octobre, *L'Evénement du jeudi* révèle que Falcone et Gaydamak seraient les instigateurs d'un trafic d'armes vers l'Angola, par l'intermédiaire d'une société ZTS Osos. Cet article énerve énormément les deux hommes qui soupçonnent Curial de les avoir balancés à *L'Evénement du jeudi*. Cette dénonciation aurait une origine plus classique : elle émanerait d'un aviseur des impôts.

La Direction nationale des enquêtes fiscales (DNEF) commence à s'intéresser à la société Brenco, pressentant qu'elle abrite *de facto* ZTS Osos... Aussi, le 12 décembre 1996, à 7 h 30, une opération de grande envergure conduite par une centaine d'enquêteurs de la DNEF se déroule simultanément aux domiciles privés de Pierre Falcone, d'Arcadi Gaydamak, à leurs bureaux ainsi qu'à Paribas, rue d'Antin [1].

Les limiers du fisc saisissent une quantité importante de documents attestant de la réalité de ventes d'armes vers l'Angola et du rôle joué par ZTS Osos. Ils saisissent aussi des

1. Cette procédure de visite et de saisie a été autorisée par ordonnances des présidents des tribunaux de grande instance de Versailles et de Paris, délivrées respectivement les 28 novembre et 4 décembre 1996. La société Brenco (le 20 décembre 1996), les époux Falcone (23 décembre 1996) et les époux Gaydamak (14 janvier 1997) ont formé un pourvoi en cassation contre ces ordonnances. Ces trois pourvois ont été rejetés par la Cour de cassation le 17 novembre 1998.

relevés bancaires qui révèlent des virements effectués dans le monde entier : vers Israël, la Russie, l'Angleterre, les Etats-Unis et certains paradis fiscaux comme l'île de Man. Des bandes magnétiques découvertes dans les appartements de Gaydamak et de Falcone laissent pantois les enquêteurs : elles relatent des conversations hyperconfidentielles entre les deux hommes d'affaires et de hauts responsables publics.

Cette descente du fisc ne débouche sur rien, puisque le parquet de Paris ne juge pas utile d'ouvrir une information judiciaire. Il n'empêche. Falcone et Gaydamak, qui ont vu passer le vent du boulet, ont compris l'avertissement. Prudence et discrétion, tel est désormais le mot d'ordre. Encore que Falcone semble certain de ne rien risquer sur le plan judiciaire : Osos n'est-elle pas une société de droit étranger, et à ce titre non imposable en France ? Les armes livrées à l'Angola ont-elles transité sur le territoire national ? Non. L'Angola est-il un pays sous embargo ? Non... Alors, aucun souci à se faire.

Pourtant, à partir de 1997, le duo Falcone-Gaydamak rechigne à avoir recours aux services d'Osos pour aider les amis angolais. Désormais, les contrats sont passés entre l'entreprise d'Etat angolaise Simportex et la société d'armement du pays vendeur. Ainsi, par exemple, lorsque, à l'automne 1997, l'Angola commande à la Pologne 4 avions chasseurs bombardiers de type Sukhoi 22 M4 et 2 avions d'entraînement biplaces de type Sukhoi UM, le marché est signé officiellement entre Simportex et l'entreprise polonaise Genrex. De même, lorsque, toujours à la même époque, l'Angola fait appel à la Bulgarie pour qu'elle fournisse 10 lance-roquettes, 4 canons d'artillerie, 30 000 obus et diverses autres marchandises, les deux contractants sont Simportex et la société bulgare d'armement, Arminex.

Avec ou sans Osos, Falcone et Gaydamak empochent, à l'occasion de ces contrats, de substantielles commissions. C'est un fait : le président Dos Santos n'a pas à se plaindre de son mandataire. Depuis deux ans, il a parfaitement tenu ses engagements. Et en retour, il a été récompensé. C'est ainsi qu'en 1997, Falcone se voit associé au projet de développement du corridor de Malanje, en partenariat avec des associés chinois et angolais. Sacrément stratégique, ce corridor : il devrait faciliter l'accès aux zones diamantifères et aux domaines miniers de l'est du pays. Trois ans plus tard, la concrétisation de ce passage fera quelques heureux : Arcadi Gaydamak et Lev Levaev, un Israélien d'origine ouzbeke, surnommé le « surdoué du diamant ». Tous deux associés, ils se verront accorder au printemps 2000 l'exclusivité de la vente des diamants angolais. Les deux hommes possèdent aussi, depuis 1999, via leur compagnie Afrique-Israël, des gisements d'uranium au Kazakhstan [1].

Toujours en 1997, Falcone, aux côtés de Gaydamak, prend une participation certes minime (4 %) dans le capital de la première banque privée angolaise, la Banque africaine d'investissement (BAI).

Bref, l'influence de Pierre Falcone ne cesse de croître et embellir au palais présidentiel Futungo. Au point qu'il joue tout à la fois auprès de Dos Santos le rôle de conseiller politique, conseiller économique et conseiller en communication.

En atteste cette note confidentielle de cinq pages dans laquelle Pierre Falcone soumet au chef de l'Etat angolais une série de propositions destinées à conforter son image un peu partout dans le monde. Aux Etats-Unis, par exemple, où les régimes marxistes ne sont guère en odeur de sainteté, Pierre Falcone se fait fort de lui faire rencontrer les deux candidats à la présidence : le républicain George W. Bush et le démocrate Al Gore, vice-président en exercice de Bill Clinton. En France, Falcone suggère d'organiser une interview de Dos Santos dans une revue internationale de grand prestige. Et il ne s'embarrasse pas de principes : questions et réponses seront préparées à l'avance. L'homme d'affaires propose même le nom d'une personnalité qui remplirait à merveille le rôle de l'intervieweur : le général Claude Mouton, ancien vice-président de la Compagnie des Signaux, qui sera par la suite gérant de Brenco

1. Voir l'article de Vladimir Ivanidzé, dans le journal *Soverchenno Sekretno* de janvier 2001, traduit dans *Courrier international* du 18 au 24 janvier 2001.

(voir chapitre v). Avantage de l'opération, souligne Falcone : « Grande propagande gratuitement [1] ! »... Quelques lignes plus haut dans sa note, Falcone rappelle que, selon les instructions de Dos Santos, dans le cadre d'un « projet spécial » (sans doute une livraison de denrées alimentaires), il a versé 1 500 000 dollars à la société de Claude Mouton. Suit une requête : « Monsieur le président, je me permets très respectueusement de vous demander d'avancer les paiements restant dus à la société du général, plus un paiement séparé pour son équipe. Je vous assure qu'à ce jour, ni le général, ni aucun de ses amis et aucun membre de son équipe n'a reçu quoi que ce soit, à part quelques petites choses avancées par moi. »

Autre proposition : Falcone, grâce à ses contacts (français) — Robert (Jean-Charles Marchiani ?) et Jean-Christophe Mitterrand —, pourrait organiser une rencontre entre Dos Santos et l'opposant congolais, Jean-Pierre Bemba. Ce dernier, fils d'un riche homme d'affaires, élevé en Belgique, anime le Front de libération du Congo, hostile à Laurent-Désiré Kabila. La Namibie, le Zimbabwe et l'Angola soutiennent le gouvernement légal de Kinshasa. A l'inverse du Rwanda et de l'Ouganda, soutiens indéfectibles de Bemba. Enfin, Falcone, dans ce document, évoque pêle-mêle la mise en place de structures pour l'exploitation des mines de diamant angolais, une réunion à Lisbonne pour discuter avec Dos Santos du programme d'achat de pétrole par Glencore, et le projet de construction d'un casino à Luanda. L'homme en

1. Beaucoup plus tard, les autorités angolaises n'hésiteront pas à payer grassement le directeur d'Afrique-Asie, Simon Malley, afin qu'il rédige des articles favorables à l'Angola. C'est ainsi que Malley aurait reçu 500 000 dollars sur un compte Berto au Crédit suisse de Zurich. Le directeur d'Afrique-Asie l'expliquera à *L'Express* (13 décembre 2001) : « Lorsque nous réalisons des numéros largement consacrés à l'Angola, les autorités de Luanda nous versent de l'argent. Mais il s'agit de contrats officiels qui apparaissent dans notre comptabilité. » Selon Simon Malley, l'Angola devrait encore 1,2 million de dollars à Afrique-Asie en guise de remerciement pour une série d'articles favorables au président Dos Santos.

charge de ce dossier s'appelle Nicolas Antaki. Il rencontre en 1987 pour la première fois Falcone alors qu'il fréquente le club de sport du Royal-Monceau, à deux pas de l'Etoile. Ils se voient de temps à autre avant de se perdre de vue, Antaki partant en Tchécoslovaquie pour y fonder une maison d'édition. En mai 1995, Nicolas Antaki, de retour à Paris mais en panne d'emploi, frappe à la porte de son ami Pierre. Qui l'embauche chez Brenco avec pour mission de suivre, entre autres, deux projets en Angola : la construction d'un casino à Luanda où doivent être parties prenantes le groupe de bâtiment Campenon-Bernard, ainsi que le groupe hôtelier Hilton, et la mise sur pied d'un réseau de téléphonie mobile. « Nico », comme on le surnomme chez Brenco, a beau se démener, les deux projets n'aboutiront pas. L'un des rares échecs de Falcone en Angola [1].

Mai 1998. La France se prépare à vivre deux événements sportifs majeurs : le traditionnel tournoi de tennis de Roland-Garros, et la Coupe du monde de football. Falcone, qui reçoit en ce printemps pas mal de Sud-Américains, Brésiliens, Vénézuéliens, mais aussi des Chinois et des Angolais, sait, comme à son habitude, parfaitement les traiter. En leur réservant des places à Roland-Garros bien sûr, mais aussi en louant une loge de vingt-huit places au Stade de France. Ce qui lui coûte pour trois semaines la bagatelle de 1,9 million

1. En revanche, Nicolas Antaki, toujours en 1997, et pour le compte de Brenco, rachètera à un très bon prix une chaîne Relais et Châteaux à Bogota en Colombie. Le prix proposé par les propriétaires avoisinait 20 millions de dollars. Antaki, habile négociateur, arrache un rabais de 5 millions de dollars. En guise de récompense, Falcone envisage de mettre sur le compte de « Nico », au Crédit agricole-Indo Suez de Luxembourg, 90 000 dollars. Il se ravise et lui en octroie 20 000 de plus. Un « bonus » qui représente son cadeau de mariage avec une célèbre animatrice de la télévision française. Falcone versera également, à plusieurs reprises, des sommes non négligeables en espèces à Antaki : 90 000 francs en 1995 ; 120 000 en 1996 ; 120 000 en 1997 ; 170 000 en 1997 et 1998.

de francs. Lui-même, féru de foot, assiste à la finale France-Brésil [1].

C'est l'une des dernières réjouissances organisées par Falcone. Car, déjà, le ciel s'assombrit. L'aventure angolaise touche à sa fin. Le fisc, freiné dans ses ardeurs deux ans plus tôt, reprend l'offensive contre le duo Falcone-Gaydamak et la fameuse société ZTS Osos. Me Guilloux se démène pour prouver l'incohérence des griefs faits à ses deux clients, à savoir la fraude fiscale qu'ils auraient commise en ne déclarant aucun revenu d'Osos.

Allain Guilloux, qui a rencontré à plusieurs reprises les deux inspecteurs chargés du contrôle à la 14e brigade de la DNEF, argumente sans relâche que ZTS Osos, société de droit slovaque, ne peut en aucun cas être imposée en France. Le fisc semble dans l'impasse : chaque fois qu'il adresse un courrier au siège de Brenco, 64, avenue Kléber, où est censée se trouver — *de facto* — Osos, ledit courrier est renvoyé, avec la mention habituelle : NPAI, « n'habite pas à l'adresse indiquée ».

Le 23 novembre 1998, l'avocat d'Osos revient à la charge, à l'occasion d'une réclamation contentieuse. Sur la base de quatre arguments. 1) Les opérations effectuées par la société Osos sont couvertes par le secret-défense, puisqu'elles mettent en cause la défense des Etats concernés. 2) MM. Falcone et Gaydamak sont intervenus essentiellement en qualité de « diplomates » mandatés par le ministère des Affaires étrangères de l'Etat angolais. 3) Les documents exploités par l'administration fiscale sont trop parcellaires pour démontrer l'existence d'un établissement stable. 4) Le contrat du 7 novembre 1999 avec l'Angola, seul acte signé, a été conclu

1. C'est une jeune femme, Emmanuelle, ayant connu Falcone en 1986, qui s'occupait des réservations en passant par une agence. Employée par Brenco depuis 1997, Emmanuelle avait également parmi ses fonctions la tâche de recruter des hôtesses chargées d'accueillir les visiteurs avenue Kléber. Elles étaient rétribuées entre 600 et 800 francs par jour. Pour toutes ces prestations, Emmanuelle aurait perçu, entre 1997 et 2000, 1 200 000 francs en espèces.

sur le territoire de cet Etat, où est situé, aux termes dudit contrat, le lieu de décision du financement des opérations.

Le 8 juin 1999, énorme déconvenue : le fisc rejette la réclamation de Me Allain Guilloux.

Entre-temps, ce dernier, qui sait d'expérience que l'administration fiscale, grâce aux moyens dont elle dispose, parvient à ses fins, a entrepris sur ordre de Falcone un intense travail de lobbying, notamment auprès de Jacques Attali, ancien conseiller spécial du président Mitterrand, dont il était également le conseil. En le priant d'intervenir tant auprès du ministre des Affaires étrangères, Hubert Védrine, qu'auprès de Dominique Strauss-Kahn, son collègue de Bercy. L'objectif ? Eviter le paiement de l'impôt dû par ZTS Osos qui atteint 3 milliards de francs ! (Voir chapitre VII.)

Le 16 juin 2000, le coup de grâce : conformément à un avis de la Commission des infractions fiscales, le directeur des services fiscaux de Paris-Ouest, Jean-Claude Vénuat, adresse une lettre au procureur de la République de Paris pour lui signifier qu'il porte plainte contre la société ZTS Osos et ses dirigeants de fait, Pierre Falcone et Arcadi Gaydamak. Jean-Claude Vénuat, estimant que ces derniers ont *intentionnellement* fraudé le fisc, développe son argumentation : « Force est de constater que c'est en toute connaissance de cause que MM. Falcone et Gaydamak ont soustrait la société ZTS Osos à l'impôt exigible en France. Dans ce but, les intéressés ont tenté de déjouer la vigilance de l'administration en utilisant, notamment dans les relations avec la clientèle de ZTS Osos, des locaux officiellement occupés par une autre société, dénommée Brenco-France, déclarant employer, en qualité de “ chargé des relations internationales ”, M. Falcone qui n'a cependant pas prélevé de salaires dont la mise en disposition était enregistrée dans la comptabilité de ladite société.

« De surcroît, MM. Falcone et Gaydamak ont persisté dans leurs errements après l'engagement du contrôle et l'envoi par le service vérificateur de mises en demeure de déposer des déclarations de résultats.

« [...] Le caractère intentionnel de la fraude est corroboré par l'attitude d'opposition passive à contrôle fiscal adoptée par les dirigeants de la société, qui, entendant faire valoir, purement et simplement, l'inapplicabilité à cette personne morale de la législation fiscale française, se sont refusés à présenter au vérificateur tout document comptable. Au demeurant, la circonstance que M. Gaydamak n'a tiré aucun enseignement d'un examen contradictoire de l'ensemble de sa situation fiscale personnelle, diligentée en 1993, au terme duquel sa propre domiciliation en France avait été établie, et ses carences déclaratives sanctionnées par des rappels d'impôt sur le revenu, confirme, s'il en était besoin, une volonté générale et permanente de demeurer en marge de toute légalité fiscale. »

Une fois ces griefs passés au crible, le haut fonctionnaire des impôts examine l'évolution, de 1994 à 1996, du chiffre d'affaires de ZTS Osos tel que ses services l'ont reconstitué. En 1994, indique-t-il, les ventes d'armes d'Osos en direction de l'Angola ont atteint 2,3 milliards de francs. Vers le Cameroun, 400 millions de francs. En 1995, elles ont fléchi pour s'élever à 1,05 milliard, toujours en direction de l'Angola. Et à 51 millions vers le Congo. En 1996, elles restent stables : 1,03 milliard, uniquement vers l'Angola.

Jean-Claude Vuénat présente l'addition : au titre de l'impôt sur les sociétés, ZTS Osos doit 425 millions de francs au fisc pour 1994 ; 167 millions pour 1995 et 156 pour 1996. Pour l'année 1994, elle n'aura rien à régler : les faits sont prescrits.

Vuénat termine par l'examen de la situation fiscale personnelle de Pierre Falcone. Pour l'année 1995, il a perçu, via son compte ouvert à la Cantrade Ormond Burrus de Genève, 6 273 063 francs. Et, en 1996, toujours en provenance de cette banque helvétique, 10 128 195 francs. Deux sommes que le directeur des services fiscaux considère comme des « revenus d'origine indéterminée ». Quant aux revenus et traitements officiels de Falcone, ils atteignent, pour l'année 1995, 216 000 francs, et pour l'année 1996, à nouveau 216 000 francs. Conclusion : l'impôt sur le revenu, dû et évalué par l'homme d'affaires français, s'élève à 3 573 396 francs pour l'année 1995 et à 5 843 071 francs pour 1996.

Une somme astronomique. Falcone, qui apprendra en prison — début janvier 2001 — la décision de la Commission des infractions fiscales, ne baisse pas les bras. Déjà poursuivi pour fraude fiscale, il conteste, via ses deux avocats, Christian Charrière-Bournazel et Alain Toucas [1], le point de vue du directeur des services fiscaux, Jean-Claude Vénuat. En faisant valoir quatre arguments de poids : 1) Le statut de Pierre Falcone. Il passe moins de 180 jours en France, puisqu'il réside depuis 1977 au Brésil où il paie ses impôts. A ce titre, il est non-résident en France et n'a pas à acquitter ses impôts en métropole [2]. 2) Le statut de ZTS Osos. Il s'agit d'une société de droit slovaque, immatriculée depuis des années en République slovaque, en aucun cas une coquille vide, qui a un mandataire habilité à acheter et vendre des

1. Les deux avocats assistent Pierre Falcone dans le dossier du juge Courroye. Allain Guilloux ne s'est occupé que du volet proprement fiscal.

2. Afin de démontrer que Pierre Falcone ne séjourne pas plus de 180 jours par an en France, le cabinet Francis Lefebvre s'est livré au petit jeu suivant : il a répertorié, pour l'année 1996, les paiements effectués, jour par jour, par l'homme d'affaires au moyen de sa carte American Express. (Les cinq derniers jours de 1996 n'ont pu être examinés, faute de relevés.)

Le cabinet de fiscalistes a constaté que, pendant 142 jours, Falcone a réalisé au moins une dépense en France ; pendant 159 jours, au moins une dépense à l'étranger ; pendant 96 jours, aucune dépense. Il a aussi constaté, toujours en 1996, qu'il y a 36 jours où les dépenses sont effectuées simultanément en France et à l'étranger. Il existerait donc 132 jours indéterminés (soit 96 + 36) sur l'année 1996. D'où il résulte une certitude : il n'y a que 106 jours en 1996 pendant lesquels Pierre Falcone n'a effectué des paiements qu'en France. Et les avocats du cabinet Francis Lefebvre de conclure : « Il résulte donc de ces éléments que la résidence fiscale française de M. Pierre Falcone est contestable, ne présente aucun caractère d'évidence permettant de conclure à une fraude manifeste par omission. » C'est astucieux. Et *a priori* imparable. Une remarque néanmoins : pendant les 96 jours où aucun paiement par carte American Express n'a été recensé, Pierre Falcone peut avoir effectué en France des dépenses en liquide. Qui, par nature, sont indécelables.

munitions [1]. Elle n'est donc pas redevable de l'impôt en France. Et les deux avocats de Falcone de faire remarquer que, si ZTS Osos a bien été immatriculée à l'Insee — ce qui accréditerait son statut de droit français —, elle ne le doit qu'à un stratagème de l'administration fiscale. C'est cette dernière, en effet, qui a procédé à l'immatriculation Insee de la société Osos ! 3) Pierre Falcone n'a jamais été ni actionnaire, ni mandataire d'Osos. Il a seulement ouvert un compte à Paribas, au nom de cette société, qui reçoit l'argent, montant des achats d'armes pour l'Angola. 4) La consultation sollicitée auprès du cabinet Francis Lefebvre, *nec plus ultra* en matière fiscale, et présidée par un ancien directeur général des impôts, est formelle : aucune poursuite ne peut être engagée contre ZTS Osos.

Voilà qui promet une bataille sans relâche, à couteaux tirés, et à l'issue incertaine, entre l'administration fiscale et Falcone. Doublée d'une autre, cette fois entre la justice et Falcone : elle concerne l'incrimination de commerce illicite d'armes, telle que définie par le décret-loi du 19 avril 1939. L'homme d'affaires franco-brésilien, qui affirme être mandataire du gouvernement angolais, peut-il être poursuivi pour infraction à ce texte ? Le juge Courroye le pense, puisqu'il l'a mis en examen de ce chef. Pas d'accord, répliquent Mes Charrière-Bournazel et Toucas. Pour trois raisons : 1) Aucune mesure d'embargo ne frappe l'Angola [2]. 2) Les armes livrées n'ont pas transité sur le territoire français. 3) Notre pays n'a jamais fourni des armes à l'Angola.

Aussi, soutiennent les conseils de Falcone, ce dernier n'a

1. Le ministère de l'Economie slovaque a autorisé le 17 décembre 1992 M. Dusan Svalek, mandataire d'Osos dont le siège est 16, rue Thurzova à Martin (Slovaquie), à exercer cette activité. Cette autorisation a été renouvelée le 30 juillet 1997, toujours à Osos, domiciliée désormais 5, rue Ceskoslovenske Brigady à Vrutsky (Slovaquie). Les mandataires sont désormais Jan Valenta, représentant statutaire d'Osos, ainsi que deux autres personnes, Marian Dubec et Otokar Varga.

2. L'embargo ne concerne que l'Unita de Jonas Savimbi. Le conseil de sécurité de l'ONU l'a réitéré à plusieurs reprises par des résolutions votées le 15 septembre 1993, le 28 août 1997, le 12 juin 1998 et le 18 avril 2000.

agi qu'en qualité de courtier, activité libre qui n'avait nullement l'obligation de recevoir une autorisation de la Commission interministérielle d'exportation de matériels de guerre (CIEEMG) dépendant du ministère de la Défense.

C'est d'ailleurs cette thèse qu'a développée le secrétaire général de la Défense nationale, le général Jean-Claude Mallet, dans une note de trois pages envoyée le 4 décembre 2000 aux juges Courroye et Prévost-Desprez [1]. Mallet écrit : « [...] En l'état actuel du droit, ces opérations de ventes d'armes [celles de Falcone] ne sont pas soumises à autorisation au cas par cas lorsqu'elles n'entraînent pas de passage de matériel par le territoire français. [Il s'agit là] d'opérations dites " triangulaires ", où le courtier installé en France organise une opération pour laquelle le matériel part d'un pays tiers et qui ne relèvent donc pas du régime français de contrôle des exportations. Les opérations de courtage doivent néanmoins, dans toutes les hypothèses, être mentionnées au registre dont la tenue est imposée à tout commerçant de matériel de guerre (article 16 du décret du 6 mai 1995). » Or, précisément, si Pierre Falcone n'était pas tenu, en tant que courtier, de solliciter le feu vert de la CIEEMG, il aurait dû, comme tout « commerçant de matériel de guerre », déclarer, sur un registre, toutes ses opérations de courtage, y compris celles effectuées en Angola. Ce qu'il a omis de faire. C'est pour cette raison qu'il est mis en examen.

*

Quelques mois plus tard, le 26 février 2001, alors que la cour d'appel de Paris vient de refuser trois jours plus tôt l'an-

1. Dans une précédente note adressée à la Brigade financière le 15 novembre 2000, le général Mallet avait déjà souligné que « si la société ZTS Osos n'avait déposé, de 1993 à 1996, aucune demande d'exportation de matériels militaires à destination de l'Angola au nom de MM. Gaydamak et Falcone, les opérations de courtage elles-mêmes, lorsqu'elles ne donnent pas lieu à un mouvement physique d'importation à partir du territoire national, ne sont pas soumises à autorisation en l'état actuel du droit ».

nulation de la procédure sur le trafic d'armes, contre l'avis du parquet général (voir chapitre VIII), le président Dos Santos manifeste sa mauvaise humeur à l'égard de la France, irrité qu'il est contre nos gouvernants, qui, selon lui, laissent croupir en prison son ami Pierre Falcone.

L'occasion lui en est fournie de le dire publiquement le 26 février, lorsque le nouvel ambassadeur de France à Luanda, Alain Richard, lui présente ses lettres de créance au palais présidentiel. Ce jour-là, dans son discours, le chef de l'Etat angolais ne s'embarrasse pas de circonvolutions pour dénoncer « certains actes pratiqués par des agents de l'Etat français qui favorisent les campagnes d'intoxication et de diffamation ».

« Celles-ci, appuie Dos Santos, atteignent la réputation d'entités angolaises et lèsent les intérêts du gouvernement. » Une allusion qui vise les juges Courroye et Prévost-Desprez ainsi que les services français, principalement les RG et la DGSE pourfendeurs, dans leurs notes blanches, des activités de Falcone et Gaydamak.

Cette mise au point faite, le président angolais se lance alors, sous le regard médusé de notre ambassadeur, dans un long plaidoyer en faveur de Pierre Falcone, détenu depuis le 1er décembre 2000 à Fleury-Mérogis [1]. « Il a appuyé l'Angola, dit Dos Santos, à un moment crucial de son histoire. Grâce à cet appui ont été préservés la démocratie et l'état de droit. » Puis Dos Santos affirme que « son pays n'a acquis aucun matériel de guerre sur le marché français, pas plus qu'il n'a

1. Il a été libéré un an jour pour jour après sa mise en détention, le 1er décembre 2001, contre le versement d'une caution de 16 millions d'euros (105 millions de francs). Un record dans les annales judiciaires. Pierre Falcone s'est vu en outre imposer un contrôle judiciaire très strict : non seulement il ne doit avoir aucun contact avec les personnes mises en examen, mais se voit interdire de quitter Paris, et de diriger, gérer et administrer une société. Un arrêt de la chambre de l'instruction de la cour d'appel de Paris, rendu en janvier 2002, a considérablement assoupli le contrôle judiciaire de Falcone. Sa caution a été réduite à 5 millions d'euros. En outre, l'homme d'affaires a désormais la possibilité de se déplacer librement dans la France entière.

transité sur le territoire ». A ceux qui n'auraient pas compris, le message est limpide : le trafic d'armes reproché à Falcone ne repose sur aucune base juridique sérieuse. Vient la conclusion : « L'amitié est comme une plante qui sèche si elle n'est pas arrosée et fertilisée. Je pense qu'en ce moment, c'est à votre gouvernement que revient l'initiative, à travers des gestes concertés, de faire davantage pour l'amitié et la coopération entre nos deux peuples. »

Ce discours a au moins le mérite de la franchise. En substance : « Messieurs les gouvernants français, laissez tranquille notre ami Falcone. Vous en serez récompensés. » Dos Santos réagit comme le président gabonais Omar Bongo, dans les années 1997-1998, qui avait fait savoir haut et fort son mécontentement à l'égard de la France, lorsque les juges de l'affaire Elf, Eva Joly et Laurence Vichnievsky, commençaient à s'intéresser à ses comptes bancaires suisses.

Lorsqu'il prend connaissance de cette intervention, le Quai d'Orsay ne bronche pas. On entend seulement un porte-parole affirmer que « la France souhaite maintenir et renforcer avec l'Angola ses relations amicales et de coopération »... Comment négliger un pays riche en pétrole appelé à devenir le « Koweït » de l'Afrique ? Quoi qu'il en soit, le coup de semonce lancé ce 26 février par Dos Santos ne préoccupe guère l'Elysée, pas davantage le gouvernement Jospin. Aussi, le 18 avril 2001, le président Dos Santos, qui n'apprécie guère la passivité de la France, se résout à prendre sa plume pour s'en plaindre très officiellement au président de la République française. Voici ce qu'il écrit dans une lettre de trois pages :

Monsieur le président, le gouvernement angolais a pris connaissance, par l'intermédiaire de la presse, de l'existence d'une procédure judiciaire contre M. Pierre Falcone, son mandataire habituel, dont la répercussion cause de graves préjudices moraux à la République d'Angola et pourrait constituer une entrave aux bonnes relations existant entre nos deux pays. Le gouvernement angolais n'entend pas évidemment s'ingérer, de quelque manière que ce soit, dans les affaires judiciaires françaises. Cependant, dans la mesure où lesdites procédures ont été engagées à l'initiative du gouvernement français, il est important, me semble-t-il, d'apporter, au moyen du présent message, quelques éclaircissements afin que nous puissions également contribuer à la découverte de la vérité.

Après avoir rappelé les menaces terroristes (celles des rebelles de l'Unita) dont son pays a été la cible depuis plusieurs années, Dos Santos prend à nouveau, comme il l'a fait le 26 février, la défense de Falcone :

L'accusation de trafic d'influence [à son égard] est surprenante, attendu qu'il s'agit de transactions légalement effectuées entre un Etat souverain et une entreprise étrangère à la France [...]. C'est la raison pour laquelle il est indispensable, nous semble-t-il, que l'Etat français, partie au litige dans ladite procédure, retire les plaintes qu'il a déposées pour fraude fiscale ainsi que pour vente illicite d'armes [...]. M. Falcone est un grand ami de l'Angola, attendu que, pendant de longues années, il a considérablement contribué aux succès remportés par l'Angola dans le combat contre la subversion armée et le terrorisme.

Cette fois, la requête au président Chirac va nettement plus loin que le discours du 26 février. Même s'il s'en défend, Dos Santos intervient dans la procédure judiciaire en demandant que la France y mette un terme. Purement et simplement. Une telle exigence qui s'apparente à une immixtion dans nos affaires intérieures est difficilement acceptable. Elle est carrément impossible.

Aussi le 4 mai suivant, le président de la République, soucieux de ne pas mettre de l'huile sur le feu, lorsqu'il répond à Dos Santos, évite soigneusement toute référence à ses sollicitations pressantes. Seule concession : Jacques Chirac laisse entendre à Dos Santos que ses « appréciations » sur l'affaire Falcone ont été transmises au ministère français de la Justice. Un point c'est tout. En revanche, sur le trafic d'armes, la fraude fiscale reprochée à Falcone, la société Osos, pas un mot. Pour le reste, le président français, dans cette lettre de douze lignes, se contente de souhaiter un renforcement des relations entre Paris et Luanda, tout en rappelant son séjour de juillet 1998 dans « ce beau pays » qu'est l'Angola.

Cette réponse n'enchante guère Dos Santos qui espérait davantage de Jacques Chirac. Pouvait-il en être autrement ? Evidemment non. Une réponse du président français dans laquelle il aurait dénoncé les exactions de Savimbi, inévitablement rendue publique, aurait été très mal ressentie par la droite libérale française, surtout l'UDF qui a toujours affiché ses sympathies pour le chef de l'Unita. De plus, une telle position aurait été en contradiction avec celle de la France qui a toujours prôné « un processus de réconciliation entre Savimbi et Dos Santos ».

Quant à critiquer les poursuites engagées contre Pierre Falcone, c'était impensable. C'eût été oublier que le président est le garant des institutions et de l'indépendance de la justice...

Autant dire qu'en ce printemps 2000, un sacré coup de froid s'abat sur les relations franco-angolaises. Certains, conscients qu'Elf pouvait y laisser des plumes au profit de concurrents comme l'Italien Agip ou l'Américain Chevron. Oublierait-on que l'Angola produit 840 000 barils par jour, et en produira, en 2002, 1 300 000 ? Charles Pasqua, dont on connaît le pragmatisme, lance une mise en garde : « Le régime angolais [...] qui, jusque-là, a accordé à la France d'importantes concessions pétrolières, va décider de passer dans le camp américain. Bien sûr, ce n'est pas le problème des juges ! Mais c'est le problème de la France. » Avant d'ajouter : « Aucun chef d'Etat africain ne croira que le gouvernement français ou le président de la République ne sont pas capables de dire à des juges français qu'ils vont trop loin. »

L'avertissement de l'ancien ministre de l'Intérieur ne manque pas de pertinence... Après tout, il a parfaitement le droit d'estimer que le rayonnement de la France, sa présence en Afrique australe pour contrecarrer les Américains pèsent d'un tout autre poids qu'une information judiciaire. Après tout aussi, le sénateur des Hauts-de-Seine a le droit de défendre implicitement Pierre Falcone.

Mais il n'est pas interdit de remarquer que l'Angola, même avec Falcone, Gaydamak et Dos Santos — qui annonce son départ en 2002 ou 2003 —, reste avec ses 12 millions d'habitants un pays où l'espérance de vie est la plus basse de la planète, un pays où le revenu moyen par habitant n'atteint pas 5 dollars. Un pays, enfin, en totale décomposition, qui a payé chèrement le prix des guerres successives qu'il a dû affronter, celle pour l'indépendance, puis celle contre Savimbi. Avec des conséquences qui se passent de commentaire : 500 000 morts, 100 000 blessés et 4 millions de personnes déplacées. Les villages ont été pillés. Un nombre ahurissant d'enfants sont devenus des mendiants.

Depuis janvier 2001, 384 400 personnes, par peur des combats, ont fui les campagnes pour se réfugier dans les grandes villes du pays [1] ; 13 500 Angolais ont rejoint des camps de transit à Benguela, Huambo, Malanje et Luanda, où ils vivent « au-dessous de conditions humanitaires acceptables ». La guerre a augmenté le taux de mortalité infantile. Des maladies que l'on croyait éradiquées réapparaissent : la malaria, la rougeole notamment.

Comment ne pas poser cette question : l'aide militaire apportée sous l'égide de Falcone et Gaydamak n'aurait-elle servi à rien ? Ou plutôt, si, uniquement à maintenir au pouvoir le président Dos Santos ?

Car enfin, les Forces armées angolaises (FAA) ont été incapables de résister en 1999 aux bombardements par l'Unita de la ville de Malanje, située à 420 kilomètres à l'est de Luanda. Aujourd'hui, Malanje, qui comptait 260 000 habitants en 1975, est une ville morte. Une ville martyre [2]. Les rues sont quasi désertes, les habitants n'ont plus d'électricité et ne peuvent plus compter sur le ramassage des ordures. L'aéroport plusieurs fois bombardé n'est plus qu'une carcasse de béton où se posent encore quelques rares avions du

1. Selon un rapport du Bureau de coordination des actions humanitaires de l'ONU en Angola (OCHA).

2. Le reportage de Stéphane Barbier écrit pour l'AFP le 6 septembre 2001 : « Malanje, ville martyre d'Angola, n'en finit pas de panser ses blessures ».

Programme alimentaire mondial (PAM). Les seuls bâtiments intacts ou bien entretenus sont ceux de l'Evêché, de l'armée, du gouverneur et des organisations humanitaires.

Quand viendra-t-elle cette paix qui s'éloigne chaque jour davantage ? Quand viendra-t-elle cette paix, si souvent réclamée par Dos Santos et Falcone ?

Le 10 août 2001, les troupes de l'Unita ont perpétré un attentat contre un train dans la province de Cuanza Norte à 200 kilomètres de Luanda. Le bilan ? Effrayant : 256 personnes tuées, 165 blessées. Le 24 août, l'attaque d'un bus, à nouveau par les rebelles de Savimbi, provoque la mort d'une cinquantaine de personnes. Comme d'habitude, ONU et Parlement européen condamnent ces exactions, tantôt « fermement », tantôt « sévèrement ».

Voilà plus de vingt-six ans que Dos Santos et Savimbi se livrent une guerre sans merci. Aucun espoir de réconciliation ne semble être en vue. Encore qu'une force, qui a toujours affiché sa neutralité, unanimement respectée par une population à bout, est susceptible de jouer un rôle dans un éventuel processus de paix et dans la reconstruction du pays. Cette force, c'est l'Eglise angolaise. En août 2001, les évêques publient une lettre appelant les Forces armées angolaises (FAA) de Dos Santos et l'Unita de Savimbi à un cessez-le-feu immédiat.

Bon nombre d'observateurs des Nations unies en poste à Luanda ainsi que des dirigeants de l'opposition considèrent que seule l'Eglise peut jouer un rôle efficace de médiateur. Encore que certains prélats, comme l'évêque de Malanje, Mgr Luis Maria, ont bien conscience que l'Eglise n'aura pas la tâche facile « car elle n'est pas une organisation politique, elle se contente de dire la vérité ».

Dans ce domaine, Mgr Maria ne mâche pas ses mots. A la suite de l'annonce de Dos Santos de son intention de ne pas se représenter à l'élection présidentielle, il déclare, début septembre 2001 : « Après le départ du corrompu, on attend le départ de celui qui a les mains couvertes de sang... » Allusion, là, à Savimbi.

Corrompu. Le mot est lâché. Un mot qui caractérise, pour de nombreux Angolais, le régime actuel. Depuis de nombreuses années, en effet, une poignée de fidèles, de dignitaires (députés, magistrats, généraux, ministres) proches d'Eduardo Dos Santos ont bénéficié de prébendes considérables. Sait-on qu'à chaque mois de décembre, cette nomenklatura du pétrole reçoit une prime de Noël de 25 000 dollars [1] ?

Sait-on aussi que les membres de cette même nomenklatura ont été grassement récompensés par Pierre Falcone ? José Leitao, par exemple, le directeur de la Maison civile à la présidence, a perçu 4,8 millions de dollars, le chef d'état-major des armées, le général Salviano Jesus Sequeira, a eu droit à 642 000 dollars, le chef des services secrets, le général Miala, verra son compte à la Banque Lambert de Bruxelles crédité de 348 000 dollars entre 1999 et 2000. Elisio de Figueiredo, homme lige de Dos Santos, ex-ambassadeur à Paris, détient le record : 18 millions de dollars versés en trois ou quatre ans [2]. Autant de paiements, assure Falcone, qui n'ont rien d'anormal : « Ils ont été réglés dans le cadre de missions qui ne concernent pas la France, mais l'Angola. »

Ces happy few ne sont pas les seuls à avoir été choyés par l'homme d'affaires. D'autres l'ont été en France... mais dans des proportions nettement plus raisonnables.

1. Voir l'article de Stephen Smith dans *Le Monde* du 30 décembre 2000 : « 25 ans de violence en Angola ».

2. Le juge Courroye enverra au printemps 2001 une commission rogatoire internationale à Monaco pour savoir si d'aventure le président Dos Santos y détenait des comptes bancaires. Sans succès. Cette initiative provoquera quelques grincements de dents, car en vertu d'un arrêt de la Cour de cassation, tout chef d'Etat étranger bénéficie d'une immunité pénale. L'arrêt de la Cour de cassation a estimé, au nom de ce principe, que des poursuites ne pouvaient être engagées contre le colonel Kadhafi, chef de l'Etat libyen. Pour être précis, cet arrêt a été rendu après l'initiative du juge Courroye concernant le président Dos Santos.

CHAPITRE VI

Les libéralités de M. Falcone

Il est comme ça, Pierre Falcone : il aime rendre service, offrir des cadeaux, dépanner ses amis dans le besoin ou vous inviter dans sa luxueuse propriété de Scottsdale en Arizona (voir chapitre II). Il arrive que cette générosité ne soit pas sans arrière-pensée : l'homme d'affaires espère qu'un jour ou l'autre les heureux bénéficiaires de ses largesses renverront l'ascenseur, car il n'est pas un mécène. Faute de l'avoir compris et de s'être montrés naïfs, ils sont un petit nombre à s'être fait piéger.

La mésaventure survenue à Georges Fenech est, à cet égard, édifiante. Le magistrat, aujourd'hui, s'en mord les doigts puisqu'il se retrouve mis en examen pour recel d'abus de biens sociaux. Brenco, société de Falcone, a en effet versé une subvention de 100 000 francs au syndicat de magistrats qu'il présidait, l'Association professionnelle de magistrats (APM).

Agé de quarante-sept ans, physique d'éternel étudiant, regard sombre malgré ses yeux bleus, spécialiste incontesté des affaires financières, Fenech se fait connaître en 1987 lorsqu'il instruit à Lyon la première affaire de financement politique occulte, celle de Radio-Nostalgie. Son animateur, un self-made-man d'origine italienne, Pierre Alberti, a commis l'erreur, via de fausses factures, de financer le Parti socialiste du Rhône.

Lors de son enquête, Fenech montre toute sa détermination en s'opposant au procureur de Lyon, quelque peu rétif à ouvrir une information judiciaire. A peu près au même moment, il témoigne de sa pugnacité en tentant de percer les mystères de l'assassinat du juge Renaud, ou de celui du directeur pour l'Europe de Black et Decker.

En 1992, c'est la consécration : il met au jour les méthodes et les circuits financiers d'une secte aux ramifications internationales, née aux Etats-Unis, l'Eglise de scientologie. Une instruction difficile, le magistrat subissant de nombreuses pressions et menaces de cette secte.

Trois ans plus tard, en 1995, lorsque la droite revient au pouvoir avec l'élection en mai à la présidence de la République de Jacques Chirac et la nomination de Jacques Toubon comme garde des Sceaux, Fenech, qui a de l'ambition à revendre, est élu secrétaire général de l'Association professionnelle des magistrats. Il succède à Dominique-Henri Matagrin, un magistrat austère, à l'humour caustique, parti rejoindre le cabinet du nouveau garde des Sceaux [1].

Dès son élection, Georges Fenech souhaite redonner du tonus à la revue du syndicat, *Enjeu Justice*. Comment ? En démarchant les entreprises pour qu'elles souscrivent des abonnements. C'est ainsi que le nouveau secrétaire général de l'APM sollicite le P-DG de la Compagnie des Signaux, Yazid Sabeg, proche de Raymond Barre, qu'il a connu à Lyon. Dès le mois de février 1996, la Compagnie des Signaux souscrit six abonnements à *Enjeu Justice*, complétés en octobre par le versement d'une somme de 10 000 francs... Deux mois plus tard, c'est un actionnaire de CS, domicilié en Suisse, Alain Dumesnil, qui verse 10 000 francs à l'APM, toujours dans le cadre d'une prise d'abonnement. Un jeu d'enfant que le démarchage d'entreprises !

En 1997, Fenech grimpe d'un cran dans la hiérarchie syndicale : il est élu président de l'APM. Certes, ce syndicat reste très minoritaire (un peu plus de 2 % des voix lors des dernières élections professionnelles de juin 2001), mais il constitue un tremplin pour son nouveau patron avide de fréquenter les plateaux de télévision, ici pour un débat sur les sectes, là pour une intervention sur les problèmes de sécurité.

1. Il était secrétaire général de l'APM depuis 1989.

Et qui, surtout, aspire à être candidat aux élections législatives. Mais chaque chose en son temps. Pour l'heure, le président de l'APM a un objectif prioritaire : transformer *Enjeu Justice* en une publication digne d'une organisation de magistrats. Une vaste campagne d'abonnements est lancée. Avec succès : l'argent rentre dans les caisses.

Ainsi, le 7 octobre 1997, Pierre Falcone adresse un chèque de 100 000 francs — tiré sur son compte à la Cantrade Osmond Burrus de Genève — provenant de la société Brenco. 100 000 francs, c'est peu. Mais au regard du budget annuel de l'APM, il s'agit d'une sacrée bouffée d'oxygène qui représente 50 % des recettes du syndicat.

Le 7 novembre, Fenech — visiblement satisfait, qui a rencontré Falcone grâce au général Claude Mouton, ex-directeur de cabinet du secrétaire général de la Défense nationale [1] — se fend d'une lettre de remerciement adressée à son généreux donateur. La voici :

Au nom de notre organisation syndicale, je dois vous dire combien nous avons été sensibles à votre aide spontanée qui nous permettra, plus que par le passé, de défendre les valeurs auxquelles nous croyons. Les réformes annoncées ne sont pas faites pour nous rassurer, bien au contraire. L'idéologie et le noyautage de l'institution judiciaire vont continuer leur œuvre pernicieuse au travers de cette aberration que représentent des procureurs indépendants. Dans le même temps, les principes fondamentaux sont piétinés. Je pense à la présomption d'innocence, ignorée de certains juges engagés et confortés par une certaine presse. Notre action, au sein du corps judiciaire et au-delà, je l'espère, contribuera à restaurer une authentique justice. Je serais très heureux de pouvoir vous retrouver prochainement à l'occasion d'un dîner et vous prie de croire à mes sentiments très reconnaissants et très amicaux.

Quelle imprudence, cette lettre ! Pourquoi ne pas l'avoir écrite d'un ton neutre ? Pourquoi cette charge contre des col-

1. Georges Fenech a fait la connaissance du général grâce à un journaliste.

lègues ? Mieux que personne, Fenech devrait savoir que les écrits se retournent souvent contre leurs auteurs. Cette missive, nous le verrons, va se transformer en un terrible boomerang.

En cette fin 1997 — la gauche est revenue aux affaires avec Elisabeth Guigou comme garde des Sceaux —, Fenech surfe sur un nuage. Devenu le porte-drapeau de la droite judiciaire, il multiplie les tribunes libres dans *Le Figaro* où il dénonce la politique pénale de la ministre de la Justice qui souhaite couper le cordon ombilical entre la place Vendôme et les parquets. Un projet qui suscite l'ire de Fenech. A ses yeux, le ministère de la Justice doit, seul, avoir la maîtrise du déclenchement de l'action publique. Fenech n'admet qu'une entorse à ce sacro-saint principe : le cas des affaires politico-financières. Là, estime-t-il, l'initiative de l'action publique pourrait revenir à un haut magistrat indépendant, peut-être le procureur général près la Cour de cassation.

Comme beaucoup de ses collègues, Georges Fenech ne rate jamais l'occasion de manifester son hostilité à ce serpent de mer qui revient périodiquement : la création d'un juge des libertés qui seul aurait la faculté de placer en détention un délinquant au lieu et place du juge d'instruction [1]. Il ne se prive pas non plus de dénoncer le manque de moyens matériels de la justice, totalement démunie pour lutter contre la guérilla urbaine, galopante dans nos cités. Bref, Fenech occupe le terrain chaque fois qu'il le peut. En approchant des élus RPR, comme Nicolas Sarkozy, le député-maire de Neuilly-sur-Seine, ou Philippe Séguin, le député des Vosges. Hélas, fin 1998, Fenech voit coup sur coup ses ardeurs freinées.

30 novembre 1998. Ce jour-là, paraît dans *Enjeu Justice* un billet d'humeur — signé Alain Terrail, ancien président de l'APM et avocat général près la Cour de cassation — qui évoque les déboires d'un substitut de Toulon, Albert Lévy, soupçonné d'avoir fourni des informations à un journaliste sur l'assassinat de la députée Yann Piat. Il a été mis en examen pour violation du secret de l'instruction. Revenant sur

1. C'est désormais une réalité depuis le 1er janvier 2001, date de l'entrée en vigueur de la loi sur la présomption d'innocence du 15 juin 2000, dite loi Guigou.

cette affaire, Terrail termine son papier : « Tant va Lévy au four qu'à la fin il se brûle »... Cette phrase, d'un goût douteux, à fort relent antisémite, provoque un tollé. Elisabeth Guigou demande illico au Conseil supérieur de la magistrature (CSM) de prendre des sanctions disciplinaires contre Terrail. Le parquet de Paris ne reste pas inerte ; il diligente une enquête préliminaire pour injures raciales visant à la fois Terrail et Fenech, en tant que directeur de la publication d'*Enjeu Justice*. Colère de ce dernier. Pour deux raisons : 1) Terrail s'est bien gardé de lui soumettre l'article litigieux. 2) Tous les efforts entrepris pour donner à l'APM une image moins droitière tombent à l'eau. Georges Fenech croit trouver la parade en exigeant la dissolution du syndicat. Erreur totale d'analyse. Ses troupes ne le suivent pas. Le magistrat, qui ne peut être soupçonné d'antisémitisme, est effondré.

Pour se changer les idées, il décide de partir au Gabon, quelques jours après cette tempête, pour y surveiller le déroulement de l'élection présidentielle. Accompagné de collègues membres de l'APM, regroupés au sein de l'Association internationale pour la défense de la démocratie, Fenech se rend donc à Libreville.

*

Le scrutin se déroule convenablement. Omar Bongo est, pour la énième fois, réélu président. Aucun trouble n'est signalé. Le 3 décembre, Georges Fenech atterrit à Roissy. Et là, patatras ! Un flot de reproches s'abat sur lui. Que n'entend-on pas ! Ses frais de séjour — et ceux de ses collègues — auraient été gracieusement offerts par les autorités gabonaises ; il a été chaperonné à son arrivée à Libreville par un avocat proche du RPR, Robert Bourgi. Comment, dans ces conditions, sa mission aurait-elle pu être impartiale ? Au cours d'une conférence de presse, Fenech s'explique, argue avoir rédigé un rapport mitigé et même sévère sur les conditions de déroulement du scrutin, rien n'y fait. Comble de malheur, la Chancellerie s'en mêle, estimant qu'il a commis une faute en omettant d'avertir sa hiérarchie de son escapade gabonaise.

Le 9 décembre, alors que cette histoire semble retomber, le coup de grâce : le directeur de cabinet d'Elisabeth Guigou, Christian Vigouroux, fait savoir à Fenech, dans l'après-midi, qu'il peut tirer un trait sur un poste de premier juge d'instruction à Paris auquel il est candidat. En prime, Vigouroux l'avertit qu'il fera l'objet de poursuites disciplinaires.

Quelques jours plus tard, un communiqué de la Chancellerie confirme les intentions de Vigouroux, en expliquant que l'article douteux publié dans la revue *Enjeu Justice* n'est pas étranger à la décision d'Elisabeth Guigou de retirer sa proposition de nomination au CSM.

Très affecté, Georges Fenech se démet de ses mandats syndicaux et décide de quitter la magistrature. Il reste chez lui, à tourner en rond, à ne pas comprendre l'injustice dont il est victime. Finalement, il se ressaisit, revient sur sa décision et, en janvier 1999, réintègre la cour d'appel de Lyon comme substitut général. Preuve qu'il ne manque pas de cran, il fonde un syndicat, le Syndicat indépendant des magistrats républicains (SIMR), composé de quelques dissidents de l'APM et dont il assume la présidence. Preuve encore que Georges Fenech reprend le combat, il dépose, le 4 mars 1999, un recours devant le CSM contre la nomination d'Eva Joly, son emblématique collègue en charge du dossier Elf, au poste de premier juge d'instruction à Paris. Une bataille perdue, le CSM le déboutant de sa requête.

29 septembre 2000. Nouvelle épreuve. Elle était attendue. Ce jour-là, Georges Fenech et Alain Terrail comparaissent devant la XVIIe chambre du tribunal correctionnel de Paris pour s'expliquer sur l'article paru dans *Enjeu Justice* le 30 novembre 1998.

Audience pénible. Le parquet requiert 30 000 francs d'amende pour « complicité d'injures publiques raciales » à l'encontre de Terrail et 10 000 francs pour injures publiques raciales à l'encontre de Fenech. Cinq semaines plus tard, le verdict. Sévère pour Terrail, qui écope de 40 000 francs d'amende, indulgent pour Fenech, lui aussi condamné mais dispensé de peine. Décision rarissime en matière de délit de presse. « Une sorte d'absolution », commente-t-il.

Georges Fenech semble voir le bout du tunnel. Il revient

sur les plateaux de télévision ; publie un livre qui rencontre plus qu'un succès d'estime, *Tolérance zéro* [1] ; redonne des interviews, et écrit à nouveau des tribunes libres dans les journaux. L'embellie. Fenech y croit dur comme fer : il pourra être candidat aux élections législatives de 2002, dans la foulée de l'élection présidentielle.

Jusqu'à ce que, le 20 décembre 2000, *Le Monde* révèle que l'APM a reçu en 1997 une subvention de 100 000 francs de Pierre Falcone. L'instruction sur le trafic d'armes vers l'Angola, où Falcone et Gaydamak apparaissent en première ligne, bat son plein. La tuile. Fenech a beau se justifier publiquement et affirmer qu'en 1997 il ne pouvait se douter que le bienfaiteur de l'APM serait impliqué dans une histoire de vente d'armes, les révélations du *Monde* sont du plus mauvais effet.

Lorsqu'il lit le quotidien, Matagrin tombe des nues. Jamais Fenech ne lui a parlé du mécénat de Falcone. Soucieux d'en savoir plus, Matagrin recherche sur l'ordinateur de l'APM la trace des abonnements de Brenco. Stupéfaction : plus rien. Tout a été effacé le 11 août 2000, à 19 h 4, très exactement..., soit un mois après l'ouverture de l'information judiciaire sur le trafic d'armes. Etrange. Heureusement, Matagrin, prudent, a conservé un double du fichier...

Qui a bidouillé l'ordinateur ? Seul le secrétaire général, Raymond Lévy, qui est vice-président du tribunal de Bobigny, n'a pas quitté Paris en cette période de vacances ; les autres membres du bureau étaient absents de la capitale. Matagrin convoque Lévy pour qu'il s'explique. Entretien orageux. En présence de la vice-présidente de l'APM, Béatrice de Beaupuis, avocate générale près la cour d'appel de Paris, leur collègue bafouille quelque peu. Niant dans un premier temps avoir manipulé l'ordinateur, il finit par lâcher : « Je voulais lutter contre les gaspillages. » Un peu court. Pour éviter tout malentendu, Matagrin adresse, le 15 février 2001, une lettre au juge Courroye dans laquelle il balaie les arguments de Raymond Lévy : « Cette velléité alléguée à lutter contre les gaspillages, un 11 août en début de soirée, écrit-il, s'était manifestement éteinte aussi subitement qu'elle était apparue,

1. Editions Grasset.

puisque Raymond Lévy n'avait apparemment procédé à aucune autre suppression alors qu'il y avait des dizaines d'abonnés qui n'étaient pas à jour. »

Pourquoi Raymond Lévy a-t-il détruit le fichier Brenco après l'ouverture de l'information judiciaire visant Falcone et Gaydamak ? Simple hasard ? Ou, au contraire, existerait-il un lien entre les deux événements ? Lévy aurait-il agi en service commandé ?

Matagrin n'a pas de réponse. Toujours est-il que le 24 février, à l'occasion d'une réunion de bureau, Raymond Lévy préfère démissionner de son poste de secrétaire général de l'APM.

Cette histoire — troublante — n'est pourtant pas terminée.

Tout de même intrigué par cet épisode, le juge Courroye fait interroger Matagrin par la PJ le 4 avril 2001. Il pressent que le ton de la lettre envoyée par ce dernier en février 2001 était trop confraternel à l'égard de Fenech. Ce 4 avril donc, la PJ entend Matagrin. A titre de témoin, bien sûr.

Cette fois, le président de l'APM se montre plus prolixe. Confirmant d'emblée la contribution de Falcone au syndicat, il révèle que Georges Fenech a versé 30 000 francs en espèces sur le compte de l'APM au Crédit municipal de Paris. Ce versement, constate Matagrin, n'apparaît à aucun moment répertorié dans la comptabilité. Ni sous forme d'un don, ni sous celle d'un quelconque soutien ou d'une prise d'abonnement.

Le successeur de Georges Fenech révèle encore qu'un des actionnaires de la Compagnie des Signaux a versé deux fois 10 000 francs au syndicat : le 23 décembre 1996 et le 13 octobre 1998.

Matagrin précise que Georges Fenech lui avait confié, fin 1998, avoir placé à la Compagnie des Signaux, comme secrétaire général, un substitut de la section financière du parquet de Paris, Jean-Louis Hérail. Initialement, indique Matagrin, ce poste avait été proposé à un autre magistrat, Patrick Ouart, conseiller pour la justice, de 1993 à 1995, au cabinet du Premier ministre Edouard Balladur. Ouart déclinera l'offre, estimant peu convaincantes les motivations de la Compagnie des Signaux pour recruter un magistrat...

Jusque-là, rien de bien sensationnel. Sauf que Matagrin

raconte encore avoir appris, en février 2001, par une journaliste de *Libération*, qu'un « dossier suivi par M. Hérail concernant MM. Falcone et Gaydamak avait été classé au début de l'année 1997 ».

Doté d'une excellente mémoire, Matagrin se souvient que Fenech avait rencontré Falcone par l'intermédiaire de l'un des dirigeants de la Compagnie des Signaux, le général Claude Mouton, qui, par la suite, rejoindra le groupe Brenco.

Des faits qualifiés de « connexions » par Matagrin, qui se garde de faire un quelconque commentaire. Philippe Courroye qui, dans la soirée du 4 avril, prend connaissance de la déposition de son collègue s'interroge. Quelle est la nature des liens entre Fenech et Brenco ? Quel intérêt Fenech aurait-il eu à « placer » Hérail à la Compagnie des Signaux ? Quels sont les liens unissant Mouton et Fenech d'une part, Mouton et Falcone d'autre part ?

Trois semaines plus tard, le 27 avril, Courroye entend le général Mouton. Agé de soixante-neuf ans, cet ancien général de division, distingué, a quitté l'armée en 1993, pour entrer à la Compagnie des Signaux comme vice-président. Depuis juillet 2000, il occupe les fonctions de gérant de Brenco [1]. Or les enquêteurs de la PJ ont découvert 496 000 francs en liquide dans son bureau. « Pour quelle raison ? » demande Courroye. « Il s'agit d'argent remis par un diplomate de l'ambassade d'Angola à Paris et destiné à régler les frais d'hôtels et de restaurants des officiels angolais séjournant en France », justifie le général. Scepticisme du magistrat. Mouton s'enferre. Avant de confesser : « Il est exact que je ne peux prouver qu'il s'agit de l'argent de l'ambassade d'Angola. »

Courroye enchaîne :

« Dans quelles circonstances avez-vous présenté Georges Fenech à Pierre Falcone ? »

Réponse :

« M. Sabeg [P-DG de la Compagnie des Signaux] m'a présenté, en 1996, Georges Fenech qui cherchait des subventions pour sa revue. M. Sabeg m'a dit de prendre des abonnements

1. Sur les fameux « mémos » d'Isabelle Delubac, le général Mouton est répertorié sous le pseudonyme de... Panurge !

à cette revue pour 10 000 ou 11 000 francs. M. Sabeg avait peut-être des relations particulières avec M. Fenech. Ensuite, j'ai revu M. Fenech qui m'a demandé de lui trouver des sponsors pour sa revue. C'est ainsi que je lui ai fait rencontrer M. Falcone au siège de Brenco, à l'occasion d'un petit déjeuner. J'avais prévenu M. Fenech que M. Falcone avait vendu des armes il y a quelques années, mais que désormais ses activités se concentraient autour du préfinancement pétrolier, l'hôtellerie, etc. M. Fenech m'a répondu que cela ne lui posait pas de problème. Au cours de ce petit déjeuner, M. Fenech a exposé les objectifs de sa revue. Il a demandé à M. Falcone s'il accepterait de cotiser. M. Falcone a répondu qu'il réfléchirait. J'ai su plus tard, c'est-à-dire récemment, qu'il avait versé 100 000 francs. »

Le juge rebondit :

« Pourquoi, selon vous, M. Falcone a-t-il effectué un don aussi important correspondant à la moitié du budget annuel de l'APM ? »

Le général Mouton, serein :

« Je pense que ce qui a plu à M. Falcone, ce sont les idées libérales de M. Fenech. Je n'ai pas eu l'impression que M. Falcone était très intéressé par la chose judiciaire, mais plutôt qu'il faisait une bonne œuvre. »

Mouton poursuit, décochant une flèche assassine à l'encontre de Fenech :

« Quand M. Fenech a remonté un nouveau syndicat [le Syndicat des magistrats indépendants et républicains] en 1999, il m'a demandé d'organiser une nouvelle rencontre avec M. Falcone. Nous avons pris un petit déjeuner au siège de Brenco. Pierre Falcone, jugeant qu'il avait suffisamment donné une première fois, n'a pas voulu reverser de l'argent à la nouvelle organisation dirigée par M. Fenech. »

Le juge, toujours aussi curieux :

« Quelles relations avez-vous eues avec Jean-Louis Hérail ? »

Réponse :

« M. Sabeg m'a dit qu'il souhaitait recruter un magistrat de l'ordre judiciaire comme secrétaire général. J'ai alors reçu M. Hérail entre juillet et septembre 1998 pour mettre au point son embauche ; sa mission était de s'occuper du conseil d'administration et de la gestion du personnel. Il devait être rémunéré 550 000 francs par an. Je savais qu'il était au parquet financier de Paris. Un jour je lui ai dit que j'allais voir M. Falcone. M. Hérail m'a dit qu'il avait traité son dossier quand il était magistrat et que je pouvais y aller. Je lui ai demandé s'il pouvait me donner des explications. Il m'a répondu que ce n'était pas possible. Il a dû me dire cela en novembre 1998. »

Le juge ne lâche pas le général :

« N'avez-vous pas hésité à être embauché par le dirigeant d'une entreprise [Brenco] dont un ancien magistrat du parquet financier vous avait dit qu'il avait eu à " traiter son dossier " ? »

Claude Mouton (apparemment) tranquille :

« Sa réponse m'avait plutôt rassuré. Je n'avais pas l'impression de mettre les pieds dans un guêpier. Cependant, peut-être ne serais-je pas resté dans la société si j'avais trouvé que tout cela n'était pas clair. »

Disons-le tout net : les auditions de Matagrin et du général Mouton n'apparaissent guère favorables à Georges Fenech. Ce dernier n'a-t-il pas affirmé ignorer l'activité de marchand d'armes de Falcone ? Or le général dit le contraire, assurant qu'il s'en moquait...

Ce même général qui laisse entendre que Fenech est revenu à la charge en 1999, sollicitant encore une aide financière pour son nouveau syndicat. Certes, tout cela ne prouve rien... Mais là où la position de Fenech semble se fragiliser, c'est lorsque l'on apprend que Hérail a classé sans suite une procédure de blanchiment en février 1997 visant Gaydamak et Falcone. Or Hérail, membre du bureau de l'APM est un ami de Fenech..., lequel, selon le témoignage de Matagrin, est intime de l'avocat de Gaydamak, Me Gilles-William Goldnadel [1]. D'où cette question (inquiétante) que se pose le

1. Précisions tout de même que rien n'interdit à un magistrat d'avoir pour ami un avocat. Georges Fenech et Me Gilles-William Goldnadel entretiennent des relations amicales depuis 1995. C'est à cette date que l'avocat fonde une association, Droit à la sécurité,

juge Courroye : en versant 100 000 francs à l'APM en octobre 1997, Pierre Falcone n'a-t-il pas souhaité faire un geste en direction de l'APM dont l'un des membres, Jean-Louis Hérail, a classé sans suite — huit mois plus tôt, en février 1997 — une procédure pour blanchiment le concernant ? En somme, un renvoi d'ascenseur.

Pour l'heure, pas de réponse. Encore que le rapport de synthèse de la brigade financière du début de l'année 2001, même prudent, accentue le malaise, en décrivant les connexions existant entre Falcone, Fenech, Hérail et le général Mouton.

Extraits de ce document de trois pages, signé par le chef de la prestigieuse « BF », Noël Robin :

« [...] Il convient de s'interroger sur les raisons, au mois d'octobre 1997, qui incitent Pierre Falcone à financer à hauteur de 100 000 francs, débités de l'un des comptes suisses de Brenco, une association de magistrats [l'APM]

---

composée de magistrats, d'universitaires et de policiers. Présidée par Me Goldnadel, vice-présidée par Georges Fenech, cette association, créée au lendemain des attentats survenus à Paris en 1995, a pour objectif de promouvoir la lutte contre le terrorisme tout en mettant en exergue le droit à la sécurité pour tous.

En tant que président de Droit à la sécurité, Me Goldnadel, qui partage les mêmes idées que Fenech, a assisté à plusieurs assemblées générales de l'APM. Interrogé comme témoin par la Brigade financière le 4 décembre 2001, l'avocat expliquera avoir ignoré les rapports pouvant exister entre Pierre Falcone et Georges Fenech. Me Goldnadel précisera encore à l'adresse de l'officier de police qui l'interrogeait : « Puisque vous vous intéressez aux relations amicales touchant aux protagonistes de ce dossier, et puisque je suis témoin, il est de mon devoir d'ajouter que Georges Fenech, à plusieurs reprises, m'a vanté les relations amicales qu'il avait entretenues à Lyon avec M. le juge Courroye, m'a décrit plusieurs repas qu'ils avaient pris ensemble. J'avoue être très étonné qu'en dépit du caractère très pointilleux de M. Courroye, celui-ci ne se soit pas récusé pour instruire une affaire concernant son ami ou ancien ami Georges Fenech. » Philippe Courroye n'interrogera jamais Georges Fenech, cette mission étant confiée à sa collègue Isabelle Prévost-Desprez.

pour 25 abonnements adressés directement à Brenco, 64, avenue Kléber dans le XVIe arrondissement, locaux dans lesquels travaillent seulement une dizaine de personnes. De même, selon M. Matagrin, cette somme de 100 000 francs représente presque 50 % du budget 1997 de l'APM, estimé à 210 000 francs. Dans la comptabilité occulte du groupe Brenco, cette dépense est ainsi comptabilisée : Fenech 100 000 francs. »

Le commissaire Robin poursuit :

« En faisant référence dans sa lettre de remerciement à Pierre Falcone le 4 novembre 1997 " à la présomption d'innocence ignorée par une certaine presse ", Georges Fenech pourrait faire allusion à plusieurs articles de presse faisant état, à la fin de l'année 1996 et en 1997, de l'implication de Pierre Falcone et Arcadi Gaydamak dans un trafic d'armes avec l'Angola (article de *L'Evénement du jeudi*, notamment). »

De même, continue le policier, « un autre élément semble de nature à laisser penser que M. Fenech ne pouvait ignorer l'activité de Pierre Falcone. En effet, l'un des membres du bureau de l'APM, M. Jean-Louis Hérail, substitut au tribunal de grande instance de Paris, en charge des affaires financières, a eu à connaître d'une procédure judiciaire relative aux activités de MM. Falcone et Gaydamak. En effet, le 6 février 1997, ce magistrat indique au Tracfin le classement sans suite du dossier Falcone-Gaydamak-Gortchkov [1] ouvert à la suite des révélations successives de cet organisme en 1994 et 1995. Par ailleurs, selon M. Matagrin, l'un des avocats de M. Arcadi Gaydamak, Me Goldnadel, qui participait aux assemblées générales de l'APM est un ami intime de M. Georges Fenech. Et le commissaire de noter qu'« à cette date [février 1997], M. Pierre Falcone a déjà souscrit deux abonnements à la revue de l'APM (février 1996), avant de verser 100 000 francs à cette association au mois d'octobre 1997. De même, il apparaît qu'en 1996 la Compagnie des Signaux dont le vice-président, Claude Mouton, fait l'interface entre MM. Falcone et Fenech (mémos d'Isabelle

1. Voir chapitre précédent.

Delubac) a soutenu financièrement l'APM à hauteur de 11 800 francs ».

Le patron de la BF enchaîne : « Par ailleurs, il apparaît qu'un autre actionnaire de la Compagnie des Signaux, M. Alain Dumesnil, domicilié à Genève, a souscrit des abonnements à la revue de l'APM à hauteur de 10 000 francs, les 23-12-1996 et 13-10-1998. Enfin, lors d'une perquisition réalisée le 4 avril 2001 dans des bureaux utilisés par le général Mouton, 52, avenue des Champs-Elysées à Paris VIIIe, un ouvrage intitulé *Guide mondial des paradis fiscaux* a été saisi. Sur la page de garde de ce livre figure la mention suivante : " M. Hérail " »...

Le commissaire conclut : « La proximité entre les intéressés, à savoir MM. Mouton, Falcone, Fenech et Hérail est d'ailleurs confirmée par le fait que M. Jean-Louis Hérail quittera à la fin de l'année 1999 la magistrature pour rejoindre la Compagnie des Signaux, en qualité de secrétaire général, et que M. Claude Mouton a rejoint la société Brenco-France, dirigée de fait par M. Falcone, au mois de juillet 2000. Selon M. Matagrin, M. Fenech, ami du général Mouton, aurait affirmé " avoir placé " Jean-Louis Hérail à la Compagnie des Signaux. C'est le même général Mouton qui a présenté Georges Fenech à Pierre Falcone, comme en témoigne un message qu'il laisse à son attention, daté du 23 septembre 1997 : " Général Mouton, intermédiaire avec M. Fenech. Proposition petit déjeuner vendredi 9 heures. " Le 23 novembre 1998, le général Mouton laisse un nouveau message à Pierre Falcone : " Déjeuner à prévoir avec son ami Fenech "... »

Le rapport se termine : « Il convient de s'interroger sur le comportement de M. Raymond Lévy, qui le 11 août 2000 aurait souhaité effacer la société Brenco des fichiers de l'Association professionnelle des magistrats... Rappelons que le réquisitoire supplétif du parquet de Paris autorisant dans le présent dossier la poursuite des investigations sur les points de fraude fiscale reprochés aux dirigeants de ZTS Osos, à savoir MM. Falcone et Gaydamak, est daté du 10 juillet 2000. Dont acte. »

Une démonstration au cordeau fondée sur des faits qui, reliés les uns aux autres de façon chronologique, laisse un sentiment mitigé sur le rôle des différents acteurs. Même si le haut policier ne fait jamais allusion à un quelconque trafic d'influence. Tout au plus parle-t-il de connexion et de proximité. Des notions qui ne sont, en aucun cas, délictueuses. Quand il lit cette note de synthèse, Georges Fenech est abasourdi. Comme si le sort n'en finissait pas de s'abattre sur lui. Tout se chevauche dans sa tête : les accusations à peine voilées du général Mouton, le témoignage de Matagrin, les abonnements de Falcone, le rôle d'Hérail... Un cauchemar. Il n'a plus qu'une obsession : prouver sa bonne foi. L'occasion lui en est fournie le 2 octobre 2001, quand Isabelle Prévost-Desprez entend Georges Fenech. Trois heures d'interrogatoire serré, au cours duquel il s'évertue à démonter, point par point, en présence de son avocat, Me Lev Forster, les reproches qui lui sont faits [1].

La rencontre avec Falcone ? « Contrairement à ce qu'affirme le général Mouton, dit Fenech, jamais je ne lui ai demandé d'organiser un rendez-vous avec Falcone. Je pense que c'est lui qui a pris l'initiative de ce rendez-vous. » L'activité réelle de Falcone ? « M. Mouton se trompe de bonne foi. Au cours du petit déjeuner avec Falcone et Mouton, nous avons très peu parlé de Brenco. Pour moi, Falcone avait mis sur pied un système original consistant à importer en Angola des denrées alimentaires, des matériaux de construction et à se faire payer à partir des ressources pétrolières du pays. » Et le magistrat d'ajouter : « Je dois vous dire que, même si M. Mouton m'avait parlé de ventes d'armes, ce qui n'est pas le cas, cela ne m'aurait pas dissuadé de rencontrer Pierre Falcone, car je n'ai rien contre l'industrie de l'armement française. J'ai toujours eu des contacts avec le groupe Lagardère et le groupe EADS. » Les abonnements souscrits par Brenco ? « C'est vrai, j'ai appelé à plusieurs reprises Falcone pour le remercier. Je souhaitais l'inviter à dîner ou à déjeuner. Quand le trésorier de l'APM m'a appelé pour me dire qu'un virement de 100 000 francs de la société Brenco venait d'arriver, nous étions tous contents, puisque

1. Mis en examen en juillet 2001 pour recel de biens sociaux, Georges Fenech n'avait pas encore été interrogé sur le fond.

cela permettait de couvrir le financement de trois numéros de la revue. » Et Fenech de contester que ce versement soit un habillage. « L'ensemble du bureau national de l'APM, certifie-t-il, composé de dix-huit magistrats en exercice, avait approuvé la politique de développement de la revue et des abonnements de soutien [...]. » « J'ai claiment dit, précise-t-il, que des abonnements avaient été souscrits par Axa, LVHM, la Compagnie des Signaux et Brenco. »

« Une entreprise, plaide-t-il encore, peut parfaitement apporter son soutien financier à une association, à une œuvre, à un syndicat, dans la transparence. Je me souviens que l'USM (Union syndicale des magistrats) avait tenu un de ses congrès à Lyon en présence du garde des Sceaux de l'époque, Henri Nallet, congrès sponsorisé par le Crédit agricole, comme en témoignaient les nombreuses banderoles. J'étais alors juge d'instruction spécialisé en matière financière et un de mes dossiers en cours concernait la caisse du Crédit agricole du Sud-Est. Plusieurs de ses dirigeants ont été condamnés définitivement. Il ne m'est pas venu à l'esprit de rechercher d'éventuelles connexions entre l'USM et des infractions visées dans ma saisine. A ma connaissance, plusieurs syndicats de fonctionnaires, d'huissiers, d'avocats font la même chose, c'est-à-dire être soutenus par des intérêts privés, dans la transparence. » Fenech précise : « Il est inexact de dire que Brenco a effectué le versement le plus important au titre des abonnements de soutien à cette revue. En effet, l'UIMM [1] a versé, sur une période de trois ans, 150 000 francs. Elle est donc le souscripteur le plus important. »

Georges Fenech s'en tire plutôt bien. Isabelle Prévost-Desprez ne le lâche pas pour autant. Elle revient sur ses relations avec le substitut Jean-Louis Hérail, qui a classé sans suite, en février 1997, une procédure visant Falcone et Gaydamak. La juge d'instruction veut connaître les raisons qui ont poussé Fenech à intervenir dans le recrutement d'Hérail à la Compagnie des Signaux, société amie de Falcone.

Là, Georges Fenech se fâche : « Je n'ai nullement recruté

1. Union des Industries métallurgiques et minières. C'est l'une des plus importantes fédérations patronales, membre du Medef.

Jean-Louis Hérail. M. Sabeg [président de la Compagnie des Signaux] désirait que le poste de secrétaire général soit occupé par un magistrat, parce que cette culture judiciaire manquait à son entreprise. Je lui ai présenté plusieurs personnes, dont Patrick Ouart et Michel Dobkine [1]. J'en ai aussi parlé à Jean-Louis Voirain [2] et finalement à Jean-Louis Hérail, mais de manière incidente. Ce dernier m'a répondu être très intéressé par ce poste. J'ai organisé une rencontre avec M. Sabeg. Il y a eu des atomes crochus entre les deux. Il était magistrat du parquet financier et particulièrement intéressé par les questions de blanchiment. M. Sabeg voyait cela comme un plus au niveau de l'éthique dans son entreprise. Je vous précise que, quand les articles de presse sont parus, j'ai appelé Jean-Louis Hérail qui m'a dit que cette histoire de classement sans suite était complètement délirante. Il m'a même précisé qu'il représentait le parquet à une audience ayant abouti à la condamnation d'Arcadi Gaydamak, pour une infraction fiscale je crois [3]. »

1. Respectivement ancien conseiller technique au cabinet du Premier ministre Edouard Balladur et sous-directeur à l'administration centrale du ministère de la Justice.

2. Procureur adjoint près le tribunal de grande instance de Bobigny.

3. *Le Monde* publiera le 31 mars 2001 un article dans lequel l'auteur écrivait que Jean-Louis Hérail avait, en 1997, classé sans suite un dossier de blanchiment dans lequel apparaissait Pierre Falcone et Arcadi Gaydamak, en contrepartie des 100 000 francs versés par Brenco à l'APM dont aurait été membre Hérail. Le quotidien a été condamné en première instance le 5 décembre 2001 par le tribunal correctionnel de Paris pour diffamation envers Jean-Louis Hérail.

Le tribunal note que le magistrat a toujours nié avoir été membre ou dirigeant de l'APM et relève que, si les faits relatés dans l'article ne sont pas isolément diffamatoires, ils le sont dans leur globalité en raison de l'insinuation qu'ils induisent.

En revanche, *Libération*, qui avait traité du même sujet dans un article daté du 15 février 2001, a été relaxé des faits de diffamation contre Georges Fenech le 5 décembre 2001 également. Mais pour une question de procédure, Fenech se plaignant d'être mis en cause en qualité de syndicaliste, c'est-à-dire comme particulier.

Le tribunal a cependant estimé que l'article attaqué était diffamatoire, car en expliquant qu'un autre magistrat [en l'occurrence

Le supplice de Fenech touche à sa fin. Juste le temps de déclarer solennellement : « Je tiens à conclure cet interrogatoire en affirmant que je suis totalement innocent des accusations portées contre moi. Je suis actuellement un magistrat en exercice et le préjudice que je subis est incommensurable. J'ai le sentiment d'être un bouc émissaire. De qui ? Je ne sais pas. »

Oui, Fenech est sonné. Malgré cette poisse qui le tenaille depuis deux ans, il sera candidat aux élections législatives de 2002 dans la XIe circonscription du Rhône [1], détenue par le socialiste Gabriel Montcharmont. Etiquette : « majorité présidentielle »..., celle de Jacques Chirac. Pour mener ce combat, en toute indépendance, il se met en congé de la magistrature le 1er décembre 2001. Une manière de se détacher d'un corps qui le contraint aujourd'hui « à porter une étoile jaune [2] ».

Pourtant, Georges Fenech en est certain : il obtiendra un non-lieu ou, s'il est renvoyé en correctionnelle, une relaxe. Car, enfin, ces 100 000 francs de Falcone, se défend-il, n'ont jamais atterri dans ses poches, mais dans la trésorerie de l'APM... Et c'est rigoureusement exact. Dans cette histoire, Fenech paie — chèrement — le prix de son ambition. De sa volonté d'être reconnu par les médias, le monde politique. Il paie aussi le prix de sa légèreté et de sa naïveté.

*

La naïveté, c'est bien le trait de caractère qui fait défaut à Paul-Loup Sulitzer. Lui aussi a fréquenté Falcone. A l'inverse de Georges Fenech, s'il a perçu quelques rondelettes sommes

---

Jean-Louis Hérail] avait enterré un dossier en échange d'avantages pour l'APM, il conduisait « par voie d'amalgame et de rapprochements à faire peser sur M. Fenech le soupçon d'avoir personnellement participé à l'entreprise de corruption que dessine l'ensemble du texte ».

1. Elle comprend la ville de Givors, dont Georges Fenech est originaire. Fenech a annoncé sa candidature début septembre 2001.

2. Audition du 2 octobre 2001 par Isabelle Prévost-Desprez.

d'argent — plus de 1 million de francs de la part de Falcone — c'est pour son usage personnel. Et non pour une quelconque œuvre de bienfaisance ou caritative.

Sulitzer ne s'en cache guère : il aime l'argent. Ecrivain à succès, surtout dans les années 1980, chouchou de la presse *people*, intermédiaire en tout genre, consultant financier, il se trouve aujourd'hui épinglé pour recel de biens sociaux, recel d'abus de confiance et trafic d'influence.

Qui ne connaît Sulitzer, « Paul-Loup » pour les intimes ? Visage poupon, légère ressemblance avec le chanteur Richard Antony — au temps du yéyé —, toujours soigneusement peigné, cigare vissé sur les lèvres, sourire (légèrement) carnassier, sa vie s'apparente à un roman... à l'eau de rose.

Au départ, sans le sou. A l'arrivée, à cinquante-cinq ans, riche. Très riche même. Témoin, à titre d'exemple, l'appartement de 340 mètres carrés qu'il possède dans le XVIe arrondissement de Paris, d'une valeur de 15 millions de francs.

1962. Paul-Loup a seize ans... mais pas son certificat d'études. Son père, Jules, originaire de Roumanie, fondateur de l'entreprise fabricante des célèbres remorques Titan Coder, a amassé une immense fortune. Mais, à la suite de zizanies familiales, la richesse des Sulitzer s'est évaporée. Le jeune homme doit donc travailler. Baragouinant vaguement l'espagnol, il trouve une place sur un chantier comme chef de travaux. Il y reste un an à peine, avant de devenir assistant metteur en scène. Le job consiste surtout à distribuer les canettes de Coca-Cola au personnel présent sur le plateau. Rien de bien excitant. A dix-huit ans, il part pour Israël, attiré par ce pays en pleine construction. Paul-Loup vit dans un kibboutz où il passe son temps à conduire des camions entre Eilat et Beersheba. Très vite, le jeune homme se lasse et retourne en France. Première idée de génie : fasciné par les gadgets (porte-clés, tirelires fantaisistes) qui se vendent comme des petits pains en Angleterre, il décide de les importer. Grâce aux 5 000 francs empruntés à l'ancien chauffeur de son père, Paul-Loup Sulitzer crée le premier club de collectionneurs de porte-clés, Europe-Service. Succès immédiat : il compte 400 000 adhérents. Succès et fortune : Europe-Service lui rapporte 5 à 6 millions de francs d'aujourd'hui.

L'inflation galope. Prudent, Paul-Loup investit alors dans l'immobilier, achetant des terrains à Saint-Tropez, Marseille et Paris.

Arrive 1968 et, avec le joli mois de mai, les détracteurs de la société de consommation. Europe-Service est vendu. Paul-Loup change de métier. Se reconvertit dans la finance internationale. Mouvement de capitaux, spéculation sur les matières premières, sur les taux de change : telle est la principale activité de celui qui se targue, dans son curriculum vitae, d'avoir été à vingt ans le plus jeune P-DG de France.

Notre financier rencontre des tas de gens, cultive son carnet d'adresses, voyage à Londres, à New York où il se perfectionne dans la finance [1]. Nous sommes en 1979. Paul-Loup réalise une juteuse opération : associé au comte de Clermont, Henri d'Orléans, il lance un parfum, « Lys bleu », qui lui rapporte 750 000 francs de royalties pour une mise de fonds initiale de... 1 000 francs.

Déjà, notre parfumeur d'un jour affiche d'autres ambitions. Il a trente-trois ans. Il devient écrivain... ou essaie de le devenir, comme l'on veut. Toujours en 1979, le directeur des éditions Denoël, Albert Blanchard, lit le manuscrit de deux journalistes de *Paris Match*, Agathe Godard et François Pedron, *L'argent fait le bonheur*. Les auteurs qui passent en revue douze réussites exceptionnelles consacrent un chapitre à un jeune inconnu, un certain Paul-Loup Sulitzer. Son intitulé : « Paris/Saint-Tropez-Consultant international-Chiffre d'affaires non significatif ». Intrigué, Albert Blanchard demande à Sulitzer de passer le voir à son bureau. Littéralement subjugué, Blanchard le sollicite pour qu'il écrive ses Mémoires. « Je préférerais en faire un roman », répond Sulitzer, qui ajoute : « Et puis écrire un livre, c'est bien joli, mais je ne l'ai jamais fait [2]. » Qu'à cela ne tienne ! Pour aider l'apprenti-écrivain, Blanchard pense à Loup Durand, un

1. Voir l'interview dans *Le Point* du 5 septembre 1983, recueillie par Martine Leventer.

2. Voir l'enquête remarquable de Pierre Assouline, « La vérité du système Sulitzer », parue dans *Lire* en juin 1987, qui démythifie et décortique la stratégie d'écriture de l'écrivain à succès.

ancien journaliste, auteur du *Caïd* paru chez Denoël, et qui semble avoir le profil idéal pour mettre en musique les histoires que lui racontera Sulitzer. D'une idée (astucieuse) de Blanchard, naît la collaboration Loup/Paul-Loup. Une collaboration fructueuse qui débouche sur des « westerns financiers » aux titres évocateurs : *Money* (Editions n° 1, 1980) ; *Cash* (Editions n° 1, 1981) ; *Fortune* (Editions n° 1, 1982). Puis suivent *Popov*, *Le Roi vert*, *Hannah, L'impératrice*. En tout une vingtaine de livres vendus à 40 millions d'exemplaires dans une cinquantaine de pays... sans oublier son ouvrage préfacé par le professeur Cabrol consacré au régime qui lui a fait perdre une vingtaine de kilos, *Le Régime Sulitzer*, paru en 1993.

A chaque parution de ses œuvres littéraires, Paul-Loup dépense une fortune en frais de publicité, n'hésitant pas, pour appâter le lecteur, à distribuer gratuitement dans le métro new-yorkais les trente premières pages. Ce sera le cas pour le lancement du *Roi vert* en 1983. Résultat : 500 000 exemplaires seront vendus aux Etats-Unis.

Dans ces années 1980, Sulitzer, dont le filon littéraire semble une hydre fertile, avoue recevoir 450 000 francs par mois de droits d'auteur. « Je suis un phénomène d'édition international. Un excellent romancier. Un conteur d'histoires parmi les meilleurs de la place », dit-il [1].

As du marketing, un brin mégalo, sûrement agaçant, Paul-Loup Sulitzer est tout cela à la fois. Boulimique aussi, voulant être présent sur tous les fronts, parfois là où on ne l'attend pas. Qui se souvient, par exemple, qu'il a tenté d'acheter les droits de retransmission du procès de l'ancien dictateur roumain Ceausescu ?

C'est surtout dans le conseil financier que Paul-Loup Sulitzer déploie tout son savoir-faire. En 1987, qui s'adresse à lui pour vanter les avantages des Bons du Trésor ? Eh bien, le directeur du Trésor en personne, Daniel Lebègue, emballé par les westerns financiers de Paul-Loup.

C'est ainsi que sur FR3, dès 8 heures du matin à partir du

1. « Un poids lourd chez les plumes », son portrait paru dans *L'Express* du 18 juillet 1986, par Guillemette de Sairigné.

26 mars 1987, pour trois fois dix minutes, Paul-Loup joue les bonimenteurs au profit de la si discrète direction du Trésor, afin de convaincre les petites entreprises, les mutuelles ou les associations d'acheter des Bons du Trésor, devant rapporter 7,6 % par an. Raison du choix de Sulitzer, selon le ministère des Finances : « Nos enquêtes ont démontré qu'auprès de notre cible il est le symbole des marchés financiers, du dynamisme, de la crédibilité [1]. »

L'expérience s'avère concluante puisque, trois mois plus tard, c'est au tour de Michel Pecqueur, le président d'Elf, de faire appel à Paul-Loup. Le groupe pétrolier souhaite se lancer dans les produits financiers, mais il n'a aucune expérience dans ce domaine. Il se tourne vers le professionnel qu'est Sulitzer. Un contrat est signé entre Elf et l'écrivain. Aux termes de celui-ci, Sulitzer concède pour trois ans son nom en exclusivité à Elf qui va fonder une banque, via sa filiale Sofica. En échange, Paul-Loup percevra à titre de royalties 1 % des sommes gérées par la future banque, ainsi qu'une part de son capital. A titre d'avance, le groupe pétrolier lui octroie 1 million de francs.

L'aventure tourne au fiasco. A l'issue du délai de trois ans, la banque Elf-Sulitzer est toujours à l'état de projet. Pourtant, à son arrivée à la tête du groupe pétrolier, en mai 1989, Loïk Le Floch-Prigent proroge de six mois la convention avec Sulitzer et lui alloue 100 000 francs. Bien joué, Paul-Loup ! Plus d'un million de francs pour prêter son nom, qui ne souscrirait à une telle entreprise ?

Les années 1990. Les livres de Paul-Loup Sulitzer se vendent moins bien. Le filon s'épuise. Notre écrivain se fait plus discret. Encore qu'au soir du 8 mai 1995, lorsque Jacques Chirac — son « ami » — vient d'être élu à la présidence de la République, il fait un rêve : « Et si j'étais ministre ou secrétaire d'Etat ? Ou même simplement chargé de mission au cabinet de Jacques ? »

Ce 8 mai, Paul-Loup, tout au long de la soirée, n'en finit pas de tourner dans Paris : avenue d'Iéna, QG du candidat

1. « Sulitzer se fait camelot du Trésor », par Claude Soula, *Libération*, 7 mars 1987.

RPR ; à l'hôtel Crillon, place de la Concorde, pour approcher le nouveau locataire de l'Elysée. Pas de chance ! Impossible de le rencontrer. Quarante-huit heures plus tard, alors que les candidats à un maroquin se bousculent à la mairie de Paris — Chirac est toujours l'édile de la capitale —, Paul-Loup vient aux nouvelles à bord de sa puissante berline... Quelques instants plus tard, il ressort de l'Hôtel de Ville avant de lâcher, énigmatique : « Je ne peux rien vous dire... » Oui, c'est sûr, il va avoir un poste, pense-t-on...

Bluff, que tout cela ! Chirac ne lui avait rien proposé du tout, puisqu'il ne l'avait pas reçu !

Car c'est cela, Paul-Loup, un personnage un tantinet hâbleur, qui laisse croire qu'il connaît la terre entière. Ainsi, cette anecdote qui agite fort, en décembre 1995, le ministère de la Culture dirigé par Philippe Douste-Blazy.

Début décembre, une dépêche de l'Agence France-Presse annonce que Douste-Blazy a chargé notre médiatique auteur de conduire « une mission de réflexion sur les moyens d'améliorer l'exportation des biens culturels français à l'étranger ». Passé le moment de stupéfaction, on rigole dans le gotha de la Culture [1]. Quoi, un écrivain qui a recours à des « nègres » pour une telle mission ! Rue de Valois, siège du ministère, les services s'agitent. C'est un gag. Une mauvaise plaisanterie. Au cabinet du ministre, on dément. Mollement. Avant de laisser entendre que oui, peut-être, Sulitzer a bien été chargé d'une telle mission.

Finalement, Philippe Douste-Blazy, gêné, confie avoir reçu un coup de fil de Jacques Chirac, il y a cinq mois. Du genre : « Sulitzer veut quelque chose. Trouvez-lui un truc. » Un ministre, c'est bien connu, ça ferme sa gueule ou ça démissionne. Pensez, Douste-Blazy, il a tant patienté pour être ministre qu'il ne va pas partir. Oui, c'est vrai : il a reçu Paul-Loup Sulitzer. Lequel a clamé haut et fort qu'il connaissait bien les télévisions de l'Est et qu'il pouvait y placer des séries françaises. Il a même proposé de fournir un rapport sur

1. Voir l'article savoureux de François Caviglioli dans *Le Nouvel Observateur* du 14 décembre 1995, « Le fantôme du Palais-Royal ».

le sujet. Le ministre a accepté... Mais c'est pour préciser qu'il va demander au Premier ministre de désigner, pour cette mission, « une personnalité indiscutable ». On l'a compris : ce ne sera pas Sulitzer, mais un professeur de droit public, conseiller d'Etat honoraire, Jean-Claude Groshens. Une pointure... un peu plus grande que notre médiatique écrivain. Seulement voilà : Groshens ne sera nullement chargé de livrer ses réflexions sur l'exportation des biens culturels français à l'étranger. Il devra seulement proposer des solutions pour harmoniser les rapports entre l'édition publique et l'édition privée. Bref, on y perd son latin. Seule certitude : le rapport de Paul-Loup Sulitzer ne verra jamais le jour...

Drôle d'histoire. Et drôle de personnage que Paul-Loup. Toujours fidèle à son image. A la fois touche-à-tout et désarmant de vantardise. Et qui adore se faire des relations. Si elles peuvent lui servir, tant mieux. Et si, en plus, on l'encense, c'est le paradis. Tenez, en septembre 1995, à l'occasion du Festival du film américain de Deauville — lieu où il est de bon ton de se montrer —, Sulitzer fait la connaissance d'Arcadi Gaydamak. « J'aime vos livres », complimente ce dernier. Paul-Loup est aux anges. Les deux hommes sympathisent. Dans les jours qui suivent, le Russe l'invite dans son superbe appartement parisien de l'avenue Foch. Lui raconte sa vie. Gaydamak, authentique héros de roman, fascine Sulitzer. Un peu plus tard, l'industriel, séduit par la faconde de l'écrivain, lui présente Pierre Falcone, un autre de ses fidèles lecteurs. Sulitzer est ébloui par ce personnage qui connaît la terre entière, des chefs d'Etat africains, des ministres français, russes, et qui envisage d'installer des panneaux publicitaires en Chine.

Quand Falcone le sollicite pour qu'il lui prodigue des conseils en matière de presse ou qu'il organise des dîners avec des gens du show-biz pour ses clients étrangers, Sulitzer craque. L'offre, il est vrai, mérite qu'on s'y arrête : 600 000 francs d'honoraires par an, pour un tel job, ça ne se refuse pas. Même si Falcone prévient : « Pour ce prix, je veux vous avoir à ma disposition quand j'en ai envie. »

Lorsque Paul-Loup apprend, à la lecture du *Canard enchaîné*, qu'une mystérieuse société ZTS Osos, animée par

Gaydamak et Falcone, se livrerait au commerce des armes, il prend peur et réclame quelques explications. On le rassure : « Nous n'avons rien à voir avec Osos. Nous, notre métier, c'est l'agroalimentaire et l'exportation de satellites. » Sulitzer respire et accepte de travailler pour Falcone. Il touche une première fois, en 1997, 200 000 francs en billets de 500 francs ; entre janvier et novembre 1998, il reçoit, en six versements, une somme globale de 1,1 million de francs. C'est un certain « M. Albert », vieux monsieur aux cheveux blancs et aux « lèvres très rouges », selon Paul-Loup, qui lui remet, dans des enveloppes kraft, les liasses de billets, soit au bar du Raphaël, soit dans un café près du Fouquet's aux Champs-Elysées.

L'énigmatique M. Albert s'appelle Sam Mandelsaft. Agé de soixante-quatorze ans, vêtu modestement, vivant chichement du côté de la Bastille où il partage sa vie avec une vendeuse des Galeries Lafayette, Sam — c'est ainsi qu'on le surnomme chez Brenco — est chargé par Falcone de distribuer des espèces aux « amis » ou aux employés de la société [1]. On le voit souvent, du reste, avenue Kléber apporter des sacs plastiques bourrés de billets, généralement des dollars, provenant d'un bureau de change des Champs-Elysées.

Autrement on ne sait rien de ce personnage secret. Si ce n'est qu'il y a plusieurs années il aurait participé aux côtés d'Arcadi Gaydamak à la construction, en Israël, d'une synagogue pour militaires.

En novembre 2000, le vieux Sam n'a plus donné signé de vie. Il s'en est allé. Loin. A Tel-Aviv...

Quoi qu'il en soit, en dépit de cette grasse rémunération, Sulitzer, de son propre aveu, ne fait pas grand-chose pour son employeur. Tout au plus lui présente-t-il l'ancien patron de la compagnie immobilière Phenix, Jean-Marc Oury, qui souhaite vendre des camions au Congo avec l'un des collecteurs de fonds du PS mis en examen dans l'affaire des marchés de rénovation des lycées de l'Ile-de-France : Gérard Peybernès. Un projet qui tombe à l'eau. Ce n'est pas le seul : la rédaction

1. Sam a un autre pseudonyme : Galilée. Dans les mémos d'Isabelle Delubac, le terme « galilée » signifie également espèces.

d'un livre sur l'Angola et le président Dos Santos, dont Sulitzer devait être l'auteur, va également aux oubliettes. Quant à la réalisation de panneaux publicitaires pour la Chine, elle ne se concrétise pas davantage.

Imprudent Paul-Loup ! Jamais il ne signe le moindre reçu de Falcone. Jamais il ne lui présente la moindre facture...

A la même époque, notre écrivain se trouve embringué dans une nouvelle aventure qui va lui rapporter beaucoup d'argent. En octobre 1996, un industriel, Michel Coencas, patron du groupe Valois, leader mondial de la fonderie et de l'affinage, souhaite racheter l'entreprise auvergnate Dapta-Malinjoud, ainsi qu'une fonderie d'aluminium de l'Oise, Affinal. *A priori*, des prises de contrôle faciles. Sauf que Coencas a déjà eu maille à partir avec la justice et qu'il a besoin d'appuis... Que faire ? Eh bien, s'adresser à l'influent Paul-Loup. En guise de rémunération, ce dernier a droit à 5 millions de francs. Pas mal ! Mais, pour une telle récompense, Sulitzer doit se démener et faire jouer au maximum ses relations. C'est ainsi qu'il téléphone à Lise Toubon, l'épouse du garde des Sceaux, afin qu'elle intercède auprès du directeur de cabinet du ministre, Alexandre Benmakhlouf, pour qu'il accorde un rendez-vous à Coencas [1].

Ce coup de fil est-il passé dans le cadre d'une activité classique de lobbying ou s'apparente-t-il à une démarche qui, en droit, porte un nom : trafic d'influence ? Impossible de le dire. Lise Toubon, si elle a « bien rencontré quelquefois Sulitzer, ne se souvient absolument pas d'avoir reçu un appel de ce dernier ». Quant à Benmakhlouf, il dément catégoriquement avoir reçu « M. Coencas ou l'un de ses représentants »...

Moins d'un an plus tard, voici que réapparaît notre entremetteur.

Début juin 1997, une société immobilière américaine,

1. C'est Daniel Barus, l'un des bras droits de Michel Coencas, qui révélera cette intervention le 23 juillet 2000 alors qu'il était en garde à vue dans les locaux de la Direction centrale de la police judiciaire. Disait-il vrai ? L'épouse de Barus, interrogée séparément, confirmera en partie cette version des faits.

HRO, envisage de racheter plusieurs immeubles parisiens, propriété du Crédit Lyonnais. Pour réaliser cette transaction (entre 1,5 et 2 milliards de francs), les dirigeants de HRO s'adressent au Consortium de réalisation (CDR), l'entité chargée de céder les actifs de la banque et dirigée par l'ancien président du tribunal de commerce de Paris, Michel Rouger. Pour espérer l'emporter, HRO doit présenter un dossier bien ficelé. Qu'à cela ne tienne ! HRO fait appel au providentiel Sulitzer qui offre l'avantage d'être un ami de Michel Rouger.

Le 16 juin 1997, les dirigeants de HRO contactent l'écrivain pour qu'il présente un dossier complet au Consortium de réalisation. De confortables honoraires lui sont promis, jusqu'à ce que, ici et là, de méchantes rumeurs circulent. On évoque les tout-puissants Paul-Loup et Michel Rouger. On parle d'un arrangement entre les deux hommes. Sulitzer réagit. Vivement : « Jamais je ne me serais permis d'intervenir auprès de Rouger », martèle-t-il. Avant d'ajouter : « Si les Américains m'ont choisi, c'est uniquement pour mes compétences. D'ailleurs, je n'ai jamais traité ni négocié avec le CDR. J'ai seulement assisté mon client pour préparer son dossier. »

Finalement, l'opération capote. Adieu les immeubles du Lyonnais pour le groupe HRO ! Exit la coquette commission pour Paul-Loup ! En novembre 1997, en effet, Michel Rouger quitte son poste de président du CDR, et son successeur, l'ancien patron de Renault, Raymond Lévy, ne donne pas suite à l'offre du groupe américain.

Disons-le franchement : depuis trois ou quatre ans, même si Sulitzer continue à gagner beaucoup d'argent, son itinéraire n'est plus aussi flamboyant qu'à la fin des années 1980. Il en a conscience. Il se montre moins dans les magazines. Mais, surtout, la justice s'intéresse à lui. Ainsi, le 29 mai 1998, à cause de cette imprudente intervention sollicitée auprès de l'épouse de Jacques Toubon, il se retrouve en garde à vue dans les locaux de la PJ à Nanterre [1]. Trois ans plus tard, le 21 décembre 2000, le juge Courroye le met en examen pour recel d'abus de confiance, recel d'abus de biens sociaux et

1. Une intervention que Paul-Loup Sulitzer a toujours niée.

trafic d'influence : il a eu la faiblesse d'accepter plus d'un million de francs de Pierre Falcone sans effectuer, en contrepartie, un réel travail.

*

A priori, ce sont des personnages totalement opposés, qui n'ont rien de commun. Paul-Loup Sulitzer n'a jamais caché ses idées de droite, tandis que Jean-Noël Tassez, ancien patron de Radio Monte-Carlo, a milité très jeune, à Marseille, dans les rangs du Parti communiste. Apparence trompeuse. Car tous deux éprouvent la même fascination pour le pouvoir, la réussite sociale, le monde de la communication et l'argent. Et tous deux ont croisé un jour Pierre Falcone, qui leur versera à chacun 1 million de francs. Pour le premier, c'était le prix de divers conseils de relations publiques ; pour le second, une aide destinée à rembourser ses dettes de jeu.

Qui est Jean-Noël Tassez, il y a peu encore notable marseillais, membre du PC, successivement proche du directeur de *L'Humanité*, Roland Leroy, et de l'avocat Michel Pezet, député socialiste des Bouches-du-Rhône ?

Originaire de la Nièvre, le jeune Jean-Noël entre à seize ans — en 1972 — comme grouillot à *La Marseillaise*, deuxième quotidien du PC après *L'Humanité*, installé dans la cité phocéenne. Il adhère au Parti. La soif de réussir le tenaille. Aussi, à vingt ans, devient-il journaliste aux « informations locales », avant d'accéder trois ans plus tard au poste clé d'éditorialiste politique du journal. A vingt-cinq ans, le voici promu rédacteur en chef adjoint, et à vingt-six, en 1982, rédacteur en chef.

Cette progression fulgurante, il la doit à ses deux protecteurs qui apprécient son orthodoxie sans faille : Guy Hermier, membre du bureau politique, député de Marseille depuis 1978 [1], et Roland Leroy, secrétaire du comité central et directeur de *L'Humanité*.

Fort de ces deux soutiens, Tassez transforme radicalement *La Marseillaise*. Non seulement il informatise la rédaction, mais surtout il délaisse les sempiternels communiqués mili-

1. Récemment décédé.

tants au profit de l'enquête locale, des faits divers et des sports. Poursuivant sa stratégie d'ouverture, Jean-Noël Tassez parraine le premier championnat du monde de pétanque en juillet 1985, en association avec le groupe Ricard. En mai 1986, soucieux de fidéliser le lectorat de *La Marseillaise*, il lance une association de lecteurs pour « le développement et la modernisation du journal ». La cotisation ? 500 francs pour un membre actif ; 1 000 francs pour un membre bienfaiteur. L'appartenance à l'association offre quelques avantages, notamment l'attribution d'une carte « Canard Plus » qui permet de voyager ou d'assister à des spectacles à des prix fort compétitifs. En somme, Jean-Noël Tassez applique une recette parfaitement rodée dans la presse quotidienne régionale. Et ça marche : les ventes progressent de 20 % en un an.

Même si ce « dandy rouge » — surnom qu'on lui donne en raison de son élégance vestimentaire — gère son quotidien comme une entreprise capitaliste, il n'en demeure pas moins un communiste pur et dur. Et gare à ceux qui s'écartent de la ligne Marchais. L'ancien rédacteur en chef de *La Marseillaise*, Jean Kehayan, leader des dissidents communistes marseillais [1], en sait quelque chose : il a droit aux attaques en règle de Jean-Noël Tassez, qui a tout pour devenir un apparatchik zélé du PC... Eh bien, non. Début 1987, alors que *La Marseillaise* connaît de sérieuses difficultés financières, que fait Tassez ? Il quitte le navire, allant même jusqu'à déclarer : « Je ne suis plus communiste »... sans pour autant rendre sa carte d'adhérent. Au journal *Le Monde*, qui l'interroge le 13 janvier 1987, Tassez explique que sa démission trouve son origine dans l'impossibilité « de transformer un journal militant en un journal professionnel », car, dit-il, « on ne peut être en même temps militant et journaliste »... Une découverte faite après treize ans d'activité dans un quotidien communiste. Que s'est-il passé ? Tassez aurait-il compris n'avoir aucun avenir dans un parti au déclin inéluctable ?

1. Jean Kehayan a été exclu du Parti communiste en novembre 1980 pour avoir publié un ouvrage très critique sur la vie en Union soviétique : *Rue du prolétaire rouge*.

Probable. A peine a-t-il quitté *La Marseillaise* qu'il se lance dans une nouvelle aventure, aux côtés de Michel Pezet, député socialiste de Marseille, en projetant de publier un nouveau journal, *L'Hebdomadaire*, à l'ambition à peine voilée : mettre sur orbite l'avocat marseillais et contrer à la fois les partisans de Gaston Defferre et le Parti communiste local... Quitte à se rapprocher de ses ennemis d'hier, les anciens dissidents, aujourd'hui rénovateurs du PC.

Tassez veut faire de *L'Hebdomadaire* un journal détaché « des clientèles politiques étroites » pour dire « tout ce qui se passe dans la région, de Montpellier à Nice ». Et permettre aux lecteurs de Montpellier d'avoir un choix autre que celui du *Midi libre* ; à ceux de Nice, un choix autre que celui de *Nice Matin* et à Marseille un choix autre que celui du *Provençal*. En somme, casser les baronnies des puissants patrons de presse régionaux. Tirage envisagé : 150 000 exemplaires diffusés sur huit départements du Sud-Est. Rédacteur en chef : un ancien du *Matin de Paris*, de *Combat* et de *Var-Matin-République*, Dominique Pons, auteur dans les années 1970 d'une remarquable biographie de Robert Hersant. Les bailleurs de fonds : essentiellement des personnalités économiques de la région Provence-Alpes-Côte d'Azur. On y trouve la famille Bogossian, présente dans la tuyauterie industrielle, le montage d'usines clés en main, le stockage de produits pétroliers ou la réparation automobile. On y trouve le président de la chaîne hôtelière Sud-Hôtel, Jacques Lhardit, à la tête d'un petit empire constitué dans l'immobilier, le thermalisme et l'hôtellerie.

Si le directeur de *L'Hebdomadaire* sera évidemment Jean-Noël Tassez, le P-DG en sera Michel Kester, l'ancien directeur général des services de la région Provence-Alpes-Côte d'Azur. Quant à Michel Pezet, il détiendra 3 % du capital. Une participation toute symbolique.

Le 10 avril 1987, jour J, le premier numéro paraît, conçu par cinquante personnes, dont la moitié de journalistes. Inspiré de l'édition dominicale du *New York Times*, *L'Hebdomadaire*, au format tabloïd, tout en couleurs, comporte cinq cahiers, avec de grandes enquêtes et des signatures prestigieuses. Si la qualité suit, les recettes publicitaires ne suivent pas. Les réserves financières commencent à s'amenuiser. Résultat : six mois à peine après la sortie du premier numéro, le journal suspend sa parution, avant d'être mis en liquidation judiciaire.

Nullement découragé, Tassez souhaite poursuivre son activité dans la presse. Il songe alors à relancer feu *Le Matin de Paris* fondé une dizaine d'années plus tôt par Claude Perdriel, le propriétaire du *Nouvel Observateur*. Nouvel échec.

Heureusement, Hervé Bourges, vice-président de Radio Monte-Carlo, l'appelle à ses côtés comme chargé de mission. Une nouvelle carrière s'ouvre, cette fois dans la presse parlée. Le 1er janvier 1990, Tassez reçoit une belle promotion : il est nommé directeur délégué de Radio Monte-Carlo, chargé de l'administration, de la gestion et de la communication. Un an plus tard, lorsque Hervé Bourges est porté à la présidence commune d'Antenne 2 et de FR3, nouvelle ascension : Tassez lui succède comme directeur de Radio Monte-Carlo. En octobre 1994, la consécration : à l'initiative du ministre du Budget d'Edouard Balladur, Nicolas Sarkozy — avec lequel il entretient des relations d'amitié —, il est promu président de la Sofirad, la holding qui gère les participations de l'Etat dans l'audiovisuel français. Il remplace Jean-Louis Dutaret, mis en examen dans l'affaire de *Dauphiné News*. Parallèlement, il demeure patron de RMC dont la Sofirad est précisément l'actionnaire majoritaire (83 %) aux côtés de la principauté de Monaco (17 %). Une nomination arrachée au forceps : à deux reprises, le Conseil des ministres avait repoussé l'ordre du jour de celle-ci, le Quai d'Orsay jugeant le candidat Tassez à la fois trop proche de Dutaret et trop lié à Jean-Christophe Mitterrand.

Un an plus tard, Chirac élu président, Tassez classé un peu trop à gauche abandonne la présidence de la Sofirad. Fini le journalisme ! Fini les expériences dans l'audiovisuel ! Jean-Noël Tassez, qui, en une quinzaine d'années, s'est constitué un carnet d'adresses bien rempli, se reconvertit dans le conseil aux entreprises. Ses relations dans la politique, les affaires et le show-biz devraient lui être précieuses. Son séjour à Marseille lui a permis de fréquenter les soirées mondaines du Tout-Saint-Tropez et de connaître l'éditeur de disques Eddie Barclay, ainsi qu'Yves Mourousi, le présentateur emblématique du JT de 13 heures à TF1, qui travaillera par la suite avec lui à RMC. Grâce à sa compagne Charlotte Rampling, Tassez côtoie pas mal d'acteurs et de producteurs.

A Marseille, il a noué d'étroites relations tant avec les chefs d'entreprise de la région qu'avec l'ancien patron de l'OM Bernard Tapie, Michel Pezet, on l'a vu, et la famille Ricard.

Son sens des relations publiques, son goût pour la communication et sa propension à vouloir être au courant de tout constituent autant d'avantages. Aussi, lorsqu'il quitte en 1995 la présidence de la Sofirad, il crée sa propre société, Astorg Conseil, installée dans le VIIIe arrondissement de Paris, non loin de la place Saint-Augustin.

La vocation d'Astorg Conseil ? Aider les entreprises à présenter leur projet de développement, à leur faire obtenir de bons contrats et veiller à leur image auprès d'éventuels partenaires. Pour ce faire, Jean-Noël Tassez travaille seul, n'emploie aucun salarié et ne sous-traite jamais ses prestations. La réalité de son travail se manifeste uniquement par des comptes rendus oraux qu'il effectue lui-même lors de réunions de travail avec ses clients. Jamais la moindre note de synthèse. Jamais le moindre rapport écrit... Etonnant, non ? Il faut croire que les conseils d'Astorg Conseil s'avèrent efficaces puisque le chiffre d'affaires annuel ne fait que croître et embellir : 980 000 francs en 1997 ; 2,5 millions en 1998 et 4,3 millions en 1999. Quant aux clients qui souscrivent un abonnement pour un an minimum, ils figurent parmi les plus prestigieux de la place : les laboratoires pharmaceutiques Bayer, Thomson CSF, Alcatel, LVMH — le groupe de luxe animé par Bernard Arnault —, la Société générale, les géants de la distribution Rallye et Casino, le quotidien économique *La Tribune* et même le gouvernement gabonais.

En ces années 1997-1999, Jean-Noël Tassez reçoit aussi quelques sommes rondelettes de Pierre Falcone, croisé en 1994 chez son ami Jean-Christophe Mitterrand... au cours d'une partie de belote. Falcone et Jean-Noël avaient à l'époque sympathisé. A tel point que le premier invitera en

1996 — en compagnie de Jean-Christophe, tous frais payés — le second dans sa résidence de Scottsdale en Arizona.

Entre 1997 et 1998, Falcone verse plus de 1 million de francs à l'ancien patron de Radio Monte-Carlo : en cinq ou six fois. Toujours en espèces. S'agit-il de la rémunération de conseils ? Ou d'un autre travail ? Pas le moins du monde, jure Jean-Noël Tassez. Ce million représente tout bonnement un prêt qu'il s'est engagé à rembourser en février 2001. Pourquoi un prêt ? Parce que Tassez a un gros défaut : joueur invétéré, amateur de black-jack, il fréquente assidûment les casinos de Marrakech, de Monte-Carlo et d'Enghien-les-Bains. Naturellement, il laisse des plumes. A Enghien, un soir de septembre 1997, Tassez, en trois quarts d'heure, perd 1 200 000 francs. Vers 2 heures du matin, il quitte la petite station thermale des environs de Paris avec 500 francs en poche. Juste de quoi régler son taxi qui le ramène dans la capitale. Falcone, heureusement, le dépanne. Un geste qu'il répétera à plusieurs reprises.

Telle est la version officielle de Tassez pour justifier les subsides de Falcone. Une version en partie démentie quelques années plus tard par l'enquête de la Brigade financière. Certes, il est vrai que Tassez a joué. Beaucoup. En deux ans il perdra 5 millions de francs ! Mais il y a autre chose : grâce à Tassez, Falcone obtient des informations sur différentes opérations en cours. Ainsi, en 1997, lorsque la bataille fait rage entre Matra et Alcatel pour la reprise de Thomson CSF, Falcone peut compter sur la coopération de Tassez, conseil d'Alcatel, qui le renseigne sur cette guerre entre les deux groupes. Ces informations valent de l'or. En effet, connaissant le nom du repreneur de Thomson, Pierre Falcone pouvait à son tour lui promettre de juteux contrats avec la Sofremi notamment, dont il était le plus gros apporteur d'affaires. Et en bout de course empocher de substantielles commissions.

Interrogé le 15 décembre 2000 par un capitaine de la Brigade financière, Tassez admet sa dépendance à l'égard de Falcone : « Je reconnais que, par ces remises d'espèces, M. Falcone amorçait la pompe et qu'il me demanderait tôt ou tard de lui présenter certaines personnes qui pourraient lui être utiles. A chaque remise, j'avais conscience d'être de plus en plus lié à M. Falcone. »

Au fil des mois, se joue entre Falcone et Tassez un jeu qui tient en deux phrases : « Je rembourse vos dettes de jeu, et en échange vous mettez à ma disposition votre carnet d'adresses. » C'est ainsi que dans le cadre de relations à la fois amicales et professionnelles, l'homme d'affaires et l'ancien patron de Radio Monte-Carlo se voient assez souvent. En 1996, Tassez rencontre son protecteur dans ses bureaux de l'avenue Kléber, le 2 juillet, le 19 juillet, les 10, 13 et 16 septembre, puis à nouveau le 17 octobre, le 12 novembre et le 18 novembre. Pendant trois mois, plus de rencontres. Elles reprennent le 5 mars 1997, se poursuivent le 24 mars, le 7 avril — en compagnie de Jean-Christophe Mitterrand —, le 12 mai, le 12 juin, le 8 juillet, le 11 octobre et le 20 octobre. En 1998, nouvelles visites. En tout une dizaine. Certes, quand on est amis, il est normal qu'on se voie. Tassez affirme qu'il n'avait guère le temps de parler avec son interlocuteur. Et pour cause : lorsque le soir, vers 18 heures, il rencontrait Falcone en train d'ingurgiter des litres de thé vert tout en fumant un cigare, le fameux Cohiba, ce dernier était assailli de coups de téléphone. Passant son temps à répondre en portugais, en espagnol, en français, en anglais... Aussi, le dialogue, totalement décousu, ne durait-il chaque fois qu'une dizaine de minutes tout au plus. En ces années 1998-1999, l'ancien président de la Sofirad est aux abois. Pour tout dire, il perd la tête, n'hésitant pas à se livrer à d'imprudentes opérations.

Il accepte par exemple, en mai 1999, de garder pendant quelques jours 250 000 francs en liquide que lui a remis Paul Tonguy, un ministre gabonais, et destinés à l'un des responsables de la Sofres, Philippe Méchet. Ces 250 000 francs, certifie Tassez, représentaient le coût d'une étude réalisée par l'organisme de sondage sur l'image du Gabon. Soit. Mais pourquoi la personnalité gabonaise n'a-t-elle pas remis directement le pactole à Philippe Méchet ? Pourquoi encore Tassez a-t-il signé une reconnaissance de dette alors que ces 250 000 francs ne lui revenaient pas ?

De même, Jean-Noël Tassez, pourtant étranglé financièrement, n'hésite pas, grâce aux espèces que lui remet Falcone, à régler — 50 000 francs — la mini-Austin de Charlotte Rampling. Un bon garçon, Tassez ! Il dépanne encore un ami journaliste en manque d'argent liquide, en encaissant d'abord deux chèques d'un montant global de 100 000 francs, puis en lui ristournant la somme en espèces...

Le 15 décembre 2000, le juge Courroye met en examen l'ancien patron de Radio Monte-Carlo pour « recel d'abus de biens sociaux, recel d'abus de confiance et trafic d'influence ».

Tassez a beau arguer que Falcone n'a fait que lui prêter de l'argent, qu'il n'a jamais reçu la moindre rémunération, le magistrat, visiblement, n'est guère convaincu. Mais il le laisse en liberté. Son avocat, l'astucieux Olivier Baratelli, avait prévenu Jean-Noël : « Reconnaissez que vous avez reçu de l'argent de Falcone, que vous avez été un peu léger et vous échapperez à la prison. » Tassez a écouté ses conseils et évité la Santé. C'était l'essentiel....

Deux autres personnages ont également été choyés par Pierre Falcone. Tout deux proches, très proches, de François Mitterrand : l'un par le sang — c'est l'un de ses deux fils, Jean-Christophe ; l'autre en raison des fonctions occupées auprès du président de la République, celles de conseiller spécial pendant une dizaine d'années. Un esprit brillantissime, à la fois écrivain, banquier, professeur, haut fonctionnaire. Il s'appelle Jacques Attali et, pour l'heure, retient notre attention. Puis, nous nous intéresserons à Jean-Christophe.

CHAPITRE VII

Un surdoué

Que restera-t-il de Jacques Attali dans cent ans, délai raisonnable pour apprécier le talent et l'impact réel d'un homme dans son époque ? Laissera-t-il l'empreinte d'un écrivain éblouissant, quoique parfois abscons, mais au savoir éclectique ? Lira-t-on dans les manuels que grâce à lui, le socialisme s'est réconcilié avec l'Economie ? Associera-t-on son nom à François Mitterrand, président de la République française ? Bref, entrera-t-il dans l'histoire ? Nul ne le sait. Encore que l'intéressé, par avance, ait déjà répondu. Seule certitude : Attali demeurera l'un des esprits surdoués de sa génération, curieux de tout, sûr de lui au point de commettre quelques faux pas qui terniront son image : une histoire de plagiat en 1983, un passage contesté à la tête d'une Banque européenne pour la reconstruction et le développement (BERD) dix ans plus tard, et en 2001 une mise en examen pour trafic d'influence dans cette histoire de vente d'armes pour l'Angola.

Retour sur l'itinéraire flamboyant d'un fort en thème.

Jacques, comme son frère jumeau Bernard, naît à Alger, le 1er novembre 1943. Son père Simon et sa mère Fernande, qui tiennent une parfumerie rue Michelet à l'enseigne Bib et Bab, appartiennent à cette bourgeoisie juive d'Algérie qui a obtenu la nationalité française grâce au fameux décret Crémieux de 1870. Républicains dans l'âme, les Attali, comme bon nombre de Juifs d'Algérie, sont plus attachés à la France que ne l'est la bourgeoisie pied-noir catholique. Attali père et mère souffriront de l'abolition du décret Crémieux en 1940 par le régime de Vichy, qui sera rétabli en 1943. Même s'il n'a pas connu cette période honteuse, Jacques Attali se souvient des démarches entamées par sa mère pour accéder à la piscine du Racing-Club d'Alger réservée aux Français de souche, les vrais Français [1]...

De là, vraisemblablement, vient cette volonté peu commune de Jacques de réussir et d'être le premier partout. Simon et Fernande Attali ne vont pas être déçus. Dès l'école communale, les deux frères raflent les prix d'excellence, Jacques comprend tout, lit sans cesse. « En trois jours, il dévorait une bibliothèque », se souvient Bernard Attali.

A treize ans — nous sommes en 1956 —, Jacques quitte Alger et la grande villa entourée de bougainvilliers. Ainsi l'a décidé Simon Attali, qui a l'intuition, deux ans après l'insurrection du FLN, que l'indépendance de l'Algérie s'avère inéluctable. En 1956, la famille Attali découvre la métropole, notamment Paris, où Simon achète une nouvelle parfumerie, rue de Passy, dans le XVIe arrondissement. Tout naturellement, Jacques et Bernard fréquentent le lycée d'à côté, Janson-de-Sailly, repaire de fils de bourgeois mais l'un des meilleurs établissements parisiens. La voie est tracée : après le bac, Bernard fait Sciences Po et l'Ena. Jacques, quant à lui, choisit une voie à l'époque moins classique, négligeant l'Ecole normale supérieure pour entrer à Polytechnique. Major, naturellement. Puis il fait un détour par la rue Saint-Guillaume (Sciences Po) avant d'être reçu à son tour à l'Ena (promotion Robespierre) où il côtoie un jeune homme, pied-noir comme lui mais de Tunisie, Philippe Séguin.

Dans les soirées d'étudiants, Jacques Attali ne passe pas inaperçu. Lunettes rondes, cheveux un peu longs, pantalons pattes d'éléphant, toujours accompagné de ravissantes jeunes filles, il fascine son auditoire. Jonglant avec les mots ou cultivant l'art du paradoxe.

En 1968, alors qu'il est à l'Ena et effectue son stage à la

1. Anecdote racontée par Christine Mital dans *Le Nouvel Observateur*, 1er-7 juillet 1993 : « Jacques Attali : les péchés d'un surdoué ».

préfecture de la Nièvre, il croise un homme qu'il retrouvera quelques années plus tard, François Mitterrand. Sans doute le jeune haut fonctionnaire ignore-t-il à ce moment-là que leurs destins seront un jour intimement liés. Et pourtant ! En 1974, le conseiller d'Etat Georges Dayan, pied-noir lui aussi, originaire d'Oran et grand dénicheur de talents [1], remarque son collègue Attali, maître des requêtes, et le présente à son vieux compagnon et complice, François Mitterrand. Entre les deux hommes, c'est le coup de foudre. Alors que tout les oppose : autant l'ancien ministre de l'Intérieur de la IVe République, provincial pur sucre, profondément marqué par son origine catholique, apparaît calme, madré, autant Attali, tout empreint de culture sépharade, semble virevoltant, presque horripilant dans ses certitudes.

Quelques mois avant l'élection présidentielle, le premier secrétaire du Parti socialiste François Mitterrand, qui doit affronter en mai Valéry Giscard d'Estaing, nomme Jacques Attali à la tête des experts du PS. Au grand dam de certains caciques du parti. A ce titre, il donne la réplique à la droite en matière économique et initie le candidat socialiste aux conséquences des déficits budgétaires, aux théories keynésiennes, ainsi qu'aux différents modèles économiques. Mitterrand est ébloui par la virtuosité, la pédagogie et les connaissances encyclopédiques du jeune maître des requêtes au Conseil d'Etat. Lequel, toujours en 1974, trouve le temps d'écrire un livre, en collaboration avec Marc Guillaume, *L'Anti-Economique*, qui le révèle au grand public. La critique ne tarit pas d'éloges. Pierre Drouin, l'un des plus prestigieux journalistes économiques, écrit dans *Le Monde* que les thèses des deux auteurs « secouent efficacement les cadres vermoulus de la pensée économique ».

En mai 1974, c'est la défaite de la gauche unie derrière François Mitterrand. Pour une centaine de milliers de voix, celui-ci n'entre pas à l'Elysée ; c'est Giscard d'Estaing qui a ce privilège.

Mitterrand comme Attali connaissent les vertus de l'entête-

1. L'expression est de Fred Zeller, ancien grand maître du Grand Orient de France et peintre de talent.

ment et de la patience. Le second, devenu directeur de cabinet du premier secrétaire du PS, poursuit son œuvre littéraire, même s'il continue le combat politique.

En cinq ans il écrit cinq livres, *La Parole et l'Outil* en 1976 ; *Bruits* en 1977 ; *La Nouvelle Economie française* en 1978 ; *L'Ordre cannibale* en 1979 ; et *Les Trois Mondes* en 1981. Chaque fois, la critique salue le talent d'essayiste de Jacques Attali...

10 mai 1981. La victoire. Enfin. A sa troisième tentative, François Mitterrand est élu président de la République. La revanche. A la télévision, Giscard fait ses adieux à la France, ponctués d'un au revoir théâtral.

Que va faire notre écrivain ? Un temps, il pense se voir offrir, grâce au Prince, le poste prestigieux de secrétaire général de l'Elysée. Las ! Mitterrand lui préfère un vieux militant dévoué, Pierre Bérégovoy. Attali se console en étant promu conseiller spécial du Président, occupant ainsi le bureau contigu à celui du maître des lieux. Ce qui lui permet de voir passer tous les visiteurs, leur donner des conseils et leur montrer qu'il est informé de tout.

Le rôle de Jacques Attali s'avère considérable. Associé pratiquement à toutes les décisions du chef de l'Etat, il joue à ses côtés un rôle économique de premier plan : en 1983, il convainc le président de suspendre sa décision de faire sortir le franc du SME. « A l'époque, raconte Elisabeth Guigou [conseiller pour les affaires européennes, futur garde des Sceaux de Lionel Jospin], Attali était le seul à pouvoir exercer une influence sur le Président, et il a joué un rôle extrêmement positif [1]. »

Intronisé « sherpa », Attali veille à l'organisation des sommets internationaux, ce qui lui vaut quelques critiques acerbes, notamment lors du sommet de Versailles de 1982, dont la magnificence est jugée indécente par beaucoup. En revanche, celui de 1989, à l'occasion du bicentenaire de la Révolution française, est mieux accueilli.

En ce début de septennat Attali se comporte beaucoup plus

1. Anecdote racontée par Pierre Favier et Michel Martin-Roland dans *La Décennie Mitterrand*, t. 1, Le Seuil, 1990.

qu'en simple conseiller spécial. Il donne son avis sur tout, veille aux nominations sensibles, court-circuite certains conseillers, avec une volonté de tout régenter et tout anticiper. Se mettre en avant, apparaître le meilleur et toujours plaire : voilà ce qui anime le sherpa du Président. Et tant pis si ses collègues de l'Elysée prennent des coups.

L'anecdote rapportée avec gourmandise par certains conseillers de l'Elysée dans les années 1981-1985 en dit long sur l'aplomb d'Attali. Un jour, le Président relit un projet de discours. Il l'interroge d'un air bourru : « Qui l'a rédigé ? » Réponse d'Attali : « C'est Untel. » Commentaire du Président : « C'est bien rédigé. » Attali bondit : « Oui, je l'ai beaucoup récrit [1]. » Voilà ce qui rend le personnage insupportable, même chez ses propres amis. Aussi, chacun l'attend au tournant. Et, au moindre dérapage, ce sera la curée. Exemple, la mésaventure qui lui est arrivée en novembre 1982, quand notre écrivain, travailleur infatigable — quatre heures de sommeil par nuit lui suffisent —, publie son neuvième essai, *Histoires du temps* [2]. Un ouvrage original dans lequel l'auteur tente de détecter dans l'histoire des sciences — en l'occurrence, l'histoire des instruments de mesure — les signes précurseurs des changement politiques. Original mais aussi ambitieux. Comme à l'accoutumée, Attali a droit à d'élogieuses critiques. A la une du *Monde*, sous la signature de Pierre Drouin, emballé encore, enthousiaste, on lit : « La charrue d'écrivain [d'Attali] vient de tracer un nouveau sillon. » Même compliment du côté d'Alain Vernay du *Figaro* : « Ce neuvième ouvrage est à la fois l'un des plus documentés et l'un des plus attrayants. » François de Closets commente, dans *L'Express* : « Un brillant essai dans le jaillissement des idées et de l'écriture. » L'historien René Girard écrit dans *Le Matin* : « Les passionnantes histoires du temps. Derrière la modestie de l'approche, un projet plus vaste se dessine. » Consécration totale pour Attali, couronnée par un passage brillantissime à *Apostrophes*, l'émission de Bernard

1. Citée par Christine Mital dans *Le Nouvel Observateur*, 1er-7 juillet 1993 : « Jacques Attali : les péchés d'un surdoué ».
2. Fayard.

Pivot. Or voici que l'hebdomadaire *Tel*, dirigé par un ancien journaliste économique du *Monde*, Philippe Simonnot, et Olivier Poivre d'Arvor, ex-attaché de presse des Editions libres Hallier, décoche le 9 décembre 1982 une flèche venimeuse en direction de l'auteur d'*Histoires du temps*, l'accusant d'avoir recopié, mot pour mot, une dizaine de lignes du *Traité du sablier* d'Ernest Jünger [1] sans en avoir indiqué l'origine.

Simple négligence, plaide l'éditeur. Une seconde édition est publiée et les guillemets oubliés, rétablis. Ouf ! On respire. C'est sans compter avec l'entêtement de *Tel*. Le 30 décembre 1982, nouvelle estocade : la revue fait savoir que le *Dictionnaire des horlogers* de Tardy, paru en 1971, ainsi que l'*Essai sur la Renaissance italienne* de Jacob Burckhardt ont fait l'objet d'un pillage en bonne et due forme. Une troisième édition est décidée. Tardy et Burckhardt retrouvent leurs guillemets. Hélas, quelques erreurs subsistent, principalement dans le renvoi aux sources : des propos de Jünger sont prêtés à Voltaire ; une confusion a lieu entre Karl Marx et l'historien anglais Connors. Huit jours plus tard, le 7 janvier 1983, la chasse à l'Attali reprend. L'initiative en revient cette fois à *Libération*, qui a découvert une nouvelle fantaisie de Jacques Attali : il a recopié une page entière de *Pour un autre Moyen Âge* de l'historien Jacques Le Goff.

Là, c'est trop. Daniel Rondeau — aujourd'hui chroniqueur à *L'Express*, où officie également Attali — se fend d'un commentaire féroce dans *Libération*, intitulé « Les pièges du temps ». Extraits :

« [...] Son livre est une insulte au Livre et méprisant pour les auteurs. Il a publié un travail bâclé, lui qui écrit à l'ombre d'un homme lettré, Mitterrand, qui professe pour le livre le plus grand des respects. » Ça commence mal pour le conseiller du Prince. Pourtant, quelques lignes plus loin, Rondeau se fait indulgent : « [...] Jamais sans doute Jacques

1. Traduit une première fois en 1951 et publié en 1954 dans les *Essais sur l'Homme et le Temps* (Editions Christian Bourgois). Réédité en 1981 par Bourgois dans sa petite Collection blanche.

Attali n'a eu l'intention de plagier. Il n'a pas organisé la disparition systématique des guillemets. Il n'a prémédité ni le pillage de Jünger, ni celui de Burckhardt. Il l'a affirmé solennellement et on doit pouvoir le croire. Par ailleurs, en littérature comme en histoire, on est toujours le plagiaire de quelqu'un. La page n'est jamais blanche. Et le présent, toujours un passé. »

Pas vraiment cruel, Daniel Rondeau. Pour un peu, il accorderait les circonstances atténuantes à l'accusé. Méprise. Le voici procureur :

« En revanche, le conseiller de l'Elysée a commis un délit peut-être plus grave : une négligence folle et un laxisme inouï, de la première à la dernière seconde de la fabrication de ce livre. Difficilement compatibles avec son image de tête chercheuse présidentielle. Dans la rédaction de son ouvrage, pour commencer. Il travaille, dit-il, tous les jours, de 4 heures à 7 heures du matin. Essayons d'imaginer ce que sont ces séances de travail matinal. Dans le silence de la nuit, on doit plus entendre le bruit du ciseau que la plume du stylo. Il a des fiches, des notes, qu'il a prises en lisant. Et une documentation, des photocopies que des amis ou des collaborateurs lui ont fournies. Il découpe, il classe, il avance Vauban, recule Marx, il élague, il tranche, et il lie et pond du concept pendant que la colle sèche. Mégalomane (il s'en vante), excessivement naïf et trop flatté, il croit sincèrement donner du sens aux matériaux qu'il utilise sans vergogne. Ils sont simplement des aliments de la pensée immodeste de quelqu'un qui jongle avec désinvolture et brillance. N'empêche qu'au bout du compte, ce genre d'ouvrage glouton n'est rien d'autre qu'une compilation qui ne dit pas son nom. Une anthologie emballée dans une dissertation d'énarque rapide, à la sauce d'aujourd'hui. »

Quel paquet !

Cette histoire, qui agita quelque temps le Landernau éditorial tout en permettant à des polémistes d'exercer leur talent, n'ira pas très loin. Encore que certains esprits eussent bien aimé conduire Attali à démissionner de son poste de conseiller spécial du président Mitterrand. N'empêche, le coup est rude. Comme l'écrira Gilles Anquetil dans *Les*

Nouvelles littéraires [1] : « Attali a été victime de sa mégalomanie intellectuelle. Lui qui a trop voulu jouer au philosophe incollable, s'est fait piéger par le collage. » Mais après tout, objectera-t-on, d'autres avant lui ont joué à ce jeu. Pour ne citer que l'un des plus célèbres, Molière en écrivant *L'Avare* n'a fait que paraphraser *La Marmite* de Plaute [2]... Seulement voilà : Attali n'est pas Molière.

Malgré ce faux pas, Attali, qui sait rebondir, poursuit son œuvre comme si de rien n'était. De conseiller du Prince, et bien sûr d'écrivain. En 1985, il sort une monumentale et passionnante biographie de Sigmund Warburg, un banquier juif qui installa une dynastie financière à Londres au XVIIIe siècle, et qui fut un authentique homme d'influence. A l'image, sans aucun doute, de ce qu'Attali souhaite être à son tour en cette fin du deuxième millénaire. En 1991, une autre vie commence pour Warburg-Attali : il s'installe, comme son illustre et fascinant modèle, dans la City où il vient d'être nommé président de la Banque européenne de reconstruction et de développement, la BERD.

Il concrétise ainsi le rêve lancé par François Mitterrand le 25 octobre 1989 devant le Parlement de Strasbourg : la mise sur pied d'une banque devant concourir à la reconstruction de l'Europe de l'Est. En cet automne 1989, le président français se comporte comme un visionnaire de l'histoire : quelques semaines plus tard, le mur de Berlin s'écroule et, avec lui, non seulement la République démocratique allemande, mais aussi l'Empire soviétique. Attali souscrit totalement à l'idée du Prince. Pendant dix-huit mois, il se démène, avec l'aide du

1. Janvier 1983, « La maladie de l'essayisme ».
2. Au quotidien *Le Matin* qui l'interroge le 10 janvier 1982 sur les emprunts d'Attali à son endroit, l'historien Jacques Le Goff fait montre d'indulgence : « [...] Ce ne sont que des peccadilles. A partir du moment où je suis cité dans la bibliographie, je ne peux considérer l'absence de référence comme grave. [...] Ce qui est léger est que le livre n'ait pas été mieux relu. Cela est regrettable de la part d'un auteur qui exerce la fonction de conseiller du président de la République. »

directeur du Trésor Jean-Claude Trichet, pour que le projet voie le jour. Il voyage dans les plus grandes places financières de la planète, à Londres, Washington, Tokyo. Surtout, il parvient à convaincre les Américains qui n'acceptent guère de ne pas être maîtres du projet. Du côté des Allemands, ce n'est que scepticisme et inquiétude : nos voisins d'outre-Rhin craignent de ne pas s'assurer des parts de marchés de l'Est. Finalement, la BERD naît officiellement le 15 avril 1991, après quelques ultimes arrangements : le siège sera à Londres, mais la présidence à Paris. Un événement capital, la naissance de la BERD. Pour la première fois depuis la guerre, l'Europe est majoritaire dans une institution internationale, qui compte 53 pays fondateurs et a un capital de 10 milliards d'écus. Pour la première fois, une partie de l'Europe — la libérale et démocratique — va aider une autre — l'ex-totalitaire et communiste — dans sa reconstruction et le financement de ses projets. Un objectif noble. Néanmoins, la BERD connaît un démarrage difficile en raison d'obstacles imprévus, principalement la désorganisation totale des circuits financiers des banques d'Etat des ex-pays communistes. Pourtant, quelques réussites se produisent en Pologne, avec le financement de la restructuration du téléphone, ou en Bulgarie avec celui de la sécurité nucléaire.

Au bout de quelques mois de fonctionnement, on découvre que la BERD souffre d'un grave handicap. Il a un nom : Jacques Attali. Ce dernier, étincelant représentant de l'intelligentsia française, est mal accepté par ses collègues de la City. Ils le trouvent outrecuidant, souffrant d'une hypertrophie du moi, maladroit dans ses rapports humains. Pour tout dire, il n'a rien du banquier anglo-saxon. Ce qui fait dire à un commentateur de la BBC : « Jacques Attali représente tout ce que les Anglais haïssent chez les Français : l'arrogance et l'incompétence. » Du côté des Allemands, on n'est guère tendre : le chancelier Kohl n'a pas apprécié qu'Attali, dans son nouveau livre *Verbatim*, fasse état de ses conversations privées avec le président Mitterrand.

Jusqu'à ce que le 13 avril 1993, le très respecté et influent *Financial Times* de Londres tire une première salve contre le président de la BERD. On a compris : ses jours sont comptés.

Dans une longue enquête consacrée à la banque, le *Financial Times* écrit des choses guère reluisantes. On y apprend qu'en deux ans, le montant des frais généraux cumulés s'élève à 200 millions de livres [1], soit un montant deux fois plus élevé que celui versé par la BERD aux anciens pays du bloc communiste. On y apprend que 55 millions de livres ont été engloutis pour installer du marbre de Carrare dans le hall du nouveau siège social de la BERD. D'où l'expression de « Marblegate » inventée par la presse britannique. Attali ne bronche pas. Tout au plus, lors de la présentation du rapport annuel de la banque le 22 avril suivant, admet-il « qu'avec le recul, certaines choses auraient pu être faites différemment ». Une attitude qui irrite aussi bien le ministre allemand de l'Economie, Theo Waigel, que son collègue anglais Norman Lamont.

Sentant que le torchon brûle, le président de la BERD annonce qu'une commission d'audit produira un rapport d'ici au 15 juillet 1993 sur le problème des dépenses... La situation demeure tendue. Ici et là, quelques voix réclament la démission de Jacques Attali. « Il n'en est pas question », répond-il à un journaliste de la BBC. Formule maladroite, qui ne calme pas les esprits. A telle enseigne que lors de l'assemblée générale de la banque qui se tient les 26 et 27 avril, la rumeur enfle : un vice-président pourrait être désigné, chargé de seconder Attali. On cite un nom : celui de l'Américain Ernest Stern, vice-président de la Banque mondiale.

Attali contre-attaque, en procédant à une réorganisation de la banque. Une façon de contourner le rapport d'audit qui doit être rendu le 15 juillet. C'est ainsi que les deux branches de la BERD — la banque d'affaires et la banque de développement — fusionnent. Exit la création d'un poste de vice-président. L'initiative provoque de nouvelles vagues. L'un des plus fidèles supporters d'Attali, Ron Freeman, qui préside la banque d'affaires, ne décolère pas. Il envisage de démissionner. C'est désormais la guerre entre les partisans d'Attali et ses adversaires. Le 25 juin 1993, le *Financial Times*, qui veut vraiment la peau du président de la BERD, révèle que ce der-

1. 1 livre à l'époque vaut 8,5 francs.

nier s'est réservé un budget de 600 000 livres (6 millions de francs) pour ses voyages en avion privé au cours de l'année 1992, qu'il s'est fait rembourser deux fois le prix d'un vol Londres-Tokyo en première classe en mai 1992, et qu'il a accepté 30 000 dollars (180 000 francs) pour participer à une conférence organisée par le quotidien japonais *Asahi Shimbun* [1]. Or les statuts de la BERD interdisent un tel cumul de rémunérations. Cette fois, c'est le coup de grâce. Attali a beau se défendre, expliquer que les 30 000 dollars litigieux ont été reversés à une association caritative juive, jurer que le double remboursement des billets, consécutif à une erreur dans les jeux d'écritures, a été réparé, le papier du *Financial Times* fait mouche : « Monsieur le président », c'est ainsi que ses collaborateurs devaient l'appeler, abandonne ses fonctions. La pression médiatique a été trop forte. Dans sa lettre de démission adressée à la présidente des gouverneurs de la BERD, Anne Wibble, également secrétaire d'Etat britannique aux Finances, soulignant partir « avec regret » il écrit : « Comme vous le savez, la banque a dû faire face à une attention croissante d'une presse de plus en plus négative ces derniers mois. Malheureusement, cette attention a eu un effet nuisible sur le travail de la banque et sur ses employés, et c'est dans l'intérêt de la banque que j'ai pris cette décision. »

C'est la seule fois où Jacques Attali s'explique sur son passage à la BERD. Amer, victime d'un complot — c'est ce qu'il dit en privé —, il se terre dans un silence pesant.

Galopent les mois. La blessure n'est pas refermée, elle s'est seulement atténuée. Le 30 octobre 1993, pour la première fois depuis ce fatidique 25 juin, Attali s'exprime dans le *Wall Street Journal*. D'emblée, l'ex-président de la BERD dit regretter avoir démissionné : « Personne ne m'a demandé de le faire », raconte-t-il au quotidien américain avant de

1. *Le Monde* du 27 juin 1993 : « Le départ inévitable de Jacques Attali », par Laurent Zecchini. « Les trois vies d'un homme d'influence », par Thomas Ferenczi. *Libération* du 26 juin 1993 : « BERD : le Marblegate fait tomber Jacques Attali », par Fabrice Rousselot.

déclarer : « Je crois que j'aurais mieux fait de prendre deux semaines de vacances. Mais j'en avais marre des rumeurs. »

Evoquant ensuite les difficultés éprouvées pour réorganiser la banque — tâche à laquelle s'attelle son successeur, Jacques de La Rosière — Jacques Attali revient « sur les deux histoires qui l'ont mis hors de lui ». La première, c'est l'accusation selon laquelle il aurait demandé 5 millions de francs pour s'offrir un appartement à Paris. « J'ai démenti, le ministère des Affaires étrangères a démenti », plaide-t-il. En vain. La rumeur a été tenace. La seconde, c'est le fameux remboursement, à deux reprises, de son billet d'avion Londres-Tokyo : une fois par la BERD, une autre par l'*Asahi Shimbun*. En réalité, soutient-il, « j'ai remboursé moi-même en 1992 à la banque une somme correspondant au prix du billet ». Suit ce commentaire : « Partir sous de telles calomnies revient à donner la victoire aux mensonges. Pour résister, poursuit-il, il fallait quelqu'un de plus dur que moi, un vrai politique, ce que je ne suis pas. » Revenant sur la fondation de la BERD, il laisse tomber : « Pour créer quelque chose comme la banque, il faut multiplier les ennemis, et j'ai créé, à partir de rien, quasiment tout seul, une institution internationale. J'avais des ennemis à Bruxelles, à Washington. » Enfin, répondant aux accusations d'arrogance dont il a été souvent l'objet, Attali fournit une explication. La faute en revient à sa trop grande impatience : « Je n'aime pas perdre mon temps avec les gens, et c'est vrai, je me fais des ennemis. » Incorrigible Attali !

Décidément, cette année 1993 n'aura pas été de tout repos. Alors que sa réputation se trouve écornée par l'affaire de la BERD, voilà que survient en mai un autre pépin. A nouveau à propos de ses livres : le premier volume de *Verbatim* [1] qui raconte ses années 1981-1986 passées à l'Elysée en tant que conseiller spécial du président Mitterrand. Dans son ouvrage, Attali aurait indûment utilisé 43 extraits de conversations entre François Mitterrand et le prix Nobel de la paix Elie Wiesel. Extraits destinés à être publiés par l'éditrice Odile Jacob. Scandale. Assignations. Plainte de la belle Odile qui

1. Fayard.

réclame à Fayard 15 millions de francs de dommages et intérêts pour concurrence déloyale [1].

L'audience, relatée par *Libération*, a lieu le 3 mai 1994 devant le tribunal de commerce de Paris. L'atmosphère est électrique. Chacune des parties fait valoir ses arguments. En forme de métaphore pour le conseil d'Odile Jacob, Me Bernard Jouanneau : « On sait que la cueillette des truffes n'est pas chose aisée... Les méthodes varient. Il n'est pas loyal, en tout cas, d'aller les chercher dans le panier du voisin. Surtout en se mettant à crier au voleur ! » Et Me Jouanneau de marteler qu'il y a bien « intention de nuire » de la part du président de Fayard, Claude Durand. Enfin, l'avocat fait remarquer que, si François Mitterrand a bien donné son accord pour la publication de *Verbatim*, cela n'est pas le cas d'Elie Wiesel qui, à l'inverse, n'a donné aucune autorisation.

Me Henri Leclerc, avocat de Fayard, réplique sèchement en faisant valoir qu'aucun contrat n'a été signé chez Odile Jacob et que le président, après avoir relu les épreuves de *Verbatim*, a donné son feu vert à sa publication. De plus, plaide Henri Leclerc, Odile Jacob n'a subi aucun préjudice. Et l'avocat de Fayard de lui réclamer 3,5 millions de francs pour « campagne de dénigrement ».

Le 7 juin 1994, le tribunal de commerce rend son jugement : Odile Jacob est déboutée. Voilà qui est clair et net : *Verbatim* ne lui a pas fait concurrence [2].

1. Cette affaire a été lancée par *Le Nouvel Observateur*, dans sa livraison du 20 au 26 mai 1993.

2. En mai 1995, Jacques Attali publie *Verbatim II*, qui a trait cette fois à la première cohabitation de la Ve République, celle qui se déroulera de mars 1986 à mai 1988. Attali revient notamment sur l'interminable captivité des otages au Liban, sur l'assaut de la grotte d'Ouvéa en Nouvelle-Calédonie et sur l'affaire Gordji, qui donnera lieu à un affrontement féroce à la télévision entre François Mitterrand et son Premier ministre Jacques Chirac. Si François Mitterrand ne se livre à aucun commentaire sur *Verbatim II*, un de ses intimes, Michel Charasse, sénateur socialiste du Puy-de-Dôme, estime sur Europe 1 que « *Verbatim* constitue un manque grave au devoir d'Etat ». Le sénateur ajoute : « Je ne suis pas sévère, mais juste. [...] Quand on sort des documents sans autorisation, qu'on

Entre-temps, Attali, même s'il prépare encore deux livres, dont l'un sur son expérience douloureuse à la BERD, s'est mis en congé du Conseil d'Etat le 1er janvier 1994. Car ce « place partout », comme l'a joliment surnommé *Libération*, toujours aussi boulimique, vient de se lancer dans une activité de conseil en matière d'investissement. La cible : les pays en voie de développement. Le nom de son cabinet : Attali Consultant et Associés (ACA), dans lequel figure comme premier associé Serge Guilloux, qui n'est autre que le fils de l'avocat fiscaliste Allain Guilloux. Le choix n'est pas le fruit du hasard. Guilloux et Attali se connaissent bien ; le premier conseille le second depuis la fin des années 1970 et lui rend souvent visite dans sa grande maison (400 mètres carrés) de l'avenue du Roule à Neuilly-sur-Seine, située juste en face de la mairie dirigée par Nicolas Sarkozy. Une maison qui a une double particularité : celle de comporter un nombre ahurissant de sabliers (150 !) — Attali en est friand — et d'accueillir le tout-Paris intellectuel, comme l'écrivain académicien Erick Orsenna, des scientifiques comme le généticien Daniel Cohen ou des artistes comme Michel Jonasz, Carole Bouquet ou Gérard Depardieu. Ce dernier, rencontré il y a une quinzaine d'années sur un vol Paris-New York, devenu un ami interprétera, au début de l'année 1999, la première pièce d'Attali au théâtre de Paris, rue Blanche : *Les Portes du ciel*, qui connaîtra un succès mitigé.

---

les publie, quand on révèle des choses qui sont des conversations privées, avec plus ou moins d'exactitude sur le lieu, sur la date [...], c'est du commerce. » Charasse conclut : « Il va gagner beaucoup d'argent. Tant mieux pour lui. » Cinq mois plus tard, Attali récidive avec *Verbatim III*, qui couvre la période 1988-1989. Dans cet ouvrage, Attali prête à François Mitterrand des propos au vitriol notamment sur Jacques Chirac, Michel Rocard, son ancien Premier ministre. Il lui prête également d'avoir déclaré en octobre 1989 : « La réunification de l'Allemagne n'est pas pour demain. » Cette fois, François Mitterrand, qui n'avait rien dit lors de la parution des deux premiers tomes de *Verbatim*, réagit. Et dans un communiqué exprime « les plus expresses réserves » sur les propos que lui attribue son ancien collaborateur.

Cette parenthèse fermée, revenons au cabinet ACA. En 1997, Serge Guilloux abandonne ses fonctions d'associé. Il est remplacé par un polytechnicien, José Cordoba, ancien conseiller du président du Mexique. L'année suivante, Cordoba laisse sa place à un ami d'Attali, Félix Weyerstahl, auquel succède un jeune homme brillant de vingt-neuf ans, ancien de Cap Gemini, ex-chercheur à l'X, Olivier Lepicq. Au bout de six ans d'activité, le cabinet Attali et Associés tourne bien. Ses clients s'appellent Nursultan Nazarbaev, président du Kazakhstan, Ernesto Zedillo, chef de l'Etat mexicain, ou Vladimir Yakovlev, maire de Saint-Pétersbourg... Et aussi le président du Congo-Brazzaville, Denis Sassou N'Guesso, auprès de qui Attali a été introduit en mai 1998 par une ancienne salariée de l'agence Publicis, désormais chargée de la communication de Sassou [1], Ingrid Van Galen.

Désireux de se développer, le cabinet ACA a pris des participations dans une vingtaine de sociétés, parmi lesquelles des start-up qui ont nom : Cytale, Net Intelligenz, installées à Boulogne-sur-Seine, ou Caligral à Paris. ACA est également entré dans le capital de sociétés étrangères comme Treemedia à Los Angeles, ou encore Intrinsic, une entreprise de télécommunications basée en Chine. En Europe, ACA dispose de parts dans Blue Gate (logiciel de transport situé en Belgique) ainsi que dans Excelstock (logiciel de site boursier basé à Malte).

Le chiffre d'affaires d'ACA ? Autour de 6 ou 7 millions de francs par an. Jacques Attali, également associé dans un cabinet de courtage d'assurances avec son cousin, perçoit un salaire annuel de 1 million de francs, sans compter les honoraires reçus à l'occasion de conférences prononcées un peu partout dans le monde.

Parallèlement, l'ancien conseiller spécial du président Mitterrand anime une association (loi de 1901), Planet

1. Elle n'est pas la seule. Le chef de l'Etat congolais a également recours aux services de Marc Bousquet, Alain Ollivier Raymond, le journaliste Jean-Paul Pigasse, ancien directeur général des *Echos*. Attali met surtout à la disposition de Sassou son extraordinaire carnet d'adresses international.

Finance, dont l'objet est de lutter — via Internet — contre la pauvreté dans les pays en voie de développement. C'est dire qu'il est très occupé. Et pourtant ! Il trouve le temps de parcourir le monde et d'écrire chaque semaine depuis mars 1998, dans *L'Express,* une chronique brillante, souvent originale, où il aborde avec érudition des sujets aussi graves que l'euthanasie, l'épineuse question des retraites ou l'avenir du service public en France.

Esprit insatiable, Attali l'est assurément. Toujours en mouvement. Toujours pressé. Au point parfois de se montrer imprudent et léger. Notamment en 1996, lorsqu'il noue des relations avec un industriel originaire du Maroc, Steve O'Hana, qui lui prête 1 million de francs [1]. Mais aussi en 1997 lorsque Pierre Falcone le sollicite pour rédiger une étude sur les micro-crédits en Angola, grassement rémunérée, et qui lui vaut aujourd'hui bien des soucis... Une histoire où plane l'ombre d'Allain Guilloux et dans laquelle pèse sur Attali le soupçon de trafic d'influence.

Vendredi 14 novembre 1997. Ce jour-là, Pierre Falcone, accompagné d'Elisio de Figueiredo [2], rend visite à Attali dans les locaux d'ACA, rue Bayard dans le VIIIe arrondissement de Paris. Falcone, également conseiller du président angolais Eduardo Dos Santos, souhaite qu'Attali aide le régime de Luanda à sortir du marasme économique. Aussi lui propose-t-il d'effectuer une étude sur les micro-crédits en Angola. L'entretien se passe bien. Très bien même, puisque trois jours plus tard un projet de contrat est élaboré. Pour un montant coquet : 3 millions de dollars (18 millions de francs). Après tout, les conseils d'un économiste réputé, au talent incontesté, valent bien ce prix...

Deux jours plus tard, le 16 novembre, Jacques Attali a une entrevue avec son ami Guilloux. Le surlendemain, le 18 novembre, l'avocat adresse le courrier suivant à Pierre Falcone : « J'ai rencontré Attali ce dimanche 16 ; je vous remercie de bien vouloir m'appeler. » Objet dudit courrier :

1. Voir chapitre I.
2. Ancien ambassadeur d'Angola en France, l'un des fidèles du président Dos Santos. Il a également été en poste aux Etats-Unis.

« ZTS Osos. Vérification. » Là, c'est carrément troublant. Y aurait-il un lien entre le contrat de 3 millions de dollars proposé à Jacques Attali et une intervention de ce dernier à propos d'un contrôle fiscal dont fait l'objet la société ZTS Osos animée *de facto* par Falcone ? En clair, Attali percevrait-il, en échange d'un service, une rémunération de Falcone ? Deux questions graves que l'on peut se poser, mais sur lesquelles aucune réponse ne peut, avec certitude, être donnée.

Pour l'heure, Pierre Falcone n'a qu'une idée en tête : qu'Attali rencontre le président Dos Santos et signe son contrat.

Après un premier départ annulé à la mi-mars, Attali s'envole tôt le matin du 20 mai 1998 du Bourget, à bord d'un avion privé [1], à destination de la capitale angolaise. Il est seul à bord. Après un vol sans histoire, Attali débarque à Luanda où, vers 14 heures, il est reçu par le président angolais en présence de Pierre Falcone, l'ambassadeur Figueiredo ainsi que des collaborateurs de Dos Santos. On évoque pêle-mêle la rupture des négociations avec le FMI, la situation économique et sociale du pays, ainsi que son état de délabrement administratif. Attali, très à l'aise, évoque un sujet qu'il connaît bien : le micro-crédit, qui commence à se développer en Angola. Au bout de trois heures d'entretien, Attali, comblé par les propositions de son hôte, quitte le palais présidentiel. Après que Dos Santos lui a lancé : « Pour les aspects matériels, voyez cela avec Pierre Falcone et M. Figueiredo. » Voilà une affaire rondement menée.

17 h 30, nouveau rendez-vous d'Attali. Cette fois avec le gouverneur de la Banque centrale angolaise, et toujours en présence de Falcone. Deux projets de contrats sont préparés : l'un, global, sur l'assistance générale dans le domaine économique et financier avec le recrutement d'une dizaine de consultants ; l'autre, plus restreint, portant sur une étude des micro-crédits pour le compte de la Banque africaine d'investissement (BAI)... dont Falcone est l'un des actionnaires.

Le soir même, Attali regagne Paris, toujours seul, toujours

1. C'est Pierre Falcone qui prend en charge le coût du voyage aller et retour pour un montant de 479 000 francs.

à bord d'un avion privé affrété par l'homme d'affaires franco-brésilien. Deux mois plus tard, le 24 juillet 1997, en présence de Mario Palharès, vice-président de la BAI, l'accord entre ACA et la Banque angolaise est officiellement scellé... dans les locaux de Brenco, avenue Kléber. Montant du contrat : 200 000 dollars, soit 1 200 000 francs. Objet : une étude sur les micro-crédits en Angola. Attali est satisfait. Mais on est loin des 18 millions de francs initialement prévus.

Dès lors, ACA Conseil se met au travail. Encore que le cabinet ne rédige pas l'étude, mais la sous-traite à un confrère, le cabinet Horus. En octobre 1998, deux dirigeants d'Horus s'envolent pour Luanda, pour rencontrer les responsables de la Banque africaine d'investissement (BAI). Déception : ces derniers traînent les pieds pour les recevoir, comme si l'étude ne les intéressait pas. Au bout de huit jours, enfin, un contact a lieu entre Horus et la BAI. Bizarre. Le patron d'Horus admettra plus tard avoir eu des doutes sur la viabilité du projet de micro-crédit, compte tenu de la situation économique et politique précaire de l'Angola. Finalement, en décembre, l'étude est rédigée sans qu'ACA ait fourni la moindre plus-value. Horus lui adresse sa facture : 300 000 francs. Résultat : la société de Jacques Attali réalise un joli bénéfice — 700 000 francs — puisqu'elle a obtenu un contrat de plus de 1 000 000 de francs ! ACA peut se retourner vers la BAI et obtenir son dû. Mais ce n'est pas nécessaire : dès le mois d'août 1998, avant même la réalisation d'une quelconque prestation, Falcone a déjà réglé 110 000 dollars (700 000 francs environ) au cabinet de Jacques Attali. Sempiternelle interrogation : cette générosité aurait-elle un rapport avec une demande d'intervention sur le contrôle fiscal de ZTS Osos ? Quelques jours après ce versement survient une série de rendez-vous entre Attali et Falcone ; Attali et Guilloux ; Attali, Védrine et Guilloux. L'objectif ? Immuable : intervenir auprès de la Direction générale des impôts à propos de ce maudit dossier Osos.

Le 1er septembre 1998, l'ancien conseiller du président Mitterrand et l'homme d'affaires franco-brésilien dînent ensemble. Le lendemain, c'est un petit déjeuner au Dôme, une brasserie branchée de Montparnasse, qui réunit Attali et Guilloux...

Le 28 septembre, Attali invite à déjeuner, en tête à tête, le ministre des Affaires étrangères, Hubert Védrine, à son domicile de Neuilly. Rien que de très normal : les deux hommes, qui se sont côtoyés à l'Elysée lors du premier septennat de François Mitterrand, se connaissent fort bien. A l'heure du café, un troisième homme les rejoint, Allain Guilloux. Pendant quelques instants, Attali laisse l'avocat et le ministre seuls, le temps pour le premier de remettre au second un mystérieux dossier sur l'Angola. Le lendemain 29 septembre, Guilloux transmet à Védrine, par l'intermédiaire d'Attali, une note de synthèse sur « l'affaire opposant la société ZTS Osos aux services fiscaux ». Six jours plus tard, le 5 octobre, Guilloux expédie à Hubert Védrine un nouveau courrier, accompagné de la photocopie des passeports diplomatiques angolais de Pierre Falcone et Arcadi Gaydamak. Ledit courrier commence ainsi : « J'ai eu l'honneur de vous remettre le 28 septembre 1998 la déclaration du président Dos Santos en date du 7 avril 1997. Le 29 septembre 1998, je vous ai fait porter une note de synthèse opposant la société Osos aux services fiscaux. »

Afin de s'assurer que le ministre a bien reçu ce courrier, Guilloux passe dans la journée un coup de fil à sa secrétaire, Bernadette d'Aguanno, qui fait part de cet appel à Georges Serre, le conseiller de Védrine pour les affaires africaines.

Accrocheur, Allain Guilloux fait parvenir le 24 novembre à Védrine une troisième missive pour plaider la cause de Gaydamak et Falcone. L'avocat y explique qu'ils ne sont en aucun cas gérants de fait de ZTS Osos, comme le soutient la Direction générale des impôts. Et qu'ils ne peuvent être, par conséquent, assujettis à l'impôt. La veille, le 23, Guilloux avait alerté dans une note l'administration fiscale : « Il a été justifié auprès de M. le ministre des Affaires étrangères que MM. Falcone et Gaydamak avaient rang de diplomates angolais. »

Lorsqu'il reçoit ces courriers, Védrine sollicite l'avis de Georges Serre. Agé de cinquante et un ans, Georges Serre travaille à la cellule africaine de l'Elysée de 1992 à 1994 sous les ordres de l'ambassadeur Bruno Delaye [1]. Spécialiste des problèmes de l'Afrique subsaharienne, Serre n'ignore pas que

1. Ce dernier avait succédé à Jean-Christophe Mitterrand.

Gaydamak et Falcone vendent des armes à l'Angola. Aussi se montre-t-il intransigeant sur le dossier Osos : pas d'intervention.

Védrine se range à l'avis de son conseiller. Tant pis pour l'ami Jacques qui l'a indirectement sollicité...

L'administration fiscale, elle, ne mollit pas. La preuve : lorsque Olivier Sivieude, le chef de la cellule fiscale rattachée à Dominique Strauss-Kahn et Christian Sautter, rédige le 28 décembre 1998 une note sur le redressement d'Osos, Sautter, secrétaire d'Etat au Budget, écrit dans la marge : « 3 milliards de francs ! C'est une belle somme. Fermeté. »

Alors, affaire classée ? Pas le moins du monde. Au Quai d'Orsay, certains hauts fonctionnaires continuent de suivre avec attention le dossier Osos. Au premier chef, l'ambassadeur de France à Bratislava (Slovaquie), Albert Turot [1]. Ce dernier, dans un courrier daté du 22 février 1999, se montre très critique sur la notification d'un commandement de payer 2,2 milliards de francs adressée à Osos [2]. Pour deux raisons : 1) L'enquête réalisée par ses soins a révélé que la société n'avait plus d'existence en Slovaquie mais qu'elle avait désormais une succursale en Pologne. 2) Cette initiative risque de jeter un froid dans les relations franco-slovaques. Sa position n'est pas nouvelle : dès septembre 1998, à deux reprises, le diplomate avait exprimé ses réticences sur cette histoire fiscale. Sans résultat, puisque le receveur général des Finances de Paris, Lucien Meadel, chargé de la perception de l'impôt dû par Osos, avait souhaité que la procédure de recouvrement se poursuive...

Quoi qu'il en soit, en ce mois de février 1999, les desiderata de l'ambassadeur de France en Slovaquie sont pris en compte. Tout au moins au sein de son administration. En effet, le 26 février, Christine Moro, sous-directrice de l'Europe centrale à la Direction de la coopération européenne — qui a pris connaissance du courrier de l'ambassadeur —,

1. A été ambassadeur à Bratislava d'octobre 1996 à août 1999, avant d'être nommé à Zagreb (Croatie).

2. Aucune explication n'a pu être recueillie sur le décalage existant entre ce chiffre de 2,2 milliards et celui de 3 milliards cité plus haut par Christian Sautter.

s'interroge à son tour, dans une note, sur le bien-fondé de cette notification. Elle conclut par une double recommandation : « L'ambassadeur en Slovaquie doit retourner les commandements de payer et l'administration fiscale doit reconsidérer sa position. »

Trois semaines plus tard, le 18 mars 1999, Nicole Thévenin, sous-directrice des conventions au ministère des Affaires étrangères, adresse à notre ambassadeur à Bratislava un télégramme comminatoire : « Retournez-nous les commandements de payer concernant la société ZTS Osos afin que nous demandions à l'administration fiscale de reconsidérer sa position [1]. » Voilà qui est clair et net : le Quai d'Orsay refuse d'exécuter les commandements de payer en Slovaquie. Nicole Thévenin et Jean-Pierre Lafon déclareront, par la suite, que la sous-Direction des conventions n'avait aucun pouvoir pour apprécier l'opportunité de transmettre, ou non, les commandements de payer dans les postes situés à l'étranger, que ce soit des consulats ou des ambassades [2].

Du côté de l'administration fiscale, on s'impatiente. Pour tout dire, on est franchement agacé de la mansuétude du Quai d'Orsay. Le receveur général des Finances de Paris, Lucien Meadel, en a assez. Le 8 avril 1999, dans une note interne à son service, il écrit sans ambages : « Nous sommes en pleine confusion malgré nos efforts. Il est grand temps de décider, en effet, ce qui donnera l'occasion de faire écrire au ministère des Affaires étrangères ce que nous pensons aussi de la bien piteuse enquête réalisée par l'ambassadeur [Albert Turot] sur la société Osos. »

1. Nicole Thévenin déclarera, au cours de l'instruction, avoir exécuté les décisions du cabinet du ministre transmises par son supérieur hiérarchique, Jean-Pierre Lafon, directeur des Français à l'étranger. A son tour interrogé par la Brigade financière, ce dernier affirmera n'avoir aucun souvenir du dossier Osos. Tout en indiquant qu'il n'écartait pas l'hypothèse selon laquelle il aurait répercuté auprès de Nicole Thévenin de telles instructions.

2. Dans un rapport de synthèse de dix pages, daté du 23 octobre 2001, le patron de la Brigade financière écrira à propos de l'initiative de Nicole Thévenin : « Il apparaît donc que le télégramme diplomatique du 18 mars 1999 est dépourvu de toute base légale. »

Six jours plus tard, le 14 avril, Lucien Meadel, dans une seconde note adressée cette fois à la Direction générale de la comptabilité publique, revient à la charge : « Il est grand temps, me semble-t-il, d'obtenir une décision dans cette affaire. » Le lendemain, cette note est transmise par Huguette Allard, chef du bureau B4, chargé du recouvrement contentieux des recettes de l'Etat au sein du ministère des Finances, à Olivier Gloux, conseiller technique au cabinet de Christian Sautter, avec la mention « TTU (très très urgent), problème potentiel avec le Quai, en plus ».

Olivier Gloux, toujours ce 15 avril, fait parvenir la note du receveur général des Finances de Paris à Olivier Sivieude, le chef de la cellule fiscale auprès de Dominique Strauss-Kahn et Christian Sautter, avec cette annotation : « Nous avons parlé de cette affaire. Tu devais regarder. As-tu des éléments ? » Preuve implicite que Sivieude est au courant de cet épineux dossier. Dès lors, tout s'accélère, Huguette Allard écrit le jour même à Lucien Meadel : « J'ai informé le cabinet [du secrétaire d'Etat au Budget, Christian Sautter] de la réaction de l'ambassade de France en Slovaquie, suite à l'envoi des commandements... Dans l'attente de la décision du ministre, dont je ne manquerai pas de vous tenir informé, vous voudrez bien *suspendre toute poursuite à l'encontre de la société ZTS Osos.* »

Qui a donné l'ordre à Huguette Allard d'agir ainsi ? Olivier Gloux, affirme-t-elle. Ce dernier, tout comme Olivier Sivieude, dément avoir donné une telle instruction. Les deux hauts fonctionnaires certifient qu'Huguette Allard ne souhaitait, en aucune manière, l'interruption des poursuites contre Osos. Sivieude soutient ne pas se souvenir d'avoir évoqué avec sa hiérarchie les difficultés diplomatiques soulevées par ce dossier. Par contre, il admet, à l'occasion d'autres redressements fiscaux (ceux de Daniel Hechter, Thierry Lhermitte, Karl Lagerfeld et de la réalisatrice Josée Dayan), avoir rencontré Me Allain Guilloux et son associé Alain Belot. Cela à la demande soit de Dominique Strauss-Kahn, soit de son chef de cabinet, Stéphane Keita.

Revenant sur l'affaire Osos, Sivieude se montre formel, tout comme Huguette Allard et Olivier Gloux : jamais DSK n'a pris une décision dans ce dossier.

On y perd son latin ! Pourtant les choses sont apparemment simples : le Quai d'Orsay demande à Bercy de reconsidérer sa position sur un redressement fiscal important. Le ministère des Finances accepte. Et personne ne sait qui a pris la décision finale !

Courteline n'a rien inventé ! Encore que cette clémence sur un dossier fiscal énorme suscite quelques questions. Peut-on croire, par exemple, qu'elle trouve réellement son explication dans la volonté de ne pas détériorer les relations franco-slovaques ? Comment croire que le Quai d'Orsay souhaitait éviter tout incident diplomatique avant la venue à Bratislava du ministre des Affaires européennes Pierre Moscovici ? Dans cette hypothèse, le gel des poursuites aurait dû intervenir avant les 29 et 30 mars 1999, date de la visite du ministre. Or, il ne sera décidé que le 15 avril...

Que s'est-il passé ? Faut-il trouver la réponse dans l'intense travail de lobbying — rémunéré par Pierre Falcone 500 000 francs — effectué par Allain Guilloux depuis le 1er décembre 1997, date à laquelle, évoquant le contrôle fiscal d'Osos, il laisse le message suivant à Falcone : « Message transmis à Hubert et Dominique [1] » ?

Allain Guilloux, qui a forcément appris la suspension des poursuites contre Osos, ne baisse pas les bras. Bien au contraire. Il réitère, avec ardeur, ses démarches auprès du cabinet d'Hubert Védrine en prenant soin chaque fois d'alerter Falcone. Souhaiterait-il un règlement définitif de cette histoire ? Autrement dit un effacement total de l'ardoise ? L'hypothèse n'a rien d'absurde. En effet, le 26 mai 1999, Me Guilloux appelle la secrétaire de Védrine, Béatrice d'Aguanno, en se recommandant, comme d'habitude, de Jacques Attali. Message répercuté au ministre des Affaires étrangères qui écrit : « Eludez. » Or, coïncidence : ce 26 mai Attali a rendez-vous avec Védrine à 18 h 30. La rencontre sera déplacée au lendemain.

Le 7 juin, Guilloux prévient Falcone qu'il a une nouvelle

1. Interrogée par le juge Courroye, l'assistante de Falcone, Isabelle Delubac, sera catégorique : il s'agit respectivement d'Hubert Védrine et Dominique Strauss-Kahn.

fois contacté la secrétaire d'« Hubert »... mais, dit-il « je n'ai pas eu de réponse, car ce dernier est trop occupé »...

Passe l'été. Plus rien. Plus de coup de fil au Quai d'Orsay. Jusqu'au 3 novembre. L'avocat se manifeste pour la énième fois, en adressant ce courrier à Hubert Védrine : « Vous a-t-il été possible de faire procéder à un examen des difficultés rencontrées par la société ZTS Osos auprès de la Direction générale des impôts, notamment au regard de la déclaration descriptive des faits établis personnellement par M. le président de la République d'Angola et que je vous ai remise ? » La secrétaire de Védrine, qui est la première à prendre connaissance de cette lettre, porte cette mention : « C'est Jacques Attali qui lui demande de vous réécrire. » Quand il la lit, le ministre écrit de sa main : « Georges Serre. »

C'est lui, on le sait, qui suit cette affaire. Comme un an plus tôt, Serre déconseille toute intervention. Toujours pour le même motif : « La réputation sulfureuse de MM. Falcone et Gaydamak, dont l'activité de négoce dans le domaine des armes est de notoriété publique. » Pourtant, Georges Serre n'hésitera pas, le 31 mai 2000, à participer à un petit déjeuner organisé par Pierre Falcone dans les locaux de Brenco. Finalement, Védrine, exaspéré par les demandes incessantes d'Allain Guilloux, lui renvoie l'ensemble du dossier Osos en mai 2000. Mais pas les divers courriers que l'avocat lui a adressés. Sans doute pour se couvrir...

Un an plus tard, le 24 avril 2001, alors que l'enquête du juge Courroye bat son plein, c'est la douche froide pour Falcone. Comme par enchantement, le Quai d'Orsay se réveille. Revenant sur sa position, il adresse trois commandements de payer à Osos en Slovaquie. L'addition a considérablement augmenté : elle s'élève désormais à 3,3 milliards de francs, à cause des pénalités !

Le travail de lobbying de Guilloux, ses coups de fil répétés au cabinet de Védrine n'ont servi à rien, puisque que Falcone ne bénéficiera d'aucune faveur, hormis un gel provisoire des poursuites.

*

En ce printemps 2001, Guilloux, Attali et Falcone ont oublié ce dossier Osos, car ils ont d'autres soucis. L'avocat, on l'a vu, mis en examen en juillet 2000, a été suspendu. Falcone est toujours détenu — depuis le 1er décembre 2000 — à Fleury-Mérogis. Son associé, Arcadi Gaydamak, conscient qu'il pouvait connaître de graves ennuis lui aussi, a pris la poudre d'escampette en Israël où, grâce à la loi du retour, il se trouve, en principe, à l'abri d'une extradition.

Quant à Attali, il se fait beaucoup de mouron. Son audition comme témoin, le 1er décembre 2000, par les juges Courroye et Prévost-Desprez s'est plutôt mal passée. Attali certifiera, par exemple, n'avoir connu Falcone qu'en 1998, alors qu'en décembre 1997, pour Noël, ce dernier lui offre une malle de chez Fauchon. L'ancien conseiller du président Mitterrand affirmera encore n'avoir appris la véritable activité de Falcone qu'au cours de son voyage en mai 1998 en Angola. C'est à ce moment-là aussi, soutient-il, qu'il apprendra que Me Guilloux était le conseil de l'homme d'affaires. Quant à la société Osos, il ignorait son existence. Quand les juges lui présentent le mémo écrit le 10 avril 1998 par Isabelle Delubac où on lit : « Me Guilloux a parlé à JA. Qui est extrêmement optimiste quant à la façon dont sera traité le dossier Osos », Attali ne voit pas de quoi il s'agit [1]...

Autant de réponses ou de non-dits qui laissent sceptiques les deux magistrats. Ce scepticisme laisse place au trouble lorsqu'en février 2001 ils ont la preuve — grâce à une perquisition conduite chez Allain Guilloux — qu'Attali s'est entretenu, au moins une fois, sur le dossier Osos avec le ministre des Affaires étrangères Hubert Védrine, et le ministre des Affaires européennes Pierre Moscovici. La preuve encore que Me Guilloux a entrepris plusieurs démarches auprès de Védrine afin qu'il intervienne sur Osos. Devant ces coïncidences, les juges émettent, cette fois, une hypothèse : Jacques Attali n'aurait-il pas monnayé son intervention auprès de

1. Ce 1er décembre 2000, Attali reconnaîtra avoir rencontré deux fois Arcadi Gaydamak et avoir été consultant à la Compagnie des Signaux pendant un an. Montant de ses honoraires : 50 000 à 60 000 francs par mois.

Védrine, dans le cadre du dossier fiscal d'Osos, contre une étude sur l'Angola ? Hypothèse également partagée par la Brigade financière qui le fait savoir à Philippe Courroye et Isabelle Prévost-Desprez dans une note de synthèse de 4 pages envoyée le 27 février 2001. En voici, *in extenso*, sa conclusion :

« Il apparaît que Pierre Falcone et Allain Guilloux ont sollicité, dès le mois de novembre 1997, Jacques Attali, dans le cadre de la procédure de redressement fiscal visant la société ZTS Osos. Ce dernier a été le destinataire de courriers rédigés par Allain Guilloux et, au moins à une reprise, a remis un de ces courriers en mains propres à M. Védrine. Par ailleurs, des éléments matériels caractérisent le fait que M. Attali s'est entretenu du dossier Osos avec MM. Védrine et Pierre Moscovici, voire avec M. Pierre Vimont, du ministère des Affaires étrangères.

« La rémunération de ces interventions de Jacques Attali semble avoir fait l'objet d'un habillage juridique par l'intermédiaire d'un contrat signé entre la société ACA et la Banque africaine d'investissement (BAI), contrat portant sur une étude relative au micro-crédit en Angola pour lequel Jacques Attali a eu un seul interlocuteur en la personne de Pierre Falcone. Ce dernier en a supporté l'intégralité du coût (près de 1 million de francs), comme il l'a fait savoir à la BAI dans une lettre datée du 24 juillet 1998.

« Pour cette " prestation " [entre guillemets dans le texte], la société ACA a entièrement fait appel à une société spécialisée, Horus, rémunérée par ACA à hauteur de 300 000 francs. Cette marge nette de près de 700 000 francs pourrait ainsi correspondre à la rémunération de l'intervention de Jacques Attali dans la procédure fiscale en cours, à savoir la sollicitation d'un ami de très longue date, M. Hubert Védrine.

« Compte tenu de la détermination de l'administration fiscale dans le cadre du redressement de la société ZTS Osos, il apparaît que MM. Falcone et Gaydamak, leur avocat fiscaliste Me Allain Guilloux et Jacques Attali aient décidé d'influer sur la procédure fiscale en cours, en insistant auprès des pouvoirs publics sur les risques diplomatiques d'un tel dossier tant vis-à-vis de la Slovaquie (courrier de la Direction de la coopération européenne du ministère des Affaires étrangères du 26 février 1999) que de l'Angola (courrier du président Dos Santos du 7 avril 1997).

« En outre, on notera sur l'agenda de Jacques Attali deux rendez-vous à Bercy, avec respectivement M. Dominique Strauss-Kahn, ministre de l'Economie et des Finances, le 13 janvier 1998, et M. François Villeroy de Galhau, son directeur de cabinet, le 5 février 1999. Etait-ce le sens de la proposition de Me Guilloux qui, le 28 octobre 1997, soit quinze jours avant sa première rencontre avec Jacques Attali, demandait à Pierre Falcone de " passer à l'échelon supérieur " ? »

Quand ils lisent ce document les juges n'ont plus d'autre choix que de réentendre Jacques Attali. Cette fois, pas comme témoin.

Le 7 mars dans la matinée, à 9 h 30, Jacques Attali se rend au siège de la Brigade financière, rue du Château-des-Rentiers dans le XIIIe arrondissement de Paris, non loin de la place d'Italie. A peine arrivé, il se voit signifier sa garde à vue.

Pendant plus de vingt-quatre heures, interrompues seulement par un entretien à la vingtième heure avec son avocat, Me Jean-Michel Darrois, l'un des plus efficaces de Paris, Jacques Attali s'explique sur ses relations avec Falcone, Guilloux, Védrine, Gaydamak, Moscovici, Strauss-Kahn. Sur cette maudite affaire Osos. Sur sa prestation en Angola. Sur les conditions de son règlement.

Les questions succèdent aux questions. A un rythme soutenu. Le policier qui interroge Attali veut tout savoir. La date de sa rencontre avec Allain Guilloux. La teneur de ses conversations avec ce dernier. Les raisons pour lesquelles Guilloux s'adresse à lui pour obtenir un contact avec Hubert Védrine. Pourquoi encore son ami Guilloux, à quatre reprises en quinze mois, écrit au ministère des Affaires étrangères et ne saisit pas le ministère de l'Economie pourtant compétent en matière fiscale. Et ainsi de suite... De longues minutes, Attali semble pris dans un tourbillon. Mais il tient bon. Jusqu'à cette question, identique à celle que lui a déjà posée, le 1er décembre 2000, le juge Courroye :

« Que signifie la mention qui figure dans un mémo d'Isabelle Delubac daté du 10 avril 1998 : " Me Guilloux a parlé à JA. Qui est extrêmement optimiste quant à la façon dont sera traité le dossier OS " ? » Même réponse d'Attali : « Je ne sais pas. » Le commissaire poursuit : « Pourtant, Isabelle Delubac a indiqué que JA signifiait Jacques Attali et que le dossier OS signifiait Osos. Dans ces conditions, quelles sont les raisons de votre optimisme quant à l'avenir du contrôle fiscal d'Osos ? »

Attali n'en démord pas : « Je ne me suis mêlé de rien. Je ne sais pas pourquoi Me Guilloux indique cela à Pierre Falcone. » Le policier enchaîne : « Il apparaît que, la veille de ce message de Me Guilloux à Pierre Falcone, vous avez déjeuné avec M. Pierre Moscovici. Avez-vous évoqué le contrôle fiscal d'Osos avec M. Moscovici et sur quelle base ce dernier vous a-t-il rassuré quant au traitement de ce dossier ? » Attali, sûr de lui : « Non, je n'ai jamais évoqué cela avec quiconque. »

Attali ne mollit pas. Il est catégorique. Jamais il n'a parlé ou fait la moindre allusion du dossier Osos avec un ministre. Que ce soit Védrine, Moscovici. Il ne l'a pas davantage évoqué avec Pierre Vimont, le directeur de la Coopération européenne au Quai d'Orsay, Jean Vidal, le conseiller pour les affaires européennes de Lionel Jospin, ou encore François Villeroy de Galhau, le directeur de cabinet de Dominique Strauss-Kahn, rencontré à Bercy le 13 janvier 1998.

Abordant le petit déjeuner pris à son domicile avec Pierre Vimont le 7 mai 1999, Attali se montre tout aussi formel : il n'avait rien à voir avec une quelconque intervention sur le dossier fiscal Osos. Il concernait le rapport sur l'évolution des institutions européennes qu'il devait rédiger pour Védrine. Effectivement, le ministre a confié par lettre, fin 1998, une mission à Jacques Attali qui a transmis ses conclusions à Hubert Védrine au printemps 1999.

8 mars 2001, 12 heures. Jacques Attali signe un cinquième procès-verbal d'audition. Voilà vingt-sept heures qu'il se trouve en garde à vue. Il est littéralement lessivé. L'interrogatoire, toujours courtois, a été serré. L'ancien conseiller de François Mitterrand s'est défendu pied à pied.

A-t-il prouvé qu'il n'avait pas eu connaissance du dossier fiscal Osos ? Est-il intervenu auprès d'Hubert Védrine ?

Sa prestation pour le compte de l'Angola était-elle fictive ? Très bien payée, sans aucun doute. Même sous-traitée, elle existe. Les documents remis par Jacques Attali en témoignent. Y a-t-il un lien entre le règlement — généreux — de ce travail et son intervention éventuelle dans le dossier Osos ? Ce sera aux juges, au terme de l'instruction, de donner leur sentiment. En délivrant soit une ordonnance de renvoi devant un tribunal correctionnel [1], soit une ordonnance de non-lieu.

Nous n'en sommes pas encore là. Pour l'heure, ce 8 mars, un détail révélé quelques minutes avant la fin de la garde à vue de Jacques Attali — même s'il n'a aucun rapport avec l'affaire Osos — laisse une mauvaise impression aux enquêteurs : son absence de déclaration de l'impôt sur la fortune en 1999. Or, il possède un portefeuille boursier de 4 millions de francs, est propriétaire de sa maison à Neuilly évaluée à 11 millions de francs et a hérité d'un studio de son père dans le XVIe arrondissement de Paris.

« En 1999, expliquera Jacques Attali, les chiffres étaient différents. J'avais des emprunts de l'ordre de 5 millions de francs et je payais 2 millions de francs au titre de l'impôt sur le revenu. » Avant de se justifier : « Même si ma maison valait 11 millions de francs, j'étais avec les emprunts en dessous du seuil imposable [2]. » Il termine : « C'est Me Guilloux qui s'est occupé de ma déclaration. »

Quelques minutes plus tard, l'ancien conseiller de Mitterrand quitte la rue du Château-des-Rentiers à bord d'une voiture de police banalisée, toutes sirènes hurlantes. Direction : le pôle financier du Palais de Justice installé dans les anciens locaux du *Monde*, rue des Italiens.

Le juge Courroye, en compagnie de sa collègue Isabelle

1. Dans cette hypothèse, le tribunal pourra prononcer soit une condamnation, soit une relaxe.

2. Rappelons que l'ISF est un impôt déclaratif. En 1999, son seuil de déclaration se situait à un peu moins de 5 millions de francs.

Prévost-Desprez, attend Attali dans son cabinet d'instruction. Depuis une heure déjà, il a pris connaissance de sa longue audition (trente pages). Sa décision est arrêtée : c'est la mise en examen.

Vers 14 heures, Jacques Attali entre dans le bureau du magistrat. Celui qui fut le flamboyant conseiller du Prince apparaît certes fatigué, mais plus détendu que pendant ses vingt-sept heures de garde à vue : la présence de son avocat, Me Jean-Michel Darrois, y est pour quelque chose. Attali, à deux ou trois reprises, se montre moins évasif, plus précis dans ses réponses. Ainsi, lorsque pour la énième fois on l'interroge sur son optimisme quant au contrôle fiscal évoqué par Me Guilloux le 10 avril 1998, il se montre plus convaincant, n'hésitant pas, pour la première fois, à charger l'avocat : « C'est surréaliste. C'est une façon de se faire mousser auprès d'un client. » Avant d'ajouter : « Je pense que c'est à ce moment-là qu'il a dû m'expliquer le contentieux portant sur ce litige entre deux sociétés étrangères. Comme il m'avait dit qu'il allait gagner, j'ai dû lui dire très bien, après. » Il n'en démord pas : « Je pense qu'Allain Guilloux a dû vouloir se faire mousser auprès de son client. »

Au bout de deux heures, le sort d'Attali est scellé : les deux magistrats lui signifient une double mise en examen [1]. D'abord pour trafic d'influence : il est en effet suspecté « d'avoir usé de son influence auprès d'Hubert Védrine, ministre des Affaires étrangères, pour obtenir de la Direction générale des impôts une décision favorable concernant un redressement fiscal visant M. Falcone ». Ensuite pour « recel d'abus de biens sociaux ». Attali se voit reprocher d'avoir perçu indûment 160 000 dollars dans le cadre de son contrat angolais et d'avoir bénéficié d'un voyage en avion Paris-Luanda, aller et retour, réglé 479 000 francs par Falcone.

Jusqu'au bout, Attali se défend pour éviter d'être épinglé. « Interrogez différentes personnes de Bercy et du Quai d'Orsay avant de me mettre en examen, lance-t-il à l'adresse des deux magistrats, et vous vous rendrez compte que jamais

1. Attali doit également s'acquitter d'une caution de 1 million de francs.

je n'ai évoqué avec elles l'affaire Osos. » Argument de bon sens, dépourvu d'effet qui démontre une faille dans notre procédure pénale : on met d'abord en examen, ensuite, on peaufine l'enquête [1].

Vingt-quatre heures après la mise en examen d'Attali, les deux juges, accompagnés de policiers de la BF, se présentent au Quai d'Orsay pour y mener une perquisition. Dans cette administration feutrée peu habituée à recevoir ce genre de visite, l'émotion est considérable. D'autant plus que le ministre apprend la nouvelle alors qu'il se trouve en voyage officiel dans les Balkans. En fin d'après-midi, magistrats et enquêteurs quittent le ministère des Affaires étrangères. De folles rumeurs commencent à courir : on parle d'une audition probable de Védrine, voire de Strauss-Kahn et Moscovici. On évoque le spectre de la Cour de justice de la République. Quel coup de grisou ! Mais non, tout est faux, archifaux ! Visiblement quelques petits malins s'en sont donné à cœur joie pour affoler Matignon et Jospin...

Qu'ont donc trouvé les enquêteurs au Quai ?

Rien ou à peu près, sauf les courriers — déjà connus — d'Allain Guilloux à Hubert Védrine ainsi qu'une note de l'avocat sur laquelle le ministre des Affaires étrangères aurait écrit de sa main : « S'il rappelle, éludez. » Le soufflé retombe.

Le 9 au soir, l'entourage de Védrine, revigoré par l'absence de toute découverte suspecte, fait savoir que « le ministre n'est jamais intervenu de quelque manière que ce soit dans l'affaire Osos ». Et que, citant une source judiciaire, « son audition n'est pas d'actualité ».

Ragaillardi, l'avocat d'Attali, Me Jean-Michel Darrois, d'ordinaire discret, parle. Démentant toute implication de son illustre client dans cette histoire Osos, soulignant que sa mise en examen est uniquement conservatoire, Darrois déclare : « Il s'agit d'une construction intellectuelle [la mise en examen] réalisée à partir d'éléments d'un puzzle rassemblés artificiellement. Il n'y a pas de trace d'une intervention d'Hubert

1. C'est effectivement l'une des lacunes de notre procédure pénale.

Védrine dans le dossier fiscal de M. Falcone et pas de trace d'une intervention de M. Attali auprès de M. Védrine. » Et d'ajouter : « Tous les courriers saisis dans le dossier ont suivi la voie officielle. Ce qui prouve bien qu'aucune tractation secrète illégale n'a eu lieu. »

Une ligne de défense qui ne manque pas de poids. La presse y sera-t-elle sensible ? Toujours est-il qu'elle relate les événements — aussi bien la mise en examen d'Attali que la perquisition au Quai d'Orsay — d'un ton mesuré, purement factuel. Témoin, ces quelques titres piochés ici et là dans la presse nationale : « Jacques Attali mis en examen dans l'affaire Falcone » (*Libération*, 9 mars 2001) ; « Jacques Attali a été mis en examen dans l'enquête sur les ventes d'armes à l'Angola » (*Le Monde*, 10 mars 2001) ; « Jacques Attali rattrapé par l'affaire Falcone-Mitterrand » (*Le Parisien,* 9 mars 2001). *L'Express*, attendu par ses confrères, puisque Jacques Attali y tient une chronique, publie également un article sur sa mise en examen [1]. L'ancien sherpa du Président reviendra le 15 mars dans l'hebdomadaire sur ses ennuis judiciaires, dans une chronique métaphore, brillante, intitulée « La fièvre aphteuse », où il dénonce la « dictature du court terme » qui a conduit à abattre en Hollande, dans les premiers jours de mars, des centaines et des centaines de moutons, porcs et ovins, parce qu'ils avaient approché la fièvre. Décision terrible, totalitaire, écrit Attali puisque les services vétérinaires néerlandais n'avaient décelé aucune épidémie de fièvre aphteuse. « Tirer, puis réfléchir. Tirer au lieu de réfléchir. La chasse est ouverte ; le moindre soupçon, et c'est la mort. C'est tellement plus simple, plus rassurant, plus expéditif », poursuit notre La Fontaine d'un jour. Allusion à peine voilée au sort que lui a réservé le juge Courroye. Lequel soupçonne, n'apporte pas la preuve d'une quelconque culpabilité et, *in fine*, délivre une lettre de cachet. Si d'aventure le magistrat n'a pas compris que cette chronique le concerne, Attali enfonce le clou : « Quiconque a rencontré un suspect est coupable. »

1. Publié sous le titre « Falcone (suite) » le 12 avril 2001, et sous la signature de l'auteur et de Jérôme Dupuis.

Coupable, suspect, trafic d'influence, garde à vue, mise en examen... Jusqu'à présent, ce vocabulaire était totalement étranger à Jacques Attali. Désormais, il trotte dans sa tête ; il l'obsède.

Comment l'évacuer, une fois pour toutes ? Comment prouver sa bonne foi ?

Son avocat, Me Darrois, a une idée judicieuse destinée à anéantir tout soupçon pesant sur son client. L'idée en question ? Que le juge recueille le témoignage du ministre des Affaires étrangères Hubert Védrine et du ministre délégué aux Affaires européennes, Pierre Moscovici. Non pas en sollicitant une autorisation du Conseil des ministres, comme c'est la règle. Mais en s'appuyant sur l'article 564 du code de procédure pénale qui permet au magistrat instructeur de saisir le premier président de la cour d'appel afin qu'il recueille, par écrit, la déposition de Védrine et Moscovici. Une procédure peu usitée, qui a le mérite de la discrétion. Le 22 mai 2001, Jean-Michel Darrois adresse à l'intention de Philippe Courroye et Isabelle Prévost-Desprez une lettre de trois pages, argumentée, accompagnée des questions susceptibles d'être posées aux deux ministres [1]. L'avocat en profite pour réclamer l'audition d'autres témoins : les associés du cabinet de consultant d'Attali, les experts qui ont eu à connaître du

1. Les questions qui pourraient être posées à Védrine seraient les suivantes :

— Lors du déjeuner que M. Védrine a partagé, le 28 septembre 1998, avec Jacques Attali, ce dernier lui a-t-il parlé du redressement fiscal d'une société ZTS Osos ?

— Quand M. Attali a-t-il indiqué à M. Védrine que « l'un de ses amis avocat avait une lettre d'un chef d'Etat étranger à lui remettre », M. Attali a-t-il indiqué à M. Védrine quel était le contenu de cette lettre ?

— M. Védrine confirme-t-il les circonstances telles que précisées par M. Attali, lors de son interrogatoire, dans lesquelles il a rencontré Me Guilloux ?

— M. Attali a-t-il personnellement demandé à M. Védrine d'intervenir en faveur d'une société ZTS Osos ?

— M. Attali est-il, ensuite, personnellement intervenu en faveur de la société ZTS Osos auprès de M. Védrine ?

contrat angolais sur les micro-crédits et deux hauts fonctionnaires : l'un du Quai d'Orsay, Pierre Vimont, l'autre en poste à Matignon, où il suit les affaires européennes, Jean Vidal. Pour ces derniers, la question suggérée est précise : Jacques Attali a-t-il, oui ou non, sollicité leur intervention dans le cadre du dossier fiscal de la société ZTS Osos ?

Plus de huit mois se sont écoulés. Me Darrois n'a toujours pas eu de réponse du juge Courroye... Lequel décidait enfin, le 8 février 2002, de demander l'autorisation du Conseil des ministres pour entendre, en qualité de témoins, Hubert Védrine et Pierre Moscovici...

Quant à Pierre Moscovici, la question qui pourrait lui être posée serait la suivante :

— Il résulte de l'agenda de M. Attali que vous avez déjeuné avec lui le 9 avril 1999. Avez-vous évoqué avec lui le dossier ZTS Osos ?

CHAPITRE VIII

Un expert en géopolitique

Est-ce parce qu'il est le fils de son père ? En tout cas, rarement homme public — en dehors de François Mitterrand — n'a fait autant l'objet de rumeurs de la part de la presse.

« Papa m'a dit », le sobriquet qu'il traîne, tel un boulet, a été pendant une dizaine d'années — soit une large partie du temps où son père était président de la République — tout à tour catalogué comme trafiquant d'armes, affairiste, fomenteur de coups d'Etat ou, plus prosaïquement, corrompu.

Le voici aujourd'hui soupçonné d'avoir été le complice de Pierre Falcone en l'aidant à exporter — pour 500 millions de dollars — des armes à destination de l'Angola. Tel est, en droit, le délit — complicité de trafic d'armes — que lui reprochent les juges Philippe Courroye et Isabelle Prévost-Desprez. Seule certitude, que ne conteste pas Jean-Christophe : Falcone lui a bien versé sur son compte suisse, à la Banque Darier Hentsch, un peu plus de 12 millions de francs. Pour quel travail ? Pour des conseils en géopolitique. Autrement dit, Jean-Christophe, grâce à sa connaissance de l'Afrique, est parvenu à persuader Falcone que l'Angola était un pays plein d'avenir... alors que bon nombre de spécialistes n'auraient pas misé un kopeck sur ce pays secoué par la guerre civile depuis vingt-six ans. Reste que ces 12 millions, versés entre 1997 et 1998, Jean-Christophe Mitterrand ne les a pas déclarés à l'administration fiscale. Par étourderie ? Insouciance ? « Pas le moins du monde », répondent ses avocats, Jean-Pierre Versini-Campinchi et Rémy Wilner. « Pour des raisons tout à fait légales, précisent-ils, car notre client résidant à l'étranger depuis plus de dix ans a parfaitement le droit de ne pas acquitter ses impôts en France. »

Pourtant, insouciant, le fils aîné de l'ancien président l'est depuis son adolescence. Car il était comme cela, Jean-Christophe, « allergique aux contraintes, traînant son je-m'en-foutisme d'un pensionnat à l'autre, tel un mauvais élève sans mauvaise conscience [1] ».

Une telle profession de foi ne pouvait que déboucher sur un cursus sinon médiocre, tout du moins passable. C'est ce qu'il advint. Son baccalauréat mathématiques élémentaires obtenu, Jean-Christophe s'oriente vers des études d'histoire à la faculté de Vincennes, fondée peu après les événements de 1968 par le ministre de l'Education nationale — fort consensuel — Edgar Faure.

Ce ne sera pas Sciences Po comme l'avait souhaité son père. Mais tout de même ! Le jeune étudiant rédige, pour obtenir son DEUG, un sujet... fort mitterrandien : « Etude comparative de la notion de l'Etat entre Laurent le Magnifique, Savonarole et Machiavel »... Après avoir obtenu sa licence, il s'interroge sur son avenir. Que faire ? Du journalisme ? Ce sera pour plus tard. De la politique ? Il n'en a guère le goût, lui qui ne sera jamais membre du Parti socialiste, se contentant de voter... Mitterrand à chaque élection présidentielle.

Finalement, en décembre 1969, Jean-Christophe part dans un kibboutz en Israël, au nord du lac de Tibériade, en Haute-Galilée. En juin 1970, il revient en France pour effectuer son service militaire au titre de la coopération. Il quitte donc à nouveau la France. Direction : l'Algérie, où il est affecté dans le sud du pays, comme professeur de mathématiques. Un séjour heureux. Il y rencontre sa future épouse, Elisabeth, et fait le tour des oasis algériennes, Ghardaïa, El Goléa, Adrar, Colomb-Béchar et Hassi-Messaoud.

Au bout de deux ans, retour à Paris. La réinsertion s'annonce difficile. Quelques mois de chômage et, grâce à un ami de son père, il entre à l'Agence France-Presse, d'abord au desk central, puis au service étranger. Cinq mois plus

1. Jean-Christophe Mitterrand, *Mémoire meurtrie*, Plon, 2001.

tard, Jean-Christophe repart. Cette fois pour Nouakchott (Mauritanie) où il couvre la première offensive du Front Polisario en juin 1976. En 1979, le voici promu correspondant de l'AFP à Lomé (Togo) où il a pour mission de « couvrir » également le Bénin et le Ghana. A peine arrivé, Jean-Christophe réalise le 6 juin un joli scoop, en étant le premier journaliste occidental à rencontrer le capitaine Jerry Rawlings qui vient de prendre le pouvoir à Accra. Le jeune journaliste a pris goût à l'Afrique. Il ne la quittera plus.

Avril 1981. Nous sommes à un mois de l'élection présidentielle. Jean-Christophe abandonne son poste de correspondant de l'AFP à Lomé pour réintégrer le siège parisien de l'agence. Sa nouvelle affectation ? Le service diplomatique, le plus prestigieux de l'AFP. Une fois François Mitterrand élu en mai, Jean-Christophe se trouve dans une position inconfortable pour suivre les sujets de politique étrangère. Aussi préfère-t-il abandonner le journalisme pour rejoindre, en août 1982, la cellule africaine de l'Elysée, dirigée par l'ancien doyen de la faculté de chirurgie dentaire de Paris VII et ex-dignitaire du Grand Orient de France, Guy Penne. Celui-ci, âgé à l'époque de cinquante-sept ans, est un vieux compagnon de route de François Mitterrand, avec lequel il a fondé au milieu des années 1960 la Convention des institutions républicaines, l'une des futures composantes essentielles du Parti socialiste rénové au congrès d'Epinay en 1971. Guy Penne fait partie des intimes du Président : dans l'organigramme de l'Elysée, il figure aux côtés de François de Grossouvre et du conseiller d'Etat Paul Legatte, au-dessus de la vingtaine de conseillers techniques et chargés de mission qui constituent le cabinet du nouveau président de la République.

Dans un premier temps, Jean-Christophe occupe un simple emploi de documentaliste rémunéré 10 000 francs par mois, grâce à un contrat d'un an signé par le Quai d'Orsay.

Somptueusement installé au 2, rue de l'Elysée, là où d'autres « éminences noires » le furent aussi, comme Jacques Foccart, René Journiac ou Martin Kirsch, Jean-Christophe devient très vite le numéro 2 de la cellule. Il prend une réelle indépendance, nouant des contacts privilégiés avec bon nombre de chefs d'Etat africains, parmi lesquels le président du Togo, le général Eyadema. Il n'hésite pas non plus à court-circuiter l'« idéaliste » ministre de la Coopération, Jean-Pierre Cot, qui finit par démissionner en décembre 1982.

Le fils du Président n'arrive pas seul au 2, rue de l'Elysée. Ses copains viennent lui rendre visite, comme pour humer l'air de la nouvelle République socialiste. Ils ont nom : Michel Hermann, journaliste à l'AFP, qui participe un moment au travail de la cellule, Jeanny Lorgeoux, garçon sympathique aux cheveux mi-longs, maire de Romorantin, ancien député du Loir-et-Cher, et Jean-Noël Tassez, futur patron de Radio Monte-Carlo, qui lui aussi, on l'a vu, aura droit à la sollicitude de Pierre Falcone. Enfin et surtout, dans cette joyeuse bande qui aime faire la fête, on trouve un ami d'enfance, personnage un tantinet extravagant qui roule en Jaguar bleue et a l'ambition affichée de « monter la première boîte de relations publiques au monde »... Rien que cela ! Son nom : Jean-Pierre Fleury. Ce diplômé de l'Ecole supérieure de commerce de Paris bénéficie, via sa société de relations publiques, Adefi International, de nombreux contrats en Afrique. En 1983, avec le président togolais Eyadema ; en 1985, avec le Cameroun de Paul Biya ; en 1988, avec le Congo du général Sassou N'Guesso ; et en 1989, avec la Côte d'Ivoire du président Houphouët-Boigny. L'objet de ces contrats ? Soigner l'image de marque de ces chefs d'Etat. Jean-Christophe a toujours certifié être étranger à la signature de ces juteux marchés pour son ami Fleury.

Dans son livre extrêmement documenté, *Ces messieurs d'Afrique* [1], Stephen Smith, s'appuyant sur des témoignages précis, met à mal, pourtant, les affirmations de Jean-Christophe. Par contre, il est certain que l'Adefi s'est bien livrée à des pratiques peu ragoûtantes via l'une de ses filiales, Dolce Vita : la surveillance des mouvements d'opposition africains à Paris. Ainsi, le 4 mai 1990, Dolce Vita filme une

1. Voir le chapitre intitulé « Jean-Christophe, le conseiller ». Et aussi la grande enquête de quatre pages de Stephen Smith dans *Libération* du 6 juillet 1990, « Les réseaux africains de Jean-Christophe Mitterrand ».

manifestation d'opposants congolais et envoie les cassettes vidéo aux services de renseignements compétents de Brazzaville. Le lendemain, l'officine récidive lors d'un rassemblement d'opposants camerounais. Cette délation organisée, révélée par *Libération* le 6 juillet 1990, suscite la colère d'un ancien Premier ministre congolais, Me Moudileno-Massengo, qui s'en plaint au Premier ministre français Michel Rocard : « L'émotion est grande au Congo. Les familles sont très inquiètes car elles redoutent des représailles dans les jours qui viennent, étant, elles, plus à la portée de la main des services de sécurité congolais que leurs enfants qui ont manifesté à Paris. »

« Délit de copinage » avec Fleury ou pas, Jean-Christophe Mitterrand, l'œil toujours malicieux, la moustache de plus en plus épaisse, les cheveux de plus en plus frisés, poursuit en ces années 1985-1986 son ascension. A l'Elysée et en Afrique. Preuve qu'il rend bien des services sur le continent noir, le président gabonais Omar Bongo le nomme en mai 1985 au conseil d'administration de la Comilog, une société à capitaux américains et gabonais qui exploite une mine de manganèse au Gabon.

23 octobre 1986. A quarante ans tout juste, Jean-Christophe se voit à propulsé à la tête de la cellule africaine et succède à Guy Penne, fraîchement élu sénateur représentant les Français de l'étranger. Pour seconder le fiston, le président Mitterrand lui adjoint un diplomate expérimenté, ambassadeur de France à Bruxelles et ancien directeur de cabinet de Jean-Pierre Cot à la Coopération, Jean Audibert.

Nous sommes sous la première cohabitation. Jacques Chirac, le nouveau Premier ministre, a fait reprendre du service à Jacques Foccart, qui est chargé des Affaires africaines et malgaches à Matignon. Avec Jean Audibert, la cellule africaine de l'Elysée pourra ainsi faire pièce à Foccart... En cet automne 1986, la promotion de Jean-Christophe ne passionne guère les foules. Encore moins les médias. Ce n'est qu'en 1990 que *Le Canard enchaîné*, qui ne rate (presque) jamais rien, fera ce commentaire : « On ose à peine imaginer les hurlements qu'auraient poussés le PS et son patron de l'époque, Mitterrand François, de 1974 à 1981, si Giscard avait bombardé son fils Riton à la tête de la cellule africaine de l'Elysée. » Entre-temps, M. le conseiller pour les Affaires africaines et malgaches a continué de tracer sa route. Grâce à lui, son père a le fil direct avec tous les chefs d'Etat africains qui comptent. Que ce soit le Camerounais Paul Biya, l'Ivoirien Houphouët-Boigny — un ami de cinquante ans de François Mitterrand —, le Gabonais Omar Bongo, le Congolais Denis Sassou N'Guesso ou le Togolais Eyadema.

François Mitterrand se montre fort satisfait du rôle et du travail de son fils. Même si certains en doutent. Une sale histoire qui survient en 1989 leur en fournit l'occasion rêvée. Cette année-là, la presse révèle que la France s'apprête à vendre cinquante missiles Mistral au régime — encore sous l'apartheid — de l'Afrique du Sud, mais en maquillant le commanditaire. En clair, en faisant croire que ces cinquante Mistral vont être fournis au Congo de Denis Sassou N'Guesso. A l'époque, l'affaire Luchaire — du nom de cette entreprise qui avait exporté illégalement des armes vers l'Iran — est toujours à l'instruction. On dit que le PS aurait pu bénéficier des retombées de ce marché... Bref, cette histoire de missiles Mistral tombe à un très mauvais moment. D'autant plus que tous les regards s'orientent vers Jean-Christophe Mitterrand. La presse le soupçonne d'avoir couvert ce trafic au bénéfice de l'Afrique du Sud. Rien ne sera jamais prouvé. Sauf que, à en croire le fils aîné du Président — et il ne prendra guère de gants pour le dire —, cette accusation a une origine bien précise : elle émane d'un proche, très proche de son père, François de Grossouvre, qui en sous-main se délecte à alimenter quelques journalistes sur cette ténébreuse histoire.

Pourquoi l'ancien responsable des chasses présidentielles agissait-il ainsi, lui qui, pendant des années, abreuva Mitterrand de notes perfides sur Jean-Christophe ? Par vengeance ? Sans doute. Elle trouverait sa source dans l'anecdote suivante : au cours des années 1980, Jean-Christophe, scandalisé par les safaris menés par Grossouvre jusque dans les réserves d'animaux sauvages d'Afrique, en avait touché deux mots au Président, qui en avait à son tour averti Grossouvre. L'incident n'était pourtant pas extraordinaire, mais Grossouvre, depuis ce jour, vouait une haine féroce à Jean-Christophe Mitterrand [1].

A cause de cette affaire, le fils aîné du Président est à deux doigts de quitter l'Elysée. Il n'a guère de chance. Il prend de plus en plus de coups. Dans les dîners en ville, les cabinets ministériels, les services de renseignement, on évoque ses frasques vraies ou supposées... On chuchote qu'il possède des bananeraies, des sociétés immobilières au Gabon, au Cameroun et bien sûr au Togo, un pays de connaissance depuis de nombreuses années. Sur Internet, on apprend même qu'il est l'heureux propriétaire au Cameroun d'une exploitation forestière dont le bois a servi à la décoration de la Très Grande Bibliothèque François-Mitterrand, à Tolbiac !

Quoi d'autre encore ? Qu'il vend des armes à l'Unita. Qu'il cultive des champs de pavots au Rwanda. Qu'enfin il se livre à un gigantesque trafic de pierres précieuses avec la famille du président malgache, le colonel Ratsiraka. L'origine de cette rumeur : l'achat d'une émeraude par Jean-Christophe pour fêter les quarante ans de son épouse Elisabeth.

Toutes ses informations font l'objet de rapports étayés, adressés au Président, de plus en plus énervé. Jusqu'à ce qu'un soir de 1990 il convoque son fils dans le bureau élyséen.

« Assieds-toi », dit François Mitterrand. Puis il s'approche de son fils, de plus en plus inquiet. « Je voulais te dire que je suis très content de ton travail et de la façon dont tu gères la cellule africaine. » Jean-Christophe est interloqué. Mais rasséréné. « Eh bien, heureusement que tu m'as fait asseoir. C'est bien la première fois en quarante-cinq ans de vie que tu m'adresses un compliment [2]. »

Insondable François Mitterrand ! Moins de deux ans après ce satisfecit, il met fin aux fonctions de Jean-Christophe. Sans doute le reproche de népotisme qu'il entendait ici et là, tant à l'Elysée que dans les rangs du Parti socialiste, a pesé

1. L'anecdote est racontée dans *Mémoire meurtrie*. Grossouvre, président des chasses présidentielles, s'est suicidé en 1994, quai Branly, une annexe de l'Elysée.

2. Anecdote racontée dans *Mémoire meurtrie*.

lourd dans sa décision. La nouvelle est annoncée le 5 juillet 1992 au *Journal officiel*, qui annonce sobrement, comme le veut la règle : « Il est mis fin aux fonctions de M. Jean-Christophe Mitterrand, conseiller à la présidence de la République, chargé des questions africaines et malgaches. » Pour lui succéder, le Président fait appel au plus jeune ambassadeur de France — il a quarante ans —, Bruno Delaye, en poste à Lomé (Togo) depuis 1991. C'est un ancien membre du cabinet de Claude Cheysson, premier ministre des Relations extérieures de François Mitterrand après la victoire du 10 mai 1981.

Pour Jean-Christophe, ce départ, certes prévu depuis plusieurs mois, constitue incontestablement une défaite. Quelques jours plus tard, un de ses proches, Paul Dijoud, directeur du département Afrique au Quai d'Orsay, doit lui aussi partir. Il est remplacé par Jean-Marc Rochereau de La Sablière.

Le fils aîné du Président se retrouve sans travail. Victime sans aucun doute de son dilettantisme, de son goût prononcé pour les virées en boîtes de nuit, et des méchantes rumeurs qui courent sur lui depuis des années, largement distillées par François de Grossouvre. Il paie aussi sa filiation et son côté « très peu Quai d'Orsay ». Qu'importe ? Comme le dit la chanson, il ne regrette rien. Il lui faut donc trouver un job. Grâce à un de ses amis, Philippe d'Amalric, qui travaille à la Compagnie générale des eaux, Jean-Christophe entre dans ce groupe, présidé par l'emblématique Guy Dejouany. Le fils du Président, qui travaille dans une filiale, la SGE (Société générale d'entreprises), a pour mission d'étudier le développement du groupe en Asie et au Moyen-Orient. L'Afrique — en accord avec Dejouany — en a été exclue. Salaire : 100 000 francs par mois, brut.

Commence une nouvelle vie. Et, avec elle, de nouvelles rencontres. C'est ainsi qu'à l'occasion d'un voyage à Tunis, il fait la connaissance du chef de l'OLP (Organisation de libération de la Palestine), Yasser Arafat. Les deux hommes sympathisent. A tel point que tous deux envisagent, dans le cadre de la création du futur Etat palestinien, la signature de contrats avec la Générale des eaux, ici pour la construction d'un pont, d'un aéroport, là pour l'édification d'usines de traitement des eaux... Rien ne verra le jour. D'abord parce que la création de l'Etat palestinien n'est pas pour demain, ensuite parce qu'en mai 1995 l'élection de Jacques Chirac à la présidence de la République sonne le glas de la carrière de Jean-Christophe à la CGE. En décembre 1995, il est licencié et perçoit 750 000 francs d'indemnités. La douche froide. Naïvement, le fils de celui qui est désormais l'ancien président pensait pouvoir conserver son poste et son bureau rue de Vienne, à deux pas de la gare Saint-Lazare, à Paris.

Mais il n'est pas dans le besoin. Tant s'en faut. D'abord parce que les Assedic lui allouent 30 000 francs par mois, une somme qui beaucoup plus tard, nous en reparlerons, lui vaudra quelques soucis. Parallèlement il est, depuis l'automne 1992, consultant pour le compte d'une fondation financée par Elf, le Centre de recherche économique et social (CRES), domicilié à Genève et animé par Patrick Gantès, un proche du M. Afrique du groupe pétrolier, André Tarallo.

Son travail ? Principalement, selon Gantès, un travail de contact, de relations publiques. Ainsi, en 1992, lors du premier numéro de la revue *Nouveaux Mondes*, sponsorisée par le CRES, Jean-Christophe décroche la signature prestigieuse de Jacques Attali. A l'automne 1992, il organise, pour Patrick Gantès, un rendez-vous avec le futur Premier ministre russe Viktor Tchernomyrdine. A Rome, toujours grâce à Jean-Christophe, les dirigeants du CRES nouent des liens avec leurs homologues de l'ENI italienne afin qu'ils relatent leurs expériences dans les pays de l'Est. Enfin, le fils du Président met sur pied de nombreux colloques avec les pays de l'Europe orientale, anciennement satellites de l'ex-URSS.

Bref, un authentique travail, qui n'a rien de fictif, entériné au cours d'une réunion du comité de direction du groupe Elf présidé par Loïk Le Floch-Prigent [1]. Jean-Christophe sera rémunéré d'avril 1992 à juin 1993, 50 000 francs brut par mois, rituellement déposés sur un compte à Genève à la banque Darier Hentsch. Si, en décembre 1993, le contrat

1. Voir l'interview de Patrick Gantès dans *Paris Match* du 18 janvier 2001.

s'arrête, c'est pour une raison toute simple : le successeur de Loïk Le Floch-Prigent, Philippe Jaffré, nommé en août par Edouard Balladur, ne souhaite pas continuer les « bonnes œuvres » ayant bénéficié de près ou de loin à la Mitterranderie...

A l'époque où il travaille pour le CRES, le fils aîné de Mitterrand fait, en août 1992, la connaissance de Pierre Falcone. Voici comment.

Cet été 1992, Jean-Christophe passe ses vacances en famille à Phoenix dans l'Arizona. Il est accompagné d'un de ses amis — déjà cité —, Christian Jallabert, ancien cadre de chez Thomson, dont le nom sera cité beaucoup plus tard dans l'affaire des frégates de Taiwan, en compagnie de la désormais célèbre Christine Deviers-Joncour.

« J'aimerais te faire rencontrer un homme d'affaires français qui habite non loin de Phoenix », propose Jallabert à Jean-Christophe. Jallabert et Mitterrand junior rendent donc visite à Falcone qui habite une superbe villa à Scottsdale, banlieue huppée de Phoenix. Une sorte de Neuilly-sur-Seine à l'américaine.

A priori, tout oppose Falcone et le fils Mitterrand. Le premier se lie peu aisément, tandis que le second — séquelle de l'Afrique — est d'un contact facile. Falcone, aux opinions politiques de droite, défenseur acharné de l'économie de marché, hostile à toute forme d'étatisme, ne porte guère dans son cœur le gouvernement socialiste et le président François Mitterrand. Alors, concernant le fils, il ne peut éprouver que des préventions. Pourtant, le miracle se produit : les deux hommes, en cette chaude soirée estivale, sympathisent. Au point que l'année suivante, lorsque Jean-Christophe retourne aux Etats-Unis pour sillonner les grands parcs, le Yosemite notamment, sorte de forêt de Fontainebleau en dix fois plus grand, il commence son voyage par une halte à Phoenix où il retrouve l'ami Pierre et sa femme Sonia.

De retour en France, en septembre, Jean-Christophe revoit Falcone avec lequel il entretient des rapports cordiaux. Ce dernier aime parler, des heures durant, de sa terre natale, l'Algérie, où sa famille possédait des entreprises de pêche et de conserverie. Il aime aussi évoquer, avec nostalgie, le retour difficile en métropole après l'indépendance, en juillet

1962. Les deux compères parlent de l'Afrique, de l'Angola, un pays qui intéresse diablement Falcone et qu'il ne va pas tarder à découvrir. Un nouvel Eldorado riche en réserves pétrolières.

Seulement voilà : l'Angola souffre d'un lourd handicap en raison de cette guerre civile qui fait rage entre Jonas Savimbi et le président marxiste Eduardo Dos Santos. Des élections législatives sous le contrôle de l'ONU doivent avoir lieu à la fin 1992. Qui va gagner ? Bien malin qui pourrait le dire. Falcone s'affiche comme un fervent partisan de Savimbi. Il est convaincu qu'il va gagner. En aucun cas, pense-t-il, l'effondrement du bloc soviétique ne peut profiter à Dos Santos.

Coup de poker ou intuition ? Jean-Christophe Mitterrand ne partage pas cet avis. Savimbi, dit-il, péremptoire, à Falcone, sera battu et Dos Santos vainqueur. Effectivement, à la fin de l'année 1992, le MPLA de Dos Santos remporte la majorité des sièges à l'Assemblée nationale. Dans la foulée, Dos Santos conforte sa victoire : il arrive en tête au premier tour de la présidentielle avec un peu moins de 50 % des suffrages. En raison de la guérilla intense qui sévit dans le pays, le second tour n'aura jamais lieu. Dos Santos devient le président légal de l'Angola.

Falcone est bluffé, séduit par le juste pronostic de Jean-Christophe Mitterrand.

Dès lors, ils deviennent inséparables. Se rencontrent tantôt à Paris, Londres ou Phoenix, lieu de résidence officiel de Pierre Falcone. Tous deux voyagent en Thaïlande, à Hongkong, pays familiers à Jean-Christophe qui s'y est rendu à plusieurs reprises lorsqu'il travaillait à la Générale des eaux. Falcone pressent l'utilité d'un tel partenaire et conseiller.

Au fil des mois, Jean-Christophe multiplie les conseils en géopolitique pour son ami Falcone. Sans jamais réclamer la moindre compensation. C'est Falcone qui, affirme-t-il, lui offre spontanément salaires, commissions et cadeaux. Jugez plutôt : un jour, ce sont deux montres d'une valeur globale de 30 000 francs ; un autre, une malle de chez Fauchon. Un autre, encore, la prise en charge des frais d'hospitalisation de son fils au Canada. Une avance qui sera remboursée par Jean-Christophe Mitterrand. Enfin, Falcone lui verse à quatre reprises, en 1997 et 1998, de substantielles sommes d'argent destinées à le récompenser pour ses précieux conseils prodigués sur l'Angola : 680 000 dollars, le 21 octobre 1997 ; 120 000 dollars le 17 novembre 1997 ; 500 000 dollars le 7 mai 1998 et 500 000 dollars à nouveau le 4 juin 1998. Chaque fois, le pactole qui provient d'un compte Cantrade Ormond Bank de Brenco Trading International (île de Man) atterrit sur un compte de la banque genevoise Darier Hentsch dont l'ayant droit économique n'est autre que Jean-Christophe Mitterrand.

L'utilisation de ces sommes ? Ce dernier affirme les avoir investies dans une entreprise de pêcherie à Nouakchott en Mauritanie. Nous en reparlerons.

En ces années 1997-1998, Jean-Christophe, devenu consultant international, qui s'occupe d'opérations pétrolières avec le Nigeria, ne se fait guère de souci. Assuré qu'il est qu'on ne retrouvera jamais trace de ces versements. Convaincu qu'il est que jamais une information judiciaire ne sera ouverte.

La suite va montrer qu'il a fait preuve de trop d'optimisme et de naïveté... Et pourtant ! Il aurait dû lire l'article de *L'Evénement du jeudi* d'octobre 1996, décrivant avec force détails les différents circuits utilisés par Gaydamak et Falcone pour livrer des armes à Dos Santos. En juillet 2000, tout s'accélère avec l'ouverture d'une information judiciaire pour blanchiment visant l'avocat Allain Guilloux.

A partir de là, les juges Courroye et Isabelle Prévost-Desprez déroulent une pelote qui les conduit à Gaydamak, Falcone et à sa secrétaire, Isabelle Delubac.

Cette dernière, sur les conseils de son patron, a planqué à son domicile les disquettes informatiques comportant le nom des bénéficiaires des largesses de l'animateur de Brenco. Sans doute a-t-elle cru que les secrets de Falcone étaient à l'abri. Elle s'est trompée. C'est bien connu, dans les affaires financières de grande envergure, juges et policiers s'intéressent en priorité aux secrétaires.

C'est ce qui se passe le 14 septembre 2000 chez Isabelle Delubac à Saint-Germain-en-Laye. Sans difficulté, les enquêteurs mettent la main sur les fameuses disquettes. Décryptées, elles révèlent quelques noms célèbres qui intéressent au plus haut point les deux magistrats instructeurs : Jacques Attali, Jean-Charles Marchiani, l'ancien préfet du Var, homme des missions secrètes, proche de Charles Pasqua, et Jean-Christophe Mitterrand, notamment.

Dès lors, ces trois personnages sont dans la ligne de mire du juge Courroye. Les choses ne traînent pas. Le 1er décembre, une perquisition a lieu au domicile de Jean-Christophe, 22, rue de Bièvre, non loin du boulevard Saint-Germain, là où habitait son père. Le même jour, Pierre Falcone, placé en garde à vue dans les locaux de la Brigade financière, confirme les déclarations d'Isabelle Delubac, ainsi que le contenu des disquettes. C'est vrai, dit-il en substance, j'ai versé des espèces à Bernard Poussier, l'ancien directeur général adjoint de la Sofremi. C'est vrai, poursuit-il, j'en ai aussi remis à Paul-Loup Sulitzer pour qu'il nous conseille en matière de presse après la campagne de dénigrement dont j'ai été la cible de la part de *L'Evénement du jeudi*. C'est vrai encore que j'ai aidé Jean-Noël Tassez — à hauteur de 800 000 francs — pour résoudre des problèmes d'argent consécutifs à des dettes de jeu... Enfin, il évoque sa « générosité » à l'égard de Jean-Christophe Mitterrand. « Sur plusieurs années, confesse Pierre Falcone, j'ai dû lui remettre au total, de mémoire, de 100 000 à 150 000 francs, mais je peux me tromper. Il ne m'a jamais rien demandé, mais je lui ai remis quelquefois des espèces. Je lui ai payé des billets d'avion : je l'ai invité aux Etats-Unis, nous sommes allés en Chine. Je lui ai offert deux montres d'une valeur de 30 000 francs et 15 000 francs (marque Panerei). Tous ces cadeaux ont été donnés sur huit ans environ. »

Falcone n'en dit pas plus. Le commissaire de police qui l'interroge, rompu malgré son jeune âge aux affaires politico-financières, reste sceptique sur un point : les affirmations concernant Jean-Christophe. Le policier l'est d'autant plus qu'il sait déjà, grâce au retour de dossier des commissions rogatoires, que le fils du Président a perçu des sommes beaucoup plus importantes...

Le 1er décembre, lors d'une perquisition rue de Bièvre, Jean-Christophe Mitterrand est entendu par le juge Courroye. Audition catastrophique. Le fils de François Mitterrand, s'il admet connaître Falcone, déclare « n'être pas au courant des ventes d'armes », avant d'ajouter : « Beaucoup de rumeurs circulent sur moi concernant ce genre d'activités. Il a même été dit que j'avais vendu des armes à Savimbi. » Puis il affirme : « Je ne me suis jamais rendu en Angola avec Falcone. » Jusque-là, tout va bien. Philippe Courroye enchaîne : « M. Falcone vous a-t-il remis de l'argent ou a-t-il opéré à votre profit des virements ? » Réponse : « Je n'ai pas de compte avec lui. Il est possible qu'il m'ait remis un jour 200 francs pour prendre un taxi. Je ne vis pas grâce à M. Falcone. Je n'exclus pas que de temps en temps il m'ait donné 200 francs par-ci, ou 1 000 francs par-là ! » Le magistrat poursuit : « Avez-vous reçu des cadeaux de M. Falcone ? » Réponse : « Effectivement, j'ai reçu la montre que je porte au poignet... »

Ainsi donc, Jean-Christophe Mitterrand n'aurait reçu que quelques milliers de francs de Falcone ! Courroye reste impassible. Le fils du Président lui ment. Le magistrat sait désormais qu'il le reverra pour lui signifier une mise en examen et peut-être même quelque chose de plus coercitif...

En attendant, ce 1er décembre, Pierre Falcone est incarcéré à Fleury-Mérogis. Après avoir écopé d'une mise en examen pour fraude fiscale, abus de biens sociaux, trafic d'influence aggravé et trafic d'armes. Quelques jours plus tard, d'autres têtes tombent. Bernard Poussier, l'ancien directeur général de la Sofremi, est mis en examen le 14 décembre. Le lendemain, c'est au tour de Jean-Noël Tassez, l'ex-patron de Radio Monte-Carlo, d'être épinglé. Entre-temps, le 6 décembre, les juges ont délivré un mandat d'arrêt international contre Arcadi Gaydamak qui a trouvé refuge en Israël.

Le 21 décembre, Jean-Christophe Mitterrand est convoqué dans les locaux de la Brigade financière. A peine arrivé, à 9 h 30, le voici placé en garde à vue. Comme avec Pierre Falcone trois semaines plus tôt, c'est le même commissaire qui conduit l'interrogatoire. Il connaît son dossier sur le bout des doigts. Interrogatoire surréaliste. Jean-Christophe s'est fixé une ligne, dont il ne déviera pas d'un centimètre : éluder les questions tant qu'il n'aura pas accès à son dossier.

Extraits :

Question : « Quels sont vos comptes bancaires en France et à l'étranger ? »

Réponse : « J'ai un compte bancaire en France à la BNP Bourse. Je ne souhaite pas vous dire si je possède des comptes à l'étranger. »

Suivent des questions sur son parcours professionnel de 1973 à 1995, son métier de journaliste, ses fonctions à l'Elysée... Là, Jean-Christophe répond. Le commissaire revient à la charge : « Sur quel compte à l'étranger vos rémunérations ont-elles été encaissées ? » Le fils du Président ne se démonte pas : « Même réponse [que précédemment]. Je considère que vos questions me désignent comme suspect de quelque chose que je ne comprends pas et dont je ne vois pas le rapport direct avec la commission rogatoire. »

Nouvelle question : « Comment avez-vous connu M. Pierre Falcone et avez-vous eu des relations professionnelles avec lui ? » Réponse (évasive) : « Pierre Falcone est un ami et j'ai eu des relations de conseil avec lui. » Le commissaire persiste : « A partir de quelle date et quelle était la nature de ces conseils ? » Mitterrand se raidit : « Je verrai d'abord ce qu'il y a dans le dossier. »

Le policier, imperturbable : « Quels sont les domaines dans lesquels vous avez conseillé Pierre Falcone et quel a été le montant des rémunérations perçues, fruit de ces conseils ? »

Jean-Christophe ne cède pas : « J'ai été son conseil en analyse géopolitique. »

Le policier, à nouveau impassible : « Avez-vous rédigé des rapports ou notes écrits pour Pierre Falcone ? » Mitterrand élude : « Pourquoi me posez-vous cette question ? Elle laisse entendre que vous ne me croyez pas et donc que je suis suspect d'un délit. Je suis son conseil, un point c'est tout. »

Le policier insiste : « Avez-vous une trace matérielle de vos travaux pour Pierre Falcone ? » La réponse fuse : « Je ne sais pas. » Le policier ne le lâche pas : « Quelle rémunération avez-vous perçue pour ces prestations ? » Jean-Christophe, volontairement flou : « Je ne sais pas, parce que cela s'est étalé dans le temps. Il m'a remis une ou deux fois des espèces. Je répondrai à votre question quand j'aurai connaissance des éléments du dossier. »

Nouvelle question : « Pierre Falcone a déclaré le 1er décembre 2000 vous avoir remis des espèces pour environ 100 000 à 150 000 francs au total. Qu'en est-il ? » Réponse : « C'est vraisemblable. » Vient alors la question qui démange le policier : « Avez-vous reçu à l'étranger des rémunérations de Pierre Falcone ? » Une nouvelle fois, Jean-Christophe botte en touche : « Je ne répondrai à cette question qu'après avoir pris connaissance du dossier. » Le policier poursuit son avantage : « Pourquoi, le 1er décembre 2000, alors que vous êtes interrogé à votre domicile par le juge d'instruction, avez-vous déclaré : " Je n'ai pas de compte avec lui ", à la question qui vous était posée, à savoir : M. Falcone vous a-t-il remis de l'argent ? » Jean-Christophe croit trouver la parade : « Cette réponse concernait de l'argent non justifié. Je n'ai pas de compte non justifié avec M. Falcone. »

Et ainsi de suite. A 13 heures, ce petit jeu du chat et de la souris prend fin. Provisoirement. Le temps pour le fils Mitterrand de prendre un sandwich et de souffler un peu. A 15 h 30, l'audition reprend.

Le commissaire attaque bille en tête. Interrogeant Jean-Christophe Mitterrand sur son rôle en Angola et ses relations avec Pierre Falcone. Réponse catégorique : « Je n'ai jamais participé à des rendez-vous avec Pierre Falcone et des tiers en relation avec l'Angola. Par contre, mes conseils portaient sur l'évolution de la situation politique et régionale de l'Angola. » Il n'en démord pas : « Je ne suis jamais intervenu pour la signature d'un quelconque contrat avec l'Angola. » Il poursuit, tout aussi catégorique : « Pour moi, dans ce pays, Pierre Falcone montait des préfinancements garantis sur le pétrole. Je ne savais pas qu'il vendait des armes. »

Le policier, toujours pugnace : « Vous avez déclaré ne pas avoir travaillé professionnellement en relation avec l'Angola. Pourtant, dans une note du 22 mars 1999, sur papier à en-tête ACE, vous rédigez une note sur le préfinancement garanti par le pétrole en Angola, activité qui est aussi celle de Pierre Falcone. Persistez-vous à dire que vous n'avez aucun lien avec l'activité de Falcone en Angola ? » Réponse (un peu embrouillée) : « Dans cette note, je décris le système mis en place par Falcone. J'écris cette note sur du papier à en-tête

ACE car j'en suis le consultant. Je n'en suis pas l'ayant droit. Je ne sais plus à qui était destinée cette note, mais c'est le fruit d'une explication de Pierre Falcone sur ce système. »

Et les questions défilent. Connaissez-vous Elisio de Figueiredo, un ancien ambassadeur d'Angola ? L'avez-vous rencontré ? Connaissez-vous Curial [1] ? Petit à petit, l'étau se resserre. Jusqu'à cette interrogation. Terrible : « Quel est le numéro de votre compte à la banque Darier à Genève ? » Jean-Christophe affirmait il y a trois semaines devant le juge Courroye n'avoir jamais été titulaire de comptes bancaires à l'étranger. Il résiste : « Je ne le connais pas par cœur. Il ne bouge pas beaucoup. J'encaisse sur ce compte des revenus personnels et, pour le faire mouvementer, je vais à Genève. » Et il précise : « J'ai une carte personnelle UBS (Union des banques suisses) qui débite mon compte à la banque Darier. L'autre carte UBS débite le compte Iwik, toujours à la Darier. »

Le policier s'entête : « Etes-vous titulaire du compte n° 219 267 PMY à la banque Darier ? » Réponse : « Je ne connais pas le numéro de mon compte à la banque Darier. »

Jean-Christophe a perdu la partie. Depuis plusieurs minutes, il a compris que les enquêteurs savent tout — ou à peu près — des sommes qu'il a déposées à la banque Darier.

Le coup de grâce : « Dans les documents internes de Brenco, il apparaît que la banque Darier est créditée d'un versement de 120 000 dollars le 17 novembre 1997, débité d'un compte Brenco Trading International Limited à l'île de Man. » Tout naturellement suit la question : « Avez-vous reçu des règlements d'honoraires de Pierre Falcone sur le compte n° 219 267 PMY à la banque Darier ? » Mitterrand junior a à peine le temps de répondre que le commissaire lui met sous les yeux les bordereaux de quatre virements émanant de Pierre Falcone : 680 000 dollars le 21 octobre 1997 ; 120 000 dollars le 17 novembre 1997 ; 500 000 dollars le 7 mai 1998, et encore 500 000 dollars le 4 juin 1998. Jean-Christophe n'a désormais qu'une solution : s'expliquer. Ce qu'il fait.

D'abord sur le virement de 680 000 dollars. « Cette somme

1. Voir chapitre I. C'est Jean-Christophe, rappelons-le, qui a présenté Curial à Pierre Falcone.

ne m'a jamais été versée par Falcone. Il s'agit, dit Jean-Christophe, de ma rémunération pour une opération pétrolière que j'ai montée avec le groupe Tevier sur le Cameroun. A cette occasion, j'avais demandé à Pierre Falcone de me servir de relais et de recevoir ces 680 000 dollars... qu'il m'a par la suite reversés. »

Sur les trois autres virements — 1 120 000 dollars au total — Jean-Christophe le reconnaît volontiers : « Ce sont mes honoraires représentant les prestations que j'ai effectuées pour Pierre Falcone. » Gêné, Jean-Christophe avoue n'avoir déclaré au fisc qu'une faible partie des revenus versés par Falcone... L'interrogatoire se poursuit encore quelques minutes... Le temps pour le commissaire de poser la question qui le taraude depuis un long moment : « Pourquoi Pierre Falcone se montre-t-il aussi généreux avec vous : remise d'espèces, voyages offerts aux USA, cadeaux de deux montres, malles Fauchon (que vous avez omis de signaler ce matin), virement de 1,8 million de dollars sur votre compte en Suisse ? Quels services, autres que géopolitiques, avez-vous rendus à Pierre Falcone qui expliquent la générosité de ce dernier à votre égard ? »

Depuis 7 heures, montre en main, Jean-Christophe esquive, s'emballe, s'insurge. Il est las. Lessivé. Il répond : « Il faut lui demander. Je répète que sur 1,8 million de dollars, 680 000 ne concernent pas Pierre Falcone. En fait, sans mon analyse et ma persuasion quant à l'avenir de l'Angola, Pierre Falcone n'en serait pas là dans le préfinancement du pétrole. »

17 h 40. L'audition s'achève. Une heure plus tard, Jean-Christophe part en voiture banalisée, accompagné de trois policiers, pour le pôle financier du tribunal où l'attendent Philippe Courroye et Isabelle Prévost-Desprez.

Ses deux avocats, l'expérimenté et combatif Jean-Pierre Versini-Campinchi, ainsi que son jeune confrère Rémy Wilner, patientent depuis plusieurs heures devant le cabinet du juge. Il est parti dîner.

23 heures. Retour du magistrat. L'interrogatoire peut commencer. D'emblée, les choses se passent mal. Très mal. Le juge Courroye aurait demandé au fils Mitterrand : « Nom,

prénom de votre père... » Maladresse inutilement humiliante. Elle sera pourtant vigoureusement démentie par le parquet. Versini, déjà passablement énervé par cet incident, s'adresse à Philippe Courroye : « Monsieur le juge, nous venons de consulter le dossier. De ce que nous avons lu, nous comprenons mal en quoi M. Mitterrand pourrait être concerné par un trafic d'armes... Peut-être pourrions-nous nous livrer à un nouvel examen du dossier. » A peine l'avocat a-t-il terminé qu'il a droit à une réplique cinglante du magistrat : « Maître, vous adoptez un système de défense calamiteux. » Cette fois, c'est trop. Déjà, il y a quelques instants, le prénom du père de Jean-Christophe... Versini, scandalisé par cette mise en cause, adresse dès le lendemain une lettre de protestation au juge, au bâtonnier de l'Ordre des avocats de Paris, au président du tribunal [1].

A 23 h 30, enfin, dans un climat exceptionnellement tendu, débute le débat contradictoire. Versini plaide évidemment contre l'incarcération de son client. Le substitut du procureur ne partage pas cet avis. A minuit quinze, tout est terminé. Les juges signent l'ordonnance de mise en détention provisoire de Jean-Christophe Mitterrand après lui avoir signifié une mise en examen pour « complicité de commerce d'armes illicite, trafic d'influence par une personne investie d'une mission de service public, recel d'abus de biens sociaux et trafic d'influence aggravé ».

Menotté, hagard, la moustache rasée, il part à nouveau dans une voiture de police pour la prison de la Santé. Il y rejoint la cellule 121 dans le quartier des VIP. Là où sont détenus l'ancien préfet de police Maurice Papon et l'ex-président de l'Association de recherche contre le cancer (ARC) Jacques Crozemarie, condamné pour d'énormes malversations financières.

Jean-Christophe Mitterrand, comme les quarante mille détenus de France et de Navarre, n'est plus qu'un matricule : le 274.5022 K.

Sur le parvis du pôle financier, devant les caméras de télévision et quelques journalistes qui battent la semelle, Me Jean-

1. Me Versini-Campinchi n'aura aucune réponse.

Pierre Versini-Campinchi explose. Et s'insurge contre le placement en détention provisoire de son client. « Il n'a jamais été informé de la vente de matériels militaires par M. Falcone au régime angolais. » Dans la foulée, il annonce que, d'ici quelques jours, il va déposer un référé-liberté devant le président de la chambre d'accusation [1]. « En raison de ses garanties de représentation que personne ne peut contester, termine-t-il, un contrôle judiciaire aurait été largement suffisant. »

Le lendemain, jeudi 22 décembre, l'incarcération du fils de l'ancien président de la République fait la une des journaux. On évoque une affaire Mitterrand, comme si elle se substituait déjà à l'affaire Falcone. *Le Figaro* titre : « Les juges fouillent des affaires africaines », tandis que *Libération* et *France-Soir* font état d'un « fils Mitterrand devant la justice ». Quant au *Monde*, il titre sobrement : « Le compte suisse de J.-C. Mitterrand ». Au Parti socialiste, auquel le fils aîné du Président n'a jamais appartenu, la consigne est claire : le silence... Un silence qui ne sera rompu que début janvier 2001. Le premier secrétaire du PS, François Hollande, dans un entretien au *Parisien*, se contente de déclarer : « La justice travaille en toute indépendance, mais avec le souci de la présomption d'innocence. Pour cette famille comme toutes les autres. » Bref, le service minimum. Du côté de la garde rapprochée de François Mitterrand, le ton est tout autre. L'ancien président du Conseil constitutionnel, Roland Dumas, qui attend son procès dans un des volets de l'affaire Elf, va droit au but : « Le silence du PS ne me surprend pas. Nous avons affaire à des poules mouillées qui s'accommodent de tout, surtout lorsqu'il s'agit de choses qui touchent à François Mitterrand. » Et d'ironiser : « Pour des défenseurs des droits de l'homme, c'est pas mal [2]. »

Le député-maire de Vienne, fidèle de François Mitterrand, monte au créneau lui aussi. Il estime qu'« à partir du moment

1. Depuis le 1er janvier 2001, conséquence de la loi Guigou sur la présomption d'innocence, cette instance s'appelle chambre de l'instruction.

2. Interview au *Monde*, 13 janvier 2001.

où quelqu'un peut être entendu, je ne vois pas pourquoi on l'incarcère ». Et Mermaz de faire remarquer qu'il a adopté la même position en novembre 2000 lors du placement en détention de Michel Roussin, l'ancien chef de cabinet de Chirac à la mairie de Paris. Quant à Jean-Louis Bianco, en tant que gardien du temple — il préside l'Institut François-Mitterrand —, il n'a de cesse de fustiger les articles de presse, les couvertures de magazine, à ses yeux très injustes pour Jean-Christophe. En qualité d'ancien secrétaire général de l'Elysée, Bianco peut en témoigner : « Jean-Christophe Mitterrand a bien fait son travail. C'était un bon professionnel, connaissant bien l'Afrique, avec une certaine sensibilité. » De quoi donner du baume au cœur à Danièle Mitterrand ainsi qu'à Jean-Christophe et à Gilbert, le député maire de Libourne, qui ne se prive pas de dénoncer « l'attitude cynique et arbitraire » de Philippe Courroye et Isabelle Prévost-Desprez, qui ont pris des mesures « d'une extrême gravité sur la base d'un dossier qui est vide ». Estimant qu'ils « viennent sans doute d'inventer le délit de patronyme », il affirme : « Aucun fait, aucun témoignage, aucun document n'existe dans ce dossier pour étayer les décisions des magistrats. »

Enfin, le sénateur du Puy-de-Dôme, Michel Charasse, pour lequel le Président éprouvait une véritable affection, se mêle lui aussi à ce concert de soutien. Fidèle à ses habitudes, il met les pieds dans le plat en posant la question qui brûle toutes les lèvres : « Avec la nouvelle loi sur la présomption d'innocence, on a voulu mettre fin à l'abus de détention provisoire. Est-ce qu'il [Jean-Christophe Mitterrand] aurait été incarcéré après le 1er janvier ? Est-ce qu'on ne s'est pas un peu précipité ? » Question ponctuée d'un constat : « Les juges sont trop expéditifs. »

A droite, rien. Pas de réaction. Il est vrai que quelques semaines auparavant, avec le rebondissement de l'enquête sur les marchés de l'Ile-de-France, elle n'a guère envie de ferrailler. Tout au plus apprend-on que quelques députés de Démocratie libérale envisagent de demander la création d'une commission d'enquête parlementaire sur les trafics d'armes. Un point, c'est tout. Finalement, le seul à réagir est un « saltimbanque de droite » comme il se qualifie lui-même. Et encore, c'est pour soutenir la famille Mitterrand. Le saltimbanque en question ? Alain Delon qui, dans un article publié par *Le Figaro* le 1er janvier 2001, écrit : « [...] Je pense à Mme Mitterrand et à sa dignité. Elle fut, il y a encore quelques mois, la femme la plus puissante de notre pays, la plus flattée, célébrée, courtisée. Elle est réduite aujourd'hui à demander des explications à la justice, et à se rendre à la prison de la Santé comme une simple mère de droit commun pour y voir son fils aîné mis en détention la veille de Noël. » Il poursuit : « Mais qu'a-t-il fait au juste, Jean-Christophe Mitterrand ? Est-il pédophile ? A-t-il tué, violé une petite fille ou assassiné un gendarme ? Non, il a commis un délit financier. Ah ! là, cela intéresse vraiment le juge. Le même qui a mis Carignon en prison et brisé la réputation et la carrière de Michel Noir. Beau tableau de chasse ! »

Le pamphlétaire Delon ne manque ni de souffle ni de talent, mais il n'est pas exempt de démagogie. Et après tout, cela plaît ! Il termine ainsi son papier : « Tout le monde aura compris que mes propos n'engagent que moi et que je n'ai jamais rencontré Jean-Christophe Mitterrand de ma vie. »

Quant à Jean-Pierre Versini, l'avocat de Jean-Christophe, il a une idée fixe : le faire sortir au plus vite de la prison de la Santé. Le 27 décembre, il tente le tout pour le tout en plaidant son référé-liberté devant le président de la chambre d'accusation de Paris. Mission quasiment impossible : cette procédure n'est couronnée de succès que dans 3 à 4 % des cas. Mais Versini est un battant. C'est un as de la procédure pénale. N'a-t-il pas en 1999, contre toute attente, arraché grâce à un référé-liberté la remise en liberté de l'avocat d'Alfred Sirven, Me Eric Turcon, soupçonné d'avoir organisé la fuite au Togo d'un ex-imprimeur de la MNEF ? N'a-t-il pas été à l'origine du renvoi, en octobre 2000, du procès de financement présumé du PC, après avoir obtenu la récusation de la présidente du tribunal ?

Hélas, ce 27 décembre, c'est l'échec. Jean-Christophe, qui a déjà passé Noël en prison, y restera sans doute pour le premier de l'an. Versini a du ressort. L'échec le stimule. La libération de son client, il la veut. Il l'obtiendra. Le 2 janvier, la chambre de l'instruction doit dire si oui ou non le juge a eu raison de placer le fils aîné du Président sous mandat de dépôt. En principe, l'audience se tient à huis clos, sauf si le prévenu exige une audience publique. Me Versini-Campinchi, en accord avec son client, opte pour la publicité. Il prend un gros risque. La révélation au grand jour du dossier de Jean-Christophe Mitterrand, en présence des journalistes, peut avoir des conséquences catastrophiques.

Versini et Wilner en sont conscients. Néanmoins, ils pensent avoir des chances de gagner.

Ce 2 janvier donc, à 14 heures, l'audience commence sous la présidence de Sylvie Darbeda, assistée de deux conseillers à la cour. Sans la présence de Jean-Christophe, qui n'a pas souhaité être extrait de sa cellule.

Le conseiller rapporteur résume d'abord à grands traits l'histoire. « C'est l'affaire d'un négoce d'armes qui viendraient des pays de l'Est et seraient expédiées vers le territoire africain. » Effectivement, c'est à grands traits... Ensuite, il évoque les versements de fonds de Brenco consignés au domicile de la secrétaire de Pierre Falcone. La perquisition au 22, rue de Bièvre chez Jean-Christophe Mitterrand. Sa mise en examen. Ce rappel terminé, l'avocate générale, Dominique Planquelle, prend ses réquisitions. On est vite fixé sur ses intentions. La représentante du ministère public invoque « les nécessités de l'enquête » et le souhait d'« éviter des pressions et des concertations entre les mis en examen ». Puis c'est la mise en garde : « Il y a dans cette affaire des aspects extrêmement confidentiels et plusieurs personnes que l'on n'a pas encore entendues. » Il y a « des vérifications supplémentaires à faire sur les comptes suisses de Jean-Christophe Mitterrand »...

Sans surprise, Dominique Planquelle requiert le maintien en détention de M. Mitterrand. Me Versini-Campinchi, théâtral, se lève. D'emblée, il tente de faire tomber le premier pan de l'accusation : le commerce illicite d'armes. « Il n'existe pas, explique-t-il. Vous avez dans votre dossier une lettre du secrétariat général de la Défense nationale qui dit que, s'il n'y a pas de mouvement de matériels sur le territoire français, il n'y a pas d'infraction. » Son contenu, capital, conforte la position de Versini. Voici ce qu'écrit le général Mallet :

« [...] En l'état actuel du droit, ces opérations [de ventes de matériels militaires] ne sont pas soumises à autorisation au cas par cas lorsqu'elles n'entraînent pas de passage de matériel sur le territoire français. » Il s'agit là d'« opérations dites triangulaires », souligne le patron du SGDN. « Le courtier installé en France organise une opération pour laquelle le matériel part d'un pays tiers à destination d'un autre pays tiers et qui ne relève pas du régime français des contrôles des exportations [1]. »

Grâce à cette lettre, Versini marque des points. Il poursuit : « Le trafic d'influence aggravé ? Mme l'avocate générale est incapable de prouver son existence, pour lequel il n'existe pas le quart d'un centième d'élément. »

Le délit d'abus de biens sociaux ? Il n'est pas davantage constitué. Démonstration de Me Versini-Campinchi : « Il est établi que les virements reprochés à M. Mitterrand ont été effectués à partir d'une société basée à l'île de Man [Brenco Trading International Limited] vers un compte en Suisse. Or l'abus de bien social n'est un délit que s'il est constitué aux dépens d'une société française. » Et de conclure : « Nulle part la France n'est intéressée dans ce dossier. »

L'avocat en vient aux motifs de l'incarcération de Jean-Christophe Mitterrand, à savoir la nécessité d'effectuer des investigations supplémentaires sur ses comptes suisses. Versini s'emballe : « Grotesque, pas sérieux ! Un contrôle judiciaire aurait été amplement suffisant. »

Enfin, l'estocade. Cette fois en direction du juge Courroye, et le soupçon de faux qui pèse sur une de ses ordonnances de soit-communiqué. Datée du 3 juillet 2000, elle indique que l'avocat Allain Guilloux a été incarcéré et mis en examen ce jour-là. Or son mandat de dépôt ne sera décerné que le 5 juillet ! Me Versini-Campinchi ne se prive pas de stigmatiser ce faux, un faux en écritures publiques, souligne-t-il. Brouhaha dans la salle d'audience. La présidente tente de faire taire Versini. En vain. Fin des débats.

Devant les caméras de télévision, l'avocat, nœud papillon légèrement défait, le regard (faussement) sombre, repart à

1. Ce document de trois pages a été adressé aux juges Courroye et Prévost-Desprez le 4 décembre 2000.

l'attaque. Contre Philippe Courroye. Dans la soirée, vers 18 heures, la présidente de la chambre de l'instruction rend son arrêt. C'est la remise en liberté assortie de quelques impératifs : interdiction de quitter le territoire national, de rencontrer les protagonistes du dossier. Qu'ils soient mis en examen ou entendus comme témoins, tels l'ancien ministre de l'Intérieur Charles Pasqua, Jacques Attali ou le député européen Jean-Charles Marchiani. Classique. Mais surtout, pour pouvoir recouvrer la liberté, le fils aîné du Président doit s'acquitter d'une caution de 5 millions de francs. Là encore, classique, eu égard aux sommes allouées par Falcone.

Coup de théâtre : Jean-Christophe Mitterrand ne quittera pas la Santé. Il y reste jusqu'à nouvel ordre. Pourquoi ? Versini s'en explique : « Mon client ne dispose pas de 5 millions. Il pense qu'il lui reste [sur son compte en Suisse] au maximum entre 1 et 1,4 million de francs et il n'a rien d'autre pour vivre. » Le lendemain, Mes Versini-Campinchi et Rémy Wilner font savoir, dans un communiqué, que le fils de l'ancien président de la République « s'opposait au règlement de la caution même si des personnes tierces souhaitaient payer pour lui ». Après avoir rappelé que « la majeure partie des fonds perçus par M. Mitterrand a été investie dans des sociétés de pêche en Mauritanie », les deux avocats précisent : « Même s'il pouvait régler sa caution, il refuserait, par principe, de payer, car c'est une peine supplémentaire à la détention qu'il a subie. » Et de déplorer solennellement : « En décidant la remise en liberté de M. Mitterrand, les magistrats de la chambre de l'instruction ont clairement signifié que les juges avaient eu tort de le placer en détention. Or ils lui demandent, en même temps, de payer pour pouvoir sortir. Il s'agit d'une injustice flagrante. »

C'est l'impasse. Pas pour longtemps. Sous la pression de sa famille et de ses deux conseils, Jean-Christophe consent à verser la caution de 5 millions. Les 9 et 10 janvier, sa mère, Danièle, s'active auprès des proches pour réunir la somme. En quarante-huit heures, grâce à la mobilisation de Michel Charasse, de Roger Hanin, le beau-frère de l'ancien président, et de son épouse, Christine Gouze-Rénal, ainsi que du chanteur Pascal Sevran qui signe un chèque de 500 000 francs, les

5 millions — et même au-delà — sont réunis. Dans la matinée du 11 janvier, Danièle Mitterrand vient remettre la caution — qu'elle appelle, tout sourire, la « rançon », au Palais de Justice. Son fils peut quitter la Santé après moins de trois semaines de détention, sans avoir pu participer le 8, en famille, au déjeuner marquant l'anniversaire de la mort de son père.

L'atmosphère, pense-t-on alors, va se détendre après l'épisode de la « rançon » et les propos parfois vifs de Me Versini-Campinchi à l'égard des magistrats. Eh bien, non ! Le soir à 20 heures, invité du journal de France 2, Jean-Christophe, quoique mal à l'aise devant les caméras, n'y va pas par quatre chemins. A la simple évocation du nom de Courroye, il réagit. Au quart de tour : « C'est un juge qui sue la haine avant d'ouvrir la bouche... » La guerre est déclarée. Une guerre dont on a eu un aperçu la veille, avec son interview parue dans *Le Nouvel Observateur*. Extraits : « [...] Le juge Courroye a fait preuve d'une hostilité poisseuse, avec une véritable expression de haine. Il a tout de suite commencé à lire sur son écran d'ordinateur mon nom, mes date et lieu de naissance, puis il s'est arrêté. Il s'est lentement tourné vers moi et m'a demandé : prénom de votre père ? Il s'est accroché avec mon avocat qui lui a déclaré : 60 millions de Français connaissent le prénom de son père, pourquoi vouloir humilier mon client ? Ensuite le juge a poursuivi la lecture sur son écran d'ordinateur des nom et prénom de ma mère. Il était clair que le prénom de mon père était lui aussi sur son écran. »

Jean-Christophe relate un autre incident, à propos des menottes : « Le juge Courroye a refusé de demander aux gardes que l'on ne me mette pas les menottes. En dépit de l'insistance de mon avocat, jusqu'à la porte de l'ascenseur, le juge Courroye et le procureur ont maintenu leur position [1]. »

Les collègues de Courroye encaissent mal cette histoire de

1. Trois jours plus tard, sur France Inter, Jean-Christophe Mitterrand tempérera ses propos sur le juge Courroye : « On n'a pas le droit de faire acte de haine, c'est ce que j'ai ressenti et je l'ai dit peut-être un peu trop violemment. »

menottes. Elle n'est que mensonge. Au contraire, rétorquent-ils, le magistrat, au soir du 21 décembre, a téléphoné à l'escorte de gendarmerie chargée d'accompagner le fils du Président, afin qu'il ne soit pas entravé.

L'exaspération est à son comble. Ecoutons un juge du pôle financier : « Les bornes sont dépassées. Le mensonge, la diffamation et les attaques personnelles contre un magistrat, ça suffit. Le pire, c'est qu'on ne peut pas répondre, puisqu'on est liés par le secret de l'instruction. » Le président du Syndicat de la magistrature, Gilles Sainati, déclare : « Le fils de l'ancien président de la République a subi ce que tout le monde subit à l'instruction. » Avant d'ajouter : « C'est bien qu'il ait compris la réalité de la justice, et encore, il n'a pas connu la comparution immédiate. » La très modérée Union syndicale des magistrats (USM), majoritaire dans le corps, déplore pour sa part que certains fassent « le procès du juge pour éviter de s'expliquer sur le fond ». Enfin, l'Association française des magistrats instructeurs (AFMI) vient au secours de Courroye en dénonçant « les manœuvres de déstabilisation et d'agression dont il est victime ». La haute hiérarchie judiciaire, profitant des rituelles cérémonies de rentrée solennelle, ne reste pas muette. C'est le procureur de Paris, Jean-Pierre Dintilhac, qui lance : « Les insultes et les violences verbales sont incompatibles avec le débat judiciaire. » C'est le président du tribunal de grande instance de Paris, Jean-Claude Magendie, lui aussi inquiet de ces dérives verbales, qui déclare : « Il n'y a pas de pouvoir des juges ou de coup d'Etat des juges, même si la formule est médiatiquement accrocheuse. Il n'y a que l'avènement du droit. » C'est enfin le premier président de la cour d'appel de Paris, Jean-Marie Coulon, qui stigmatise « certaines démarches tendant à mettre en cause et à déstabiliser la personne de certains juges, particulièrement les juges d'instruction ».

Etrange climat, assombri par les menaces pressantes qui pèsent sur Philippe Courroye. Début janvier, un passant, qui le reconnaît, l'insulte. Quelques jours plus tard, le juge reçoit, par lettre, plusieurs menaces de mort. Aussi bénéficie-t-il — comme Isabelle Prévost-Desprez — d'une protection de la part des policiers des Renseignements généraux de la préfecture de police.

C'est dans cette atmosphère pesante que plusieurs avocats plaident, le 12 janvier, l'annulation d'une partie de la procédure de Philippe Courroye devant la chambre de l'instruction de Paris. L'audience débute à 17 heures. Le premier à plaider, Me Michel Konitz, conseil d'Allain Guilloux, considère que la saisie, le 7 juillet 2000, au cabinet de ce dernier, des dossiers d'Arcadi Gaydamak et Pierre Falcone est illicite. Selon Me Konitz, elle viole le secret professionnel de l'avocat.

Le second à intervenir s'appelle Guillaume Weill-Raynal. Il est le conseil de la secrétaire de Falcone, Isabelle Delubac. A ses yeux l'ordonnance de soit-communiqué du 3 juillet 2000, sur laquelle figure l'incarcération de Guilloux, constitue un faux. Et pour cause : celle-ci n'est intervenue que quarante-huit heures plus tard.

Un combat de pure forme. En effet, l'annulation de ces pièces ne menace pas l'édifice global de l'instruction. En revanche, la troisième cause d'annulation soulevée astucieusement par le défenseur de Gaydamak, Me Gilles-William Goldnadel, apparaît sérieuse. L'avocat a lu, plus attentivement que le parquet de Paris, le décret-loi du 18 avril 1939. Le texte est limpide : en matière de commerce illicite d'armes, seuls les ministres (Défense nationale, Guerre, Air, Marine, Air ou Finances [1]) sont compétents pour porter plainte. Or le parquet a commis une bourde, en ouvrant une information judiciaire sur la seule plainte des services fiscaux. Une cause de nullité incontestable également soulevée par les avocats de Falcone, Christian Charrière-Bournazel et Alain Toucas.

Si, d'aventure, la chambre de l'instruction annule ce volet majeur du dossier — celui du trafic d'armes — l'information judiciaire change de nature pour se transformer en une clas-

1. C'est la procédure qu'avait utilisée en 1987 le ministre de la Défense, André Giraud, pour engager des poursuites contre la société Luchaire, suspectée d'avoir exporté illégalement des armes vers l'Iran, pays sous embargo. Cette affaire, qui connut un énorme retentissement médiatique, se terminera par un non-lieu.

sique affaire d'abus de biens sociaux et de fraude fiscale. Même si les sommes en jeu sont considérables.

Dans ses réquisitions, l'avocate générale Dominique Planquelle, qui fait la même lecture du décret-loi de 1939 que Me Goldnadel, demande « la disparition de toute référence à un trafic d'armes ». Quant aux deux points de droit soulevés par Mes Konitz et Weill-Raynal, elle se montre partisane de les recevoir. Falcone, en prison, apprend la nouvelle. Il est satisfait. Jean-Christophe Mitterrand l'est tout autant, lui qui ne cesse de clamer n'avoir participé à aucun commerce illicite d'armes vers l'Angola.

Le 23 février 2001, la douche froide. Si la chambre de l'instruction annule quelques pièces — comme l'avaient souhaité les avocats de Guilloux et d'Isabelle Delubac —, elle valide, contre toute attente, les poursuites engagées pour trafic d'armes, estimant suffisante la plainte du directeur des services fiscaux de Paris-Ouest.

Dans les couloirs du Palais, certains magistrats sont effarés par cet arrêt contraire à l'esprit et à la lettre du décret-loi du 18 avril 1939. Les avocats, Me Goldnadel en tête, qui ne décolèrent pas, ont le sentiment que cette décision n'a été guidée que par une seule logique : le corporatisme, et donc une volonté de se montrer solidaire du juge Courroye.

Me Goldnadel et ses confrères, Mes Versini-Campinchi et Wilner, avocats de Jean-Christophe Mitterrand, ainsi que Mes Charrière-Bournazel et Toucas, avocats de Pierre Falcone, annoncent qu'ils vont déposer un pourvoi en cassation. Ils ont raison. Le 27 juin 2001, la Cour de cassation annule la procédure pour trafic d'armes. Un camouflet pour la chambre de l'instruction.

« Les poursuites pour commerce illicite d'armes ne pouvaient être engagées par le ministère public que sur plainte préalable des ministres compétents », lit le président de la chambre criminelle, Bruno Cotte, en insistant fortement sur le mot « ministres », sous-entendant clairement, comme l'avaient plaidé les avocats, que ce pouvoir ne saurait être délégué, et que les dispositions du décret-loi de 1939 sont d'ordre public.

En revanche, la cour valide définitivement la procédure

concernant la fraude fiscale de ZTS Osos, le trafic d'influence ainsi que les abus de confiance et abus de biens sociaux présumés.

Le juge Courroye doit donc recommencer à zéro son instruction sur le trafic d'armes en se fondant sur la plainte du ministre de la Défense, Alain Richard, du 25 janvier 2001. Ce dernier, conscient des risques d'une annulation sur ce volet, avait en effet pris les devants par cette initiative.

Une initiative qui ressemble fort, selon certains avocats, à du « rafistolage juridique », puisque la plainte du ministre de la Défense ne peut régulariser une procédure antérieure qui vient d'être précisément annulée...

L'arrêt de la Cour de cassation ne permet pas pour autant à Jean-Christophe de souffler un peu. En effet, deux histoires qui viennent d'être révélées coup sur coup dans la presse ont laissé une fort mauvaise impression [1].

1. Une troisième histoire un peu ubuesque sera racontée dans *Le Figaro* du 19 janvier 2001 par l'abbé Pierre. Ce dernier expliquait que, peu de temps après la mort de François Mitterrand en janvier 1996, deux évêques proches de Mobutu [l'ancien président du Congo, aujourd'hui décédé] étaient venus l'avertir de « choses très graves ». Selon eux, poursuivait l'abbé, « Jean-Christophe menait un très grand train de vie aux côtés de Mobutu. [...] Il faisait de gros profits financiers sur des ventes d'armes en Angola ». Toujours selon les deux prélats, « ce pays les revendait au Rwanda ». L'abbé Pierre aurait alors, par amitié, alerté Danièle Mitterrand au cours d'un rendez-vous qui se serait déroulé chez l'une de ses nièces. Le mère de Jean-Christophe lui aurait répondu : « Je connais mon fils, il a une conscience exemplaire. » Le lendemain de son interview au *Figaro*, l'abbé Pierre démentira ses propos... qu'il confirmera pourtant devant le juge Courroye à la fin du mois de février 2001. Ce qui fera dire à Me Versini-Campinchi : « La convocation de l'abbé Pierre est significative de la pauvreté de l'information judiciaire. Je m'interroge sérieusement sur le crédit qu'on peut apporter à un témoin qui dit avoir vu l'homme qui a vu l'homme qui a vu l'ours. » Mes Versini-Campinchi et Wilner ont rédigé un mémoire à l'intention du juge Courroye afin qu'il interroge le Vatican aux fins d'identifier les deux évêques auxquels fait allusion l'abbé Pierre. S'il y parvient, les deux conseils de Jean-Christophe Mitterrand souhaitent que le

La première, racontée le 31 janvier 2001, dans *Le Figaro*, concerne l'usine de pêcherie installée en Mauritanie et dont l'investissement a été réglé, selon Jean-Christophe, grâce aux coquettes sommes versées par Pierre Falcone [1]. Certes, note l'envoyé spécial du quotidien à Nouakchott, la société IWIK, présidée par Jean-Christophe, qui réalise l'opération existe bien. Certes ses deux associés, dont le Français Olivier Collonge, sont bien en place... Mais d'usine en état de marche, point de trace. Voici ce qu'écrit Jean Chichizola : « [...] L'usine n'en est qu'à l'état de baraquements. Le début des travaux avait pourtant été dirigé par un entrepreneur proche de la présidence de la République. Ces travaux, qui étaient arrêtés depuis des mois, ont repris à l'automne dernier. » Interrogé par le journaliste du *Figaro*, Olivier Collonge n'en démord pas : l'usine IWIK sera opérationnelle en avril 2001... Dix mois après cette profession de foi, l'usine de pêcherie est toujours au point mort... Les ennuis judiciaires de Jean-Christophe n'y sont pas étrangers. Car, enfin, il a réellement sollicité des entreprises (électricité, chauffage) pour faire tourner l'usine. En témoignent les factures d'un montant total de plus de 11 millions de francs réglés auxdites entreprises françaises et qui figurent dans le dossier du juge Courroye.

La seconde histoire, révélée par *Le Canard enchaîné*, huit jours plus tard, apparaît également embarrassante. Certes, elle n'a rien à voir avec l'Angola, mais elle témoigne de la légèreté de Jean-Christophe. Le juge Courroye a appris que pendant toute l'année 1996 et les six premiers mois de l'année 1997, les Assedic lui ont versé 336 596 francs, après son licenciement de la Compagnie générale de eaux. *A priori*, rien à dire : Jean-Christophe Mitterrand a cotisé un laps de temps suffisamment long pour prétendre à une telle indemnité. Seulement voilà : parallèlement, il a reçu 600 000 francs provenant d'une opération pétrolière sur le Nigeria. Or la loi

---

magistrat instructeur entende les deux prélats. La requête de Versini et Wilner n'a pas eu de réponse, et le témoignage de l'abbé Pierre est resté sans conséquence pour la suite de l'instruction.

1. *Le Figaro* du 31 janvier 2001 : « J.-C. Mitterrand : 9 millions dans les sables de Mauritanie », par Jean Chichizola.

interdit le cumul des indemnités de chômage avec tout autre revenu.

Ce faux pas n'émeut pas outre mesure Me Versini-Campinchi. Au contraire, il constate : « Il y a peu, on nous parlait de trafic d'armes et aujourd'hui, d'arnaque aux Assedic. Est-ce tout ce que l'on reproche à mon client ? J'espère, lorsque le dossier sera clos, que M. Mitterrand ne sera pas allé en prison pour une hypothétique fraude aux Assedic. »

Février 2001. Voilà plus d'un mois que Jean-Christophe Mitterrand fait la une des journaux. Plus d'un mois que ses avocats ferraillent avec les juges d'instruction. Sonné par une histoire, répète-t-il, qui le dépasse et ne le concerne pas, Jean-Christophe occupe ses journées comme il peut. Traînant ici et là son épaisse carcasse chez les amis qui ne l'ont pas lâché. Pensant au livre qu'il s'apprête à écrire. Un livre dans lequel il évoquera son enfance, l'Afrique qu'il aime tant, son passage à l'Elysée, sa mère et son père, souvent si lointain. Deux ou trois fois par semaine aussi, il rend visite à l'un de ses avocats, Me Wilner, pour se tenir informé du dossier. Un dossier qui depuis quelques semaines a pris un tour nouveau avec l'audition, comme témoins, de Jean-Charles Marchiani et Charles Pasqua, ainsi que la mise sous séquestre, début janvier, des comptes de la liste Pasqua-Villiers, candidats aux élections européennes de juin 1999.

En toile de fond, cette double question : l'Angola et Falcone ont-ils financé le Rassemblement pour la France (RPF) de Charles Pasqua ? Quels étaient les liens unissant Falcone à Marchiani ?

Un dossier chasse l'autre. Après Mitterrand, voici Pasqua et Marchiani dans la ligne de mire du juge Courroye. Un homme s'en réjouit, aujourd'hui brouillé avec l'ancien ministre de l'Intérieur. Tellement brouillé qu'il est prêt à témoigner contre son ancien allié. Son nom : Philippe de Villiers.

CHAPITRE IX

Tempête sur le RPF

Comme elle était détonnante, presque contre nature, l'idylle entre le petit-fils de berger corse et le vicomte vendéen ! Que n'a-t-on jasé sur cette alliance de la carpe et du lapin ! Et pourtant, entre l'imposant Charles Pasqua, à la gouaille toute populaire, et Philippe de Villiers, à la gouaille tout aristocratique, l'union a fonctionné. Oh, pas pour l'éternité ! Il n'en était pas question. Juste le temps d'une campagne électorale, celle des européennes de juin 1999.

Unis dans un même combat, celui du maintien de la souveraineté de la France contre l'Europe de Maastricht, Pasqua et Villiers ne se quittaient plus. On les voyait tous deux à la foire du Trône. Tous deux encore, affublés de chapeaux de paille, dans les arènes de Nîmes ou attablés avec des pêcheurs de l'île d'Oléron. Heureux temps où le vicomte de Villiers, président du Conseil général de Vendée, proclamait son « respect filial » pour le vieux Charles, sénateur des Hauts-de-Seine, ancien ministre de l'Intérieur, résistant de la première heure et authentique héritier du gaullisme. La stratégie s'avère payante. Au-delà de toutes les prévisions : la liste Pasqua-Villiers arrive la première à droite avec 13,05 % des voix, devant la liste RPR-Démocratie libérale Sarkozy-Madelin qui n'obtient que 12,82 %. La divine surprise. Dans la foulée, les deux compères fondent le Rassemblement pour la France (RPF), renaissance du mouvement fondé en 1947 par le général de Gaulle. Le 21 novembre 1999, lors du congrès fondateur du RPF, Charles Pasqua est élu triomphalement président de l'organisation avec 95,8 % des suffrages, tandis que Philippe de Villiers, avec 85,2 % des voix, se voit confier la vice-présidence.

L'idylle entre les deux hommes commence à se fissurer lorsque Charles Pasqua se déclare partisan d'accueillir dans le mouvement des souverainistes aussi bien de gauche (comme Jean-Pierre Chevènement ou l'écrivain Max Gallo) que de droite. Villiers souhaite pour sa part que le RPF reste résolument ancré à droite. Une anicroche survient même à l'occasion d'une élection législative partielle à Paris en décembre 1999, lorsque le RPF présente un syndicaliste policier de gauche, Jean-Louis Arajol. Hostiles dans un premier temps à cette candidature, les villiéristes finissent, *in extremis*, par s'y rallier. Quelques jours plus tard, c'est carrément la crise entre les deux camps du RPF qui s'affrontent violemment lorsque, dans l'Hérault, Jean-Charles Marchiani, pourtant proche de Pasqua, soutient comme délégué régional un villiériste contre un partisan du sénateur des Hauts-de-Seine. Au début 2000, le feu couve une nouvelle fois à l'occasion de l'élection des délégués régionaux du mouvement. Pasqua, qui se trouve minoritaire chez les délégués, tente de reprendre la main au RPF qui lui échappe de plus en plus. Le 5 mars, le président du RPF passe en force en nommant au poste de porte-parole du parti l'un de ses fidèles, William Abitbol, ennemi juré des villiéristes, qui fut son conseiller personnel au ministère de l'Intérieur de 1995 à 1997 sous la seconde cohabitation.

Deux mois plus tard, profitant de l'absence de Philippe de Villiers retenu à Bruxelles, le président du RPF annonce un référendum au sein de sa formation afin que lui soient conférés les pleins pouvoirs pour les investitures lors des prochaines élections législatives. Furieux, Villiers dénonce la manœuvre. Pasqua recule. Avant, quarante-huit heures plus tard, de faire volte-face et de lancer la consultation. Philippe de Villiers se rebiffe. Dénonçant les « coups tordus » de Pasqua, il demande à la justice de bloquer le référendum. Il obtient gain de cause le 23 mai 2000. C'est désormais la guerre entre les deux hommes. Elle ne s'arrête plus. D'autant que surgit un nouveau *casus belli* : le problème des finances du mouvement jugées totalement « opaques » par Philippe de Villiers. Depuis des mois, le député de Vendée s'interroge sur les raisons qui ont poussé une certaine Marthe Mondoloni, originaire du Gabon, à prêter 7,5 millions de francs à l'association de financement de la liste qu'il conduisait avec Pasqua lors des européennes alors qu'elle ne figurait qu'en... 55ᵉ position. Nous en reparlerons.

Une bizarrerie qui l'intrigue depuis le 21 octobre 1999, lorsque *L'Express* a révélé la générosité de l'énigmatique Marthe Mondoloni. Villiers est tout aussi intrigué par le million de francs prêté, toujours lors des européennes, par un chirurgien marseillais, Robert Assadourian. Il ne comprend pas davantage comment Charles Pasqua, sur ses deniers personnels, a pu avancer, à partir de son compte bancaire du Crédit du Nord, 4 millions de francs au RPF, en deux fois (les 19 novembre et 3 décembre 1999).

Enfin, Philippe de Villiers accepte fort mal, lui qui est tout de même vice-président du RPF, d'être tenu à l'écart de la situation financière du mouvement. Lequel affiche, selon le commissaire aux comptes Michel Levrel, un trou de 7 millions de francs. Un manque de transparence dont Villiers s'est plaint, dès le 12 avril 2000, dans une lettre adressée à Pasqua. Une lettre demeurée sans réponse.

Le 31 mai 2000, alors que la situation se tend de plus en plus, Villiers envoie une seconde missive au président du RPF. Extraits :

[...] Comme tu le sais, je n'ai aucune influence sur l'opportunité des dépenses, le choix des prestataires, et en définitive sur le paiement des créanciers. Cette situation est le résultat d'une volonté constante depuis la création de notre mouvement de tenir à l'écart des questions financières toute personne qui ne procéderait pas de ton autorité. Je te rappelle que notre secrétaire général adjoint, le député de l'Essonne, Nicolas Dupont-Aignan, a quitté ses fonctions avec quelques fracas le mois passé, notamment en raison de cette obstruction permanente. Il est vrai que Nicolas avait pu constater que les deux seules personnes qui n'étaient pas au nombre de tous tes anciens collaborateurs et qui pouvaient

connaître la vie financière du mouvement avaient été écartées. Dans ma lettre du 11 avril 2000 à laquelle tu n'as pas répondu, je te rappelais le cas de Thierry Bergeras, expert financier près la cour d'appel de Paris, que nous avions nommé trésorier adjoint du RPF. [...] Malheureusement, avant même la tenue de notre congrès, il a été invité à renoncer à ses fonctions et à quitter les locaux. Peu de temps après, il en a été de même pour Christine Philips qui avait été la comptable du Mouvement pour la France[1]*, ce qui lui a valu d'être mise à l'écart afin qu'il soit définitivement assuré que je n'aurais aucune information sur la situation financière du mouvement. En définitive, d'élimination en élimination, il ne reste plus au sein du RPF que le deuxième secrétaire général adjoint, systématiquement écarté de la vie du mouvement. [...] Ce constat me désole d'autant que j'aurais aimé rappeler à notre secrétaire général* [Jean-Jacques Guillet, député des Hauts-de-Seine] *et à ses subordonnés, qui restent sourds à mes demandes d'information et de mise en garde, les principes essentiels d'une saine gestion. A défaut, ce courrier te dira à nouveau mon inquiétude et ma désapprobation devant les responsabilités que tu prends seul et les risques que tu cours en tant que président. Je te prie de croire, mon cher Charles, à l'expression de ma considération distinguée.*

Moins d'un mois plus tard, Charles Pasqua répond à son vice-président. Le ton est sec, précis et empreint de reproches. Qu'on en juge :

[...] Je ne ferai que te confirmer ce que je t'ai déjà dit à de multiples reprises, ce que Jean-Jacques Guillet t'a écrit et qu'il a dit à Thierry de la Perrière et que tu sais parfaitement : la situation financière du mouvement est très compromise.

Elle ne l'est pas parce que des dépenses somptuaires ou incontrôlées auraient été faites, elle l'est parce que tu n'as pas tenu tes engagements. Faut-il te rappeler les promesses

1. Le mouvement animé par Philippe de Villiers.

publiques du 25 juin 1999, quand tu avais décidé la dissolution du MPF et sa fusion dans le RPF, avec l'apport du financement public dont tu bénéficiais ? [...] Dès lors, les choses sont simples : ou tu fournis sans délai ta part dans le financement du RPF ou ce mouvement aura vécu, en tout cas sous sa forme actuelle. Je ne vais pas, bien entendu, continuer d'engager des moyens financiers pour, en plus, faire l'objet d'une suspicion, voire de calomnies permanentes. Ecrire, par exemple, que le mouvement utilise et paie des avions privés pour mes déplacements relève de celles-ci.

Charles Pasqua poursuit :

Je voudrais encore te dire ce que je pense des initiatives judiciaires de tes proches qui n'ont pas été prises sans ton accord[1]. *En réalité, vous narguez le verdict de nos militants. [...] Vous redoutez systématiquement toute initiative qui pourrait, selon vous, avoir pour objet ou pour effet de mesurer les rapports de force au sein du mouvement, puisque c'est bien ainsi que vous raisonnez. [...] Moi, je n'ai pas d'arrière-pensées. Je n'éprouve pas le besoin de compter mes troupes. Je n'avance pas masqué. J'ai souhaité engager le référendum au sein du mouvement pour avoir les mains libres, dans la perspective de la campagne présidentielle qui s'approche. Un tel combat suppose une adhésion sans faille et que je dispose, moi, des moyens de mettre fin aux querelles stériles et irresponsables qui agitent le Rassemblement depuis sa création.*

La missive de Pasqua irrite au plus haut point Villiers. Le 11 juillet 2000, dans une lettre recommandée avec accusé de réception, le vice-président du RPF attaque bille en tête :

[...] Ta lettre ne répond pas à mes inquiétudes. Je n'ai pas confiance dans la manière dont le secrétaire général [Jean-

1. L'ancien ministre de l'Intérieur fait allusion à la demande par Philippe de Villiers de bloquer, par la voie judiciaire, le référendum destiné à lui donner les pleins pouvoirs dans le cadre de l'investiture des candidats aux législatives.

Jacques Guillet, député des Hauts-de-Seine] *gère les fonds du mouvement. Si même le MPF* [Mouvement pour la France, de Villiers] *disposait de fonds — ce qui n'est pas le cas — je n'ai évidemment pas l'intention de consacrer des deniers publics, dont je suis comptable, à une entreprise aussi désordonnée. Tu m'écris que la situation du Mouvement est très compromise tout en te gardant bien, une fois de plus, de me dire exactement le niveau de l'endettement du RPF que tu diriges seul. Je comprends, au ton de ta lettre et au train de vie pharaonique de ce Mouvement, que cet endettement est colossal. Les arguments que tu emploies pour justifier cette situation montrent les piètres qualités de gestionnaire du secrétaire général.*

Philippe de Villiers n'en démord pas et revient sur les « dépenses somptuaires et incontrôlées qui ont été faites ». Il écrit :

Il est inimaginable qu'un mouvement en gestation engage un personnel pléthorique et largement inemployé, loue des bureaux dont le seul coût absorbe à lui seul l'ensemble des recettes prévisionnelles et fasse appel — selon la presse, telle est malheureusement ma seule source d'information — à des moyens de transport excessivement onéreux.

Après avoir une fois encore souligné n'avoir jamais eu accès aux comptes du RPF, le président du Conseil général de Vendée conclut :

J'ai durant des années poursuivi mon activité politique au sein d'un Mouvement qui vivait selon des principes raisonnables, et si j'ai pu parfois regretter le manque de moyens, je n'ai jamais cru que la fin justifiait les moyens. Je te prie d'agréer, cher Charles, l'expression de mes sentiments cordiaux.

L'aventure du RPF avec Villiers touche à sa fin. La rupture est officialisée le 18 juillet 2000 lorsque ce dernier envoie sa lettre de démission de la vice-présidence du RPF. Le ton est désormais solennel. L'heure n'est plus au tutoiement, mais au voussoiement. Extraits :

Monsieur le Président,

Je vous informe, par cette lettre, de ma démission de la fonction de vice-président du RPF. Le désordre de ce Mouvement, sa gestion fantaisiste, son endettement anormal sont à mon sens incompatibles avec les obligations morales et légales qui sont les nôtres. Il est plus que hasardeux de prétendre que le RPF pourra demain payer les dettes qu'il accumule aujourd'hui. Dois-je vous rappeler qu'aucun financement direct ne peut être espéré avant 2003 et que nous ignorons nécessairement tout du niveau de cette contribution et donc de la possibilité de remboursement ? [...] Tout ce que j'apprends de la gestion du RPF par la presse et tout ce que j'en ignore me conduisent à cette démission. Cette démission sera purement symbolique puisque personne n'a jamais cru devoir me consulter ou m'informer de manière précise. Je n'ai par exemple jamais reçu les comptes de 1999 que vous avez pourtant arrêtés et remis à la Commission des comptes de financement des partis politiques (CCFP). Je note d'ailleurs que ces comptes n'ont été approuvés ni par la Commission des comptes du RPF ni par le bureau. Ma démission prend donc effet immédiatement.

Le mariage aura duré un peu plus d'un an. C'est court. Très court même. Ce n'est pas vraiment une surprise. Qu'y avait-il de commun entre l'ancien représentant chez Ricard, *self-made-man* toujours à la recherche de bons mots, et l'énarque un peu pincé, distant, même s'il n'est pas dénué d'humour ? Pas grand-chose. On ne fonde pas un mouvement sur une seule idée, fût-elle séduisante, comme le non à Maastricht.

Donc, en ce mois de juillet 2000, alors que l'instruction de l'affaire Falcone commence à peine, Pasqua et Villiers se séparent. Pleins de rancœur l'un envers l'autre. Philippe de Villiers reconstitue son organisation, le Mouvement pour la France, installée à deux pas de l'Ecole militaire, tandis que l'ancien ministre de l'Intérieur, quelques semaines plus tard, réunit un conseil national du RPF au cours duquel un de ses fidèles, Jean-Jacques Guillet, succède à Philippe de Villiers au poste de vice-président.

Le sénateur des Hauts-de-Seine et le député de Vendée restent plutôt discrets, encore que le premier ne pense qu'à une chose : l'élection présidentielle de mai 2002...

En attendant, la justice, elle, pense à Pasqua. Témoin la perquisition effectuée le 29 novembre dans son fief, le Conseil général des Hauts-de-Seine, et au siège du RPF. Témoin la perquisition conduite le même jour au domicile de l'un de ses fidèles lieutenants, Jean-Charles Marchiani. Témoin enfin, la mise sous séquestre, le 6 janvier 2001, des comptes de campagne du RPF. Le juge Courroye a en effet appris, grâce à l'un des fameux « mémos » de l'assistante de Falcone, Isabelle Delubac, que le RPF, à l'occasion des européennes de juin 1999, aurait bénéficié de 450 000 dollars (près de 3 millions de francs) généreusement alloués par l'homme d'affaires. Cette fois, c'est clair : le RPF, et par ricochet Charles Pasqua et Jean-Charles Marchiani, se trouvent dans la ligne de mire du magistrat.

Cette perspective réjouit le président du Conseil général de Vendée. Le 8 janvier, il annonce en effet, dans un grand tapage médiatique, son audition pour le 10, comme « témoin à charge » par Courroye dans l'affaire des ventes d'armes vers l'Angola. Oui, « témoin à charge », insiste l'ancien vice-président du RPF. Inédite, l'utilisation de cette expression : le code de procédure pénale l'ignore totalement ; il ne connaît que la notion de témoin tout court. Qu'importe ! Philippe de Villiers veut faire du battage et montrer qu'il ne fera aucun cadeau à ses anciens compagnons, Charles Pasqua en tête. Un battage peu élégant. « Délation », laissera tomber froidement l'ancien ministre de l'Intérieur.

Le 8 janvier, Philippe de Villiers raconte ce qu'il va dire au juge : « Je vais lui apporter des pistes, ou des confirmations suivant les éléments dont je dispose déjà. » Et le député de Vendée d'évoquer « le prêt personnel de 4 millions de francs de Charles Pasqua, ou encore l'intervention d'une certaine Marthe Mondoloni ». Une démarche, dit encore Villiers, nullement motivée « par un règlement de comptes », mais uniquement fondée sur le « devoir civique »...

Comme prévu, le 10, Philippe de Villiers se présente vers 15 heures au cabinet du juge Courroye. L'audition dure quatre heures. Quatre heures au cours desquelles le député de Vendée narre par le menu comment il a rencontré Charles Pasqua, comment leur liste commune pour les européennes a été mise sur pied, comment elle a été financée... Puis il exprime à nouveau ses doutes sur l'origine des fonds (7,5 millions de francs) versés par la généreuse Marthe Mondoloni... Rien de bien nouveau. Au passage, Villiers « assassine » l'entourage de Charles Pasqua, et surtout Jean-Charles Marchiani. Jugez plutôt : « Pour moi [Marchiani] était auréolé du repêchage *[sic]* des otages au Liban et des pilotes en Bosnie. A l'époque, je considérais les gens de l'entourage de Charles Pasqua comme des patriotes un peu voyous. Ce n'est que plus tard, rétrospectivement, que mon regard sur eux a changé et que je les considère aujourd'hui comme de “ grands bandits internationaux ”... »

Quelle charge, monsieur le vicomte ! Heureusement qu'un témoin, dans notre droit, bénéficie d'une immunité judiciaire le mettant à l'abri de poursuites pour diffamation.

Le juge écoute la déposition de Philippe de Villiers. Ce témoin-là, subodore le magistrat, ne jouera ni les muets ni les amnésiques. Il lui présente le fameux « mémo » saisi au domicile d'Isabelle Delubac, dicté, semble-t-il, par Falcone. Sur ce document qui contient un point 7, intitulé « Robert », il est écrit : « Un accord politique a été passé. Nous avons avancé à titre personnel 450 000 dollars. De ce qu'ils nous en disent, ils en attendraient encore 6 à 7 millions de francs français, soit environ 1 million de dollars, à 1,2 million de dollars. N'étant pas présent lors de ces accords, je ne peux émettre d'opinion objective. Toutefois, nous croyons savoir que cet argent devrait dans sa totalité être utilisé pour la campagne des élections au Parlement européen. Il serait donc peut-être très important de faciliter le déblocage de ces fonds, car cela nous assurerait le début d'un vrai lobby immédiatement opérationnel auprès du Parlement européen. »

A la lecture du document, le témoin Philippe de Villiers

reste bouche bée... Avant de déclarer : « Je découvre cet élément avec stupéfaction. Je comprends que ce que vous me mettez sous les yeux porte un nom en français : corruption. Les corrompus sont ceux qui auraient reçu l'argent, et notamment le dénommé "Robert" dont vous me dites que l'information dont vous êtes saisi a prouvé qu'il s'agissait de M. Jean-Charles Marchiani. Je n'ai jamais entendu parler d'un financement qui aurait pu venir de l'Angola, d'un éventuel trafic d'armes, d'une société Brenco ou ZTS Osos. Tous ces noms me sont étrangers. Je ne connais pas M. Falcone, ni M. Gaydamak. » Villiers conclut : « Je suis estomaqué et ulcéré devant la production de cette pièce qui paraît accablante pour ceux qu'elle concerne. »

Courroye enchaîne : « Connaissez-vous l'association France-Afrique-Orient et l'association France-Orient qui a notamment été domiciliée 24, rue de Penthièvre ? » Réponse : « Je me suis effectivement rendu rue de Penthièvre à deux reprises. Une fois en 1998 pour parler avec M. Charles Pasqua des élections régionales dans les Hauts-de-Seine. Je voulais lui demander de mettre en position éligible une militante du RPF du département des Hauts-de-Seine. J'y suis retourné le 9 avril 1999. C'étaient les locaux de Demain la France, association qui supportait l'activité politique de M. Charles Pasqua. J'ignore comment cette association était financée. J'ai entendu parler récemment de l'association France-Afrique-Orient, ou France-Orient, dans la presse. »

Le juge poursuit : « Il résulte des investigations que la société BTL (Brenco Trading Limited) a effectué un virement de 1 500 000 francs au profit de l'association France-Orient le 12 juillet 1996. Etiez-vous informé de ces éléments ? » Réponse : « Non, je l'ignorais totalement. »

L'audition continue. On reparle des finances du RPF. Villiers évoque à nouveau les 4 millions de francs prêtés par Pasqua au RPF... avec une convention de prêt dûment signée entre le président du RPF et le secrétaire général du mouvement, Jean-Jacques Guillet. « Un vrai faux prêt », analyse Villiers, qui poursuit : « Il s'agit d'un don déguisé, en contradiction avec la loi sur le financement des partis politiques qui fixe les dons à 30 000 francs. »

Quand il sort du cabinet du juge vers 20 h 30, le « témoin à charge » Villiers joue la carte de la dramatisation. Du genre « si vous-saviez-ce-que-j'ai-appris-mais-que-je-ne-peux-pas-vous-dire »...

Néanmoins, il se borne à déclarer d'un ton emphatique aux journalistes : « L'affaire Mitterrand-Pasqua est une affaire grave, une affaire d'Etat avec des ramifications intercontinentales et des développements insoupçonnables. » Un commentaire qui, on le comprend, ne plaît pas, mais pas du tout, à Charles Pasqua. Là, Villiers n'est plus couvert par son statut de témoin. Du coup, l'ancien ministre de l'Intérieur porte plainte, pour diffamation, contre son ancien colistier.

L'audition de Philippe de Villiers a une autre conséquence : six députés européens de son camp somment Charles Pasqua d'abandonner la présidence du groupe Union Europe des nations au Parlement européen. Et, dans l'attente de cet improbable départ, les six frondeurs démissionnent du groupe [1].

Affaire Mitterrand-Pasqua ou pas, l'inquiétude grandit dans le clan Pasqua. Même si Jean-Charles Marchiani, entendu à nouveau comme témoin le 11 janvier, assure que « la liste Pasqua, à l'occasion des élections européennes de 1999, n'a pas reçu un centime d'une société privée, publique ou para-publique, et encore moins d'un Etat étranger ». Même si, évoquant le prêt de 7,5 millions de francs de Marthe Mondoloni, l'ancien préfet du Var lance : « Tous les membres de la liste étaient libres de mettre de l'argent. »

Un malheur n'arrivant jamais seul, voici qu'on apprend, le 12 janvier, la découverte au domicile de Pierre Falcone d'un projet de discours de six feuillets de... Charles Pasqua. Cette découverte tombe mal : le sénateur des Hauts-de-Seine ne cesse d'affirmer n'avoir jamais rencontré l'homme d'affaires.

Pasqua, il y a peu encore héraut lyrique et enflammé du non à Maastricht, traverse une phase délicate. A plus ou moins long terme, le juge Courroye l'invitera à s'expliquer. Et ce sera en partie à cause de cette Afrique qu'il aime tant,

1. Il s'agit d'Elisabeth Montfort, Nicole Thomas-Mauro, Georges Berthu, Thierry de La Perrière, Dominique Souchet et l'avocat Alexandre Varaut.

où il compte tant de relais chez les patrons corses des jeux au Gabon, au Congo ou chez les dirigeants de l'Angola.

Retour sur Pasqua l'Africain.

Juin 1988. La première cohabitation vient de s'achever avec la facile réélection de François Mitterrand face à son challenger Jacques Chirac. Charles Pasqua, désireux de maintenir la présence de la France sur le continent noir, a une idée : fonder une association qui aura pour objectif de gérer ses relations avec les chefs d'Etat africains et lui permettre d'avoir leur confiance. Il cherche un homme qui pourrait efficacement la présider. Il est vite trouvé : c'est un ancien de la France libre, Pierre Messmer, jadis ministre des Armées du général de Gaulle, et ancien Premier ministre de Georges Pompidou. Le profil idéal.

Le 4 juillet 1988 naît l'association France-Afrique-Orient (FAO), présidée comme prévu par Pierre Messmer et vice-présidée par Charles Pasqua. Parmi les membres du bureau : Bernard Bled, trésorier, secrétaire général de la Ville de Paris sous Jean Tiberi ; Franck Borotra, futur ministre de l'Industrie d'Alain Juppé en 1995-1997 ; Michel Aurillac, ami de Léopold Senghor, qui vient de quitter son poste de ministre de la Coopération, et Xavier Deniau, frère de Jean-François. Tous fins connaisseurs des questions africaines.

France-Afrique-Orient s'installe dans des bureaux boulevard de La Tour-Maubourg, non loin des Invalides, jusqu'en 1993, date à laquelle elle rejoint la rue Clément-Marot, dans le VIIIe arrondissement, puis à partir de 1995, la rue de Penthièvre où elle occupe des bureaux cossus de 300 mètres carrés. A partir du 31 décembre 1999, elle déménage 50, rue de Berri, non loin des Champs-Elysées.

Le maire de Paris, Jacques Chirac, voit d'un mauvais œil la constitution de la FAO, ayant le sentiment qu'elle vise à doubler Jacques Foccart et l'ambassadeur Fernand Wibaux, tous deux animateurs d'une « cellule africaine » installée rue de Martignac, dans le VIIe arrondissement de Paris.

Alors, en octobre 1992, Jacques Chirac écrit au secrétaire général du RPR, Alain Juppé, pour lui faire savoir que tout membre du parti gaulliste qui souhaite prendre une initiative en Afrique doit en référer à Foccart et Wibaux. La mise en garde ne trompe personne : elle vise Charles Pasqua qui, grâce à Alfred Sirven, numéro 2 d'Elf, commence à contrecarrer les réseaux gaullistes du groupe pétrolier animés par son M. Afrique, André Tarallo. C'est ainsi que Sirven confiera plusieurs missions sur le continent noir à des fidèles de l'ex-ministre de l'Intérieur, comme François Antona ou Daniel Léandri, un ancien brigadier de police qui fut à son cabinet, déjà, de 1986 à 1988.

Ce n'est pas un hasard si, à cette époque, Elf se serait montré généreux envers Pasqua en prenant en charge bon nombre de ses déplacements en avion.

Qu'on en juge : pour la seule période allant du 21 juin au 24 septembre 1992, le groupe pétrolier aurait réglé au lieu et place de l'ancien ministre de l'Intérieur 24 déplacements affrétés par la compagnie Air Entreprise. Quelques exemples : une liaison Le Bourget-Biarritz le 17 juillet est facturée 53 650 francs. Une autre, cinq jours plus tard, Le Bourget-Vichy revient à 31 400 francs Une troisième, Le Bourget-Ajaccio-Brest-Le Bourget, le 16 août, coûte 98 600 francs. Une quatrième, Le Bourget-Marseille le 17 septembre revient à 50 900 francs. En trois mois, le groupe pétrolier présidé par Loïk Le Floch-Prigent aura dépensé, selon un rapport de la Brigade financière, plus de 1 million de francs.

« Il s'agit là d'un inventaire à la Prévert qui repose sur un travail approximatif », estime l'un des avocats de Charles Pasqua, Me Gilbert Collard, qui ajoute : « M. Pasqua n'a effectué qu'à deux ou trois reprises des voyages pour le compte d'Elf. Ces voyages découlaient d'une décision du président de la République [1]. »

A la suite de l'audition, le 11 décembre 2001, de l'ancien ministre de l'Intérieur par les juges Eva Joly et Renaud Van Ruymbeke [2], Me Collard persiste et signe : « M. Pasqua

1. Déclaration à l'AFP du 3 juillet 2001.

2. Magistrats instructeurs du tentaculaire dossier Elf. Charles Pasqua est interrogé dans le cadre de l'un des volets de ce dossier, où il a été mis en examen le 2 juillet 2001 pour recel d'abus de biens sociaux. L'ancien président d'Elf, Loïk Le Floch-Prigent, a dit, à plusieurs reprises, que « tout le monde » utilisait les avions du groupe pétrolier.

conteste avoir commandé ces voyages. On lui dit qu'il y a des bons de commande. Mais où sont les factures ? » Et l'habile avocat de poursuivre : « Nous avons demandé la production de la comptabilité à toutes les entreprises prétendant avoir effectué des voyages pour M. Pasqua. »

Cette parenthèse refermée sur Elf, revenons à la mise en garde de Jacques Chirac. Charles Pasqua n'y prête guère attention. Plus que jamais, avec Léandri et Antona, il s'intéresse au continent noir. En tant que président du Conseil général des Hauts-de-Seine, il consacre 1 % du budget du département à l'Afrique, pour la construction d'écoles, de routes, d'hôpitaux, principalement au Gabon d'Omar Bongo. Preuve que Charles Pasqua n'écoute guère Chirac : il va jusqu'à envisager la création d'une zone franche, doublée d'un pôle français offshore à Sao Tome et Principe, ancien archipel portugais situé au large du Gabon.

Petit à petit, Charles Pasqua, en ces années 1992-1993, devient un interlocuteur de choix pour les chefs d'Etat africains qui séjournent à Paris. Bien souvent, ils sont reçus, soit par lui-même, soit par Pierre Messmer, dans les locaux plutôt luxueux de France-Orient-Afrique.

A partir du 1er janvier 1993, c'est le pittoresque homme d'affaires André Guelfi, alias Dédé la Sardine, qui se serait substitué au groupe pétrolier et aurait réglé les déplacements en avion de l'ancien ministre de l'Intérieur, via une de ses sociétés, New Sporting Gestion. Une vingtaine de voyages aurait été payée (pour 1 million de francs) par Guelfi qui, une fois, le 18 août 1993, aurait pris en charge le vol Le Bourget-Figari (Corse) de Pierre Pasqua, le fils de Charles.

Toujours selon le rapport de la Brigade financière, Guelfi aurait réglé, du 27 février 1992 au 9 juillet 1992, six autres déplacements de Charles Pasqua pour un peu moins de 200 000 francs, via deux autres sociétés de son groupe, CPDE et Korreda. Interrogé le 21 novembre 2001 par les juges, André Guelfi affirmera n'avoir, « de sa propre initiative, sur son propre argent, emmené son ami Charles Pasqua » qu'à cinq reprises en voyage sur son avion privé. Pour les autres déplacements, André Guelfi, qui avait confié son avion en gestion à d'autres entreprises, n'a pas eu connaissance, dira-t-il encore aux magistrats, des autres utilisateurs.

En 1993, lorsqu'il revient place Beauvau, Pasqua continue de tracer son sillon sur ce terreau africain qu'il affectionne, où l'on ne s'embarrasse pas de paperasses, mais où la parole donnée, les liens personnels jouent un rôle essentiel dans la vie de tous les jours. Pasqua adore rendre service, utiliser son ministère pour donner des conseils de sécurité, surveiller aussi — discrètement — les opposants installés sur le territoire national. Après tout, qui le lui reprocherait ? Il est ministre de l'Intérieur.

Aider encore, aider toujours, c'est sa devise. Prenez les obsèques du président ivoirien Houphouët-Boigny, en décembre 1993. Les autorités d'Abidjan qui manquent cruellement de motos et de véhicules officiels pour la cérémonie sollicitent l'aide de l'Elysée, du ministère de la Coopération. Les choses traînent. Jusqu'à ce que Pasqua ordonne au fidèle Léandri de tout livrer sur-le-champ.

Les Africains apprécient ce pragmatisme. Tous veulent lui rendre visite à Pasqua. Toujours disponible, il veut maintenir la position de la France en Afrique et contrecarrer l'offensive des Etats-Unis. Œcuménique, Charles Pasqua l'est. Il reçoit le président tchadien Idriss Déby, l'islamiste Hassan El-Tourali, le père Mba Abessolé, pourtant ennemi acharné d'Omar Bongo.

Il reçoit encore en 1994, comme à son habitude sans alerter le Quai d'Orsay, le président angolais Eduardo Dos Santos. C'est Sassou N'Guesso, le président du Congo, qui le lui a demandé, et Charles a accepté.

L'objet du rendez-vous ? Que le ministre de l'Intérieur intervienne auprès du maréchal Mobutu afin que les rebelles de l'Unita de Jonas Savimbi n'utilisent plus le Zaïre comme base de repli dans leur lutte contre Dos Santos. Avec franchise, Pasqua déclare à son interlocuteur que sa requête semble difficilement réalisable. Tout en lui répétant que s'il peut obtenir un cessez-le-feu entre l'Unita — pour laquelle Pasqua ne cache pas ses sympathies — et le MPLA, il le fera. Cette visite de Dos Santos place Beauvau ne reste pas sans lendemain. Quelques mois plus tard, Charles Pasqua envoie un émissaire en Angola. Sa mission ? Tenter de rapprocher les intérêts de Dos Santos et de Jonas Savimbi pour mettre un terme à la guerre civile qui ravage l'ancienne colonie portugaise.

L'émissaire s'appelle Jean-Charles Marchiani. Il connaît Charles Pasqua depuis 1958. Nous l'avons déjà évoqué ici et là. Il mérite qu'on s'y attarde, tant il est un des personnages essentiels de la galaxie pasquaïenne.

Le grand public le connaît peu... Tout au plus se rappelle-t-on qu'il a été préfet du Var de 1995 à 1997, qu'il a joué un rôle capital dans la libération des otages du Liban en mai 1988... Pour le reste, on sait peu de chose.

De taille moyenne, visage mobile, œil pétillant, accent à la fois chantant et rocailleux qui laisse deviner ses origines corses, souvent vêtu d'une parka en cuir foncé, Marchiani cultive à souhait le mystère. Impossible de savoir ce qu'il pense. Sans doute, son passé d'agent secret qui lui colle à la peau. A lui seul son nom est devenu, en quelques années, l'objet de fantasmes. De rumeurs aussi, vraies ou fausses, savamment distillées par ses ennemis. Et il n'en manque pas ! Jean-Charles Marchiani est, en vérité, un bien déroutant personnage. Comme si chez lui, ombre et lumière ne faisaient qu'un.

Fils aîné d'un fonctionnaire des Impôts et d'une mère institutrice, Marchiani, âgé aujourd'hui de cinquante-huit ans, entame des études de droit à la Faculté d'Aix-en-Provence, dont il sort licencié en droit en 1966. Puis, l'étudiant qui n'a jamais caché ses opinions très « Algérie française » effectue son service militaire à l'Ecole d'infanterie de Montpellier. D'abord aspirant, il est promu sous-lieutenant le 1er novembre 1967, breveté parachutiste et lieutenant de réserve des troupes de marine le 2 janvier 1970.

Entre-temps, le jeune Marchiani a été affecté au SDECE — l'ancêtre de la DGSE — où il reste après son service, à titre civil. Le 1er février 1969 — à vingt-six ans —, Marchiani se voit promu délégué de troisième classe. Le jeune agent peut revendiquer quelques faits d'armes glorieux. Il a participé à l'exfiltration, via Rotterdam, de Juifs polonais en butte aux attaques antisémites de plus en plus nombreuses en Pologne. En Afrique — sa terre de prédilection, déjà —, il a livré des armes aux rebelles biafrais. En janvier 1970, s'il quitte la « Piscine » (le siège du SDECE), il n'en poursuit pas moins ses activités d'homme de l'ombre, comme honorable correspondant. Avec des couvertures diverses. En 1970, il entre à la société Automobiles Peugeot, comme responsable des relations industrielles et sociales, avant d'être embauché deux ans plus tard comme secrétaire général de la Servair, la filiale de restauration d'Air France

1983. Déconvenue, liée à l'arrivée de la gauche au pouvoir : le ministre des Transports communiste, Charles Fiterman, qui assure la tutelle d'Air France, l'éjecte de la chaîne Méridien — filiale elle aussi d'Air France — où il avait trouvé refuge après son départ de la Servair. Motif invoqué : « Chiraquisme primaire ». En 1986, avec la nomination à Matignon de Jacques Chirac — qu'il connaît depuis une bonne dizaine d'années — et surtout celle de Charles Pasqua au ministère de l'Intérieur, Jean-Charles Marchiani reprend du service. Pasqua lui confie une mission quasi impossible : libérer les otages français au Liban.

Plusieurs mois durant, Marchiani s'active. Des atouts, il n'en manque pas : non seulement il peut compter sur ses bons contacts avec les services secrets moyen-orientaux, mais aussi sur les milieux chiites, rencontrés lors de séjours en Afghanistan. Ce double avantage lui permet de discuter avec le Hezbollah, qui détient nos otages. Les négociations sont âpres. Compliquées. Et surtout dangereuses. A chacun de ses contacts avec le Hezbollah, Marchiani craint pour sa sécurité. Sachant qu'il risque sa peau, il n'hésite pas à employer la menace. En prévenant les hommes du Hezbollah : « Attention, ne me causez pas d'ennuis. Car mes amis corses sauraient réagir. » Un discours musclé, qui marche. Marchiani informe régulièrement Pasqua, toujours en langue corse, pour éviter que certains services secrets comprennent leurs conversations.

Pourtant, quelques-uns, au sein même du gouvernement Chirac, en viennent à douter de l'efficacité du travail de Jean-Charles Marchiani. De plus, ce qui complique les choses, l'Elysée, en coulisses, négocie également la libération des otages, qui devient un enjeu de la prochaine campagne présidentielle. Finalement, le miracle. Début mai 1988, Alexandre Stéfani — nom d'emprunt de Marchiani — débarque à Paris, avec les trois otages français encore vivants [1], Marcel Carton, Marcel Fontaine et le journaliste Jean-Paul Kauffmann. Ce dernier en gardera une reconnaissance éternelle à Jean-Charles Marchiani. Il se souvient : « Il [Marchiani] donnait des ordres, éjectait un religieux chiite qui s'était glissé au milieu de nous. Ses gestes étaient foudroyants. Ma liberté retrouvée s'incarnait en cet homme jaillissant des ténèbres [2]. »

Pour la première fois l'homme de l'ombre se retrouve en pleine lumière, auréolé de son exploit. Un exploit auquel même ses propres amis ne croyaient plus.

Sept ans plus tard, le voici à nouveau sous le feu des projecteurs. Il vient de négocier en novembre 1995 la libération de deux officiers pilotes français prisonniers depuis le 30 août des Serbes de Bosnie.

Quelques jours avant la libération des pilotes, Marchiani, contre l'avis du Premier ministre Alain Juppé qui ne l'aime pas, mais avec l'appui de Chirac et de Pasqua, se voit promu préfet du Var. Un département secoué par les affaires, l'assassinat de la députée Yann Piat, la chute de l'ancien maire de Toulon, Maurice Arreckx, remplacé plus tard par un maire Front national, Jean-Marie Le Chevallier. Un département aussi où l'homme fort n'est autre que le député-maire de Fréjus, François Léotard, que Marchiani n'apprécie guère. Il lui voue même une solide inimitié, convaincu que Léotard, lorsqu'il était ministre de la Défense sous la première cohabitation de 1986 à 1988, avait mis son veto à sa nomination à la tête de la DGSE.

A ceux qui se demandent si Marchiani, nouveau proconsul du Var, inaugurera les chrysanthèmes, la réponse ne tarde pas. Dès le mois d'avril 1996, le préfet part en guerre contre Gérard Paquet et le Théâtre national de la danse et de l'image (TNDI) de Châteauvallon qu'il anime à Ollioules. Cette attitude lui attire les foudres aussi bien de la gauche que du ministre de la Culture, l'UDF Philippe Douste-Blazy. En juin, *bis repetita*. Cette fois le préfet s'en prend au groupe NTM

1. Michel Seurat est déjà mort.
2. *Le Point* du 23 juillet 1991, « Jean-Charles Marchiani sort de l'ombre », par François Dufay.

(Nique Ta Mère) en sommant Gérard Paquet de déprogrammer le concert du groupe de rap. En soi l'intervention de Jean-Charles Marchiani n'a rien de scandaleux, tant NTM brocarde la police. Seulement voilà : il invoque les « valeurs chrétiennes ». Ce qui surprend de la part d'un représentant de l'Etat. Dès lors, c'est le tollé. A gauche, Michel Vauzelle, maire (PS) d'Arles, déclare : « Il n'y a pas, jusqu'à ce jour, de préfet chrétien, musulman ou juif, il n'y a que des représentants de la République. » Philippe Douste-Blazy, s'il juge qu'il n'est « pas admissible de dénigrer la police », n'oublie pas qu'en tant que ministre de la Culture, il doit garantir le respect de toutes les opinions et la liberté d'expression de chacun, même si elles traduisent des révoltes.

Les diverses déclarations ou prises de position du préfet du Var commencent à indisposer Paris. Au contraire, dans le département, pour une large partie de l'électorat de la ville de Toulon — celui d'Arreckx et d'une droite musclée proche du Front national — le ton vigoureux de Marchiani ne laisse pas indifférent. Plus les jours passent, plus il a le sentiment qu'un mandat électoral, soit celui de maire de Toulon, soit celui de député, lui irait comme un gant... Insensiblement, le préfet du Var notabilise Jean-Marie Le Chevallier — pour mieux l'étouffer ? — et rêve de réaliser dans le Var l'opération niçoise qui a vu le maire lepéniste Jacques Peyrat adhérer au RPR.

François Léotard s'en inquiète. Et exige de l'Elysée la tête de Marchiani. En vain... pour l'instant.

En janvier 1997, revirement. Le ministre de l'Intérieur Jean-Louis Debré envisage le départ de Jean-Charles Marchiani. Ses bonnes relations avec Jean-Marie Le Chevallier et ses prises de bec avec Philippe Douste-Blazy en sont les principales raisons. Une fois encore, le président Chirac s'y oppose. Finalement, le 24 juillet, avec la dissolution ratée de l'Assemblée nationale et la gauche revenue à Matignon, Chirac ne peut repousser l'échéance : le Conseil des ministres met fin aux fonctions de Jean-Charles Marchiani en le nommant secrétaire général de la zone de défense de Paris. Un placard doré. Mais un poste d'attente qui lui laisse quelques plages de liberté, tout en lui permettant de penser aux élections municipales de Toulon de

2001, où il espère succéder à Jean-Marie Le Chevallier. En attendant, il pense aux élections européennes de juin 1999 où il sera candidat, en position éligible avec son ami Charles Pasqua.

*

Voilà donc l'homme à qui Charles Pasqua confie une mission délicate en Angola. Un homme de caractère, parfois brutal, qui se moque éperdument d'aller à contre-courant des idées reçues. Un homme courageux, habile négociateur, qui possède une qualité indispensable pour pareil travail : le goût inné du secret.

Fin 1994, Marchiani s'envole pour Luanda et rend visite au président Dos Santos ainsi qu'au chef des services secrets angolais, le général Miala. Les entretiens se déroulent dans la plus grande cordialité. Marchiani promet, sous l'égide des Nations unies, d'œuvrer pour la paix et réconcilier — ou tenter de réconcilier — le marxiste Dos Santos et le « rebelle » Savimbi [1]. Il laisse entendre, au cours d'une rencontre avec le général Miala, que la France pourrait passer avec Luanda des accords de coopération en matière de police. Un discours qui satisfait les autorités angolaises.

Un homme permet le réchauffement des relations franco-

1. Effectivement, le 30 juin 1995, Charles Pasqua, alors qu'il s'apprête à quitter la place Beauvau, enverra une lettre chaleureuse au secrétaire général de l'ONU dans laquelle il écrit : « [...] Je souhaite vous dire combien j'ai été sensible à la confiance que vous avez témoignée au préfet Jean-Charles Marchiani dans l'exercice difficile qui visait en Angola à ménager et à concilier l'approche du président Eduardo Dos Santos et celle de son rival Jonas Savimbi afin de mettre un terme à une guerre civile qui a ravagé son pays et l'Afrique australe depuis vingt ans. Vos efforts, relayés bien modestement par mes encouragements, auront aussi permis d'esquisser une solution que personne n'imaginait il y a quelques mois. En vous renouvelant mes vœux pour le succès de votre haute et délicate mission, je forme le souhait de vous rencontrer dans un très proche avenir et vous adresse l'assurance de ma très haute considération. Avec mon cordial souvenir. »

angolaises : Pierre Falcone, très lié à Dos Santos, tout comme Arcadi Gaydamak et qui entretient d'excellents rapports avec Marchiani. C'est Falcone qui préparera le voyage en 1995 à Luanda du ministre de la Coopération, Jacques Godfrain, et en 1998 celui de Jacques Chirac. Deux voyages qui consolideront la troisième place de la France au rang des partenaires commerciaux de l'ex-colonie portugaise et conforteront la présence du groupe Elf qui assure 30 % de l'extraction pétrolière angolaise... assez loin derrière l'Américain Chevron.

De retour à Paris, Jean-Charles Marchiani rend compte à Pasqua du déroulement de son séjour en Angola. Dans les mois qui suivent, le général Miala lui adresse cinq lettres de remerciement. Dans la cinquième, reçue le 29 mars 1995, voici ce qu'écrit le général à son « illustre ami », Jean-Charles : « J'aimerais vous apporter encore une fois mon soutien pour vos efforts dans ces élections et nous continuerons à faire de notre mieux pour que les bonnes personnes soient aux bonnes places. » Le courrier se termine ainsi : « J'aimerais vous remercier pour l'engagement personnel que nous avons pu afficher à vos côtés, et nous saurons comment vous rembourser pour tout dans le futur quand nous serons en paix. »

Entre la galaxie pasquaïenne et l'Angola, serait-ce le début d'une lune de miel ? A en juger par le ton de la lettre du général Miala, décidé à aider l'action politique menée par Charles Pasqua, cela en a tout l'air... La référence aux élections — vraisemblablement l'élection présidentielle de mai 1995 — crédibilise un peu plus cette impression.

Un homme est chargé de mettre en musique les bonnes intentions de l'Angola. C'est naturellement Pierre Falcone, déjà mandataire du président Dos Santos pour les livraisons d'armes.

D'ailleurs, après la missive plus que chaleureuse du chef des services secrets angolais, Falcone manifeste sa générosité à l'égard d'une association gravitant dans l'orbite du RPF, accorde quelques (petites) faveurs à Jean-Charles Marchiani [1]

1. A deux reprises, Pierre Falcone mettra son avion privé à la disposition de Jean-Charles Marchiani : le 30 décembre 1998 pour un vol en famille Le Bourget-Bastia. Sur ce vol, Marchiani fournit l'explication suivante : en cette fin de décembre 1998, il est

avant de lui allouer une aide lors des élections européennes de juin 1999. Une aide mentionnée dans une lettre, mais que l'ancien préfet du Var nie formellement avoir reçue.

La prévenance de Pierre Falcone se fait sentir pour la première fois lorsque, le 12 juillet 1996, il adresse via sa société Brenco un chèque de 1,5 million de francs à France-Afrique-Orient (FAO), association fondée, on l'a vu, en 1988 à l'initiative de Charles Pasqua. Cette libéralité aiguisera, beaucoup plus tard, en 2001, curiosité et interrogation du juge Courroye. En substance : ce versement de 1,5 million de francs aurait-il un lien avec la remise de l'ordre national du Mérite à Arcadi Gaydamak par Jean-Charles Marchiani, qua-

---

souffrant et se trouve dans l'impossibilité d'accompagner sa mère, sa belle-mère et sa tante à Bastia pour passer les fêtes. Aussi, fort aimablement, Pierre Falcone mettra-t-il à la disposition de la famille de l'ex-préfet du Var son avion personnel afin qu'elle effectue ce voyage en Corse. Le vol retour, le 2 janvier 1999, sera réglé par Brenco, la société de Pierre Falcone.

En novembre 1999, Falcone aurait mis également à la disposition de Jean-Charles Marchiani une Safrane avec chauffeur à raison d'un jour et demi par semaine. Cette Safrane louée, Marchiani l'aurait utilisée pendant un peu plus d'un an. Dans une lettre adressée le 5 décembre 2001 au juge Philippe Courroye, il démentira catégoriquement ce dernier point. « Il est facilement vérifiable qu'à cette époque [1999-2000], écrivait l'ex-préfet du Var, j'étais à Bruxelles, à Strasbourg ou à Toulon et que je ne passais que quelques heures par mois à Paris. L'examen des travaux des commissions de Bruxelles et de Strasbourg, l'examen de mes comptes de campagne approuvés par les commissions compétentes ainsi que la lecture de la presse varoise démontrent de manière incontestable cet état de fait. »

Jean-Charles Marchiani, toujours dans cette missive, en profitera pour rappeler qu'il « n'avait jamais perçu sur le territoire national un seul centime, notamment de la société Brenco, mais également de quelque personne que ce soit, tant pour la campagne électorale européenne que pour les municipales ou les cantonales ». Enfin, l'ancien conseiller de Charles Pasqua réitérait ce qu'il n'a cessé de proclamer. A savoir « que l'ordre national du Mérite attribué à M. Gaydamak [l'avait été] d'une manière en tout point conforme au droit et à la déontologie de l'ordre ».

rante-huit heures plus tard ? En clair, Falcone aurait-il voulu remercier Pasqua d'avoir promu Gaydamak pour le récompenser de son rôle joué en 1995 dans la libération de nos pilotes en Bosnie ?

« Il est saugrenu et insultant pour la France, s'insurge l'ancien préfet du Var, de penser que les plus hautes autorités de l'Etat soient obligées de remettre une distinction pour obtenir une subvention à une association de 1901. » Avant de préciser : « Ce million et demi apparaît en comptabilité comme une subvention du gouvernement angolais. [...] Celui-ci a subventionné France-Afrique-Orient afin de maintenir la politique de la France et de notre mouvance politique en Afrique. Nos associations ont reçu de l'aide de nos gouvernements africains [1]. »

Quant à Charles Pasqua, il juge « carrément aberrant » de penser un seul instant qu'il existe un lien entre ce million et demi de francs versé par Brenco — dont il n'a jamais été informé — et la distinction accordée à Arcadi Gaydamak.

L'ancien ministre de l'Intérieur précise que, depuis 1991, il a rompu tout lien avec France-Afrique-Orient. A cette date, en effet, il a lancé, en compagnie de Philippe Séguin, le mouvement Demain la France dont l'objectif était de s'opposer à la ratification du traité de Maastricht.

Le juge Courroye est d'un avis différent. En 1996, selon lui, le cordon ombilical n'est pas totalement coupé entre FAO et Demain la France, puisque la première sous-loue des bureaux à la seconde, y entrepose ses publications et autres tracts électoraux. Le soir, une fois les locaux de France-Afrique-Orient déserts, les militants de Demain la France y organisent des réunions. De plus, FAO supporte les charges de Demain la France et règle la totalité du loyer annuel, soit 640 000 francs.

Des broutilles ? Sans doute. Pourtant le juge Courroye, se fondant sur l'étroitesse des liens entre Demain la France et FAO, et ayant le sentiment que la libéralité de Falcone constituait une contrepartie de la décoration accordée à Gaydamak, met en examen Pasqua au printemps 2001 pour

1. Audition par la PJ le 12 avril 2001.

trafic d'influence. Le sénateur des Hauts-de-Seine a le cuir solide. C'est un battant. Il en faut plus pour l'abattre. Il le dit haut et fort [1] : « Je serai plus que jamais candidat à l'élection présidentielle. Combien de fois faudra-t-il que je le répète ? Mon énergie est intacte. Quant à mon âge, bien sûr que j'aimerais avoir dix ans de moins, mais les ans ne font rien à l'affaire : lorsqu'on a des convictions et qu'on est déterminé, on se bat jusqu'au bout de ses idées. C'est ce que je ferai. » Et Pasqua de poursuivre : « Qui ne voit que mes ennuis avec la justice ont commencé dès que j'ai annoncé ma candidature à l'élection présidentielle ? » Revenant sur l'« hypothétique trafic d'influence », pour lequel il se voit épinglé, l'ancien ministre de l'Intérieur déclare : « M. Arcadi Gaydamak a été promu dans l'ordre du Mérite par le président de la République pour le rôle qu'il a joué lors de la libération des pilotes français en Bosnie. » Puis, invitant Jacques Chirac à prendre ses responsabilités dans cette histoire, il lance : « C'est au chef de l'Etat de déterminer quel est le moyen approprié pour dire le rôle réel de Gaydamak et confirmer que l'attribution de cette décoration n'a rien d'injustifié. »

Un autre versement effectué par Falcone intrigue aussi le juge Courroye : celui de 450 000 dollars en 1999. Le bénéficiaire en serait un certain Robert [2].

C'est ce que laisse entendre l'homme d'affaires français dans une lettre envoyée au président angolais Dos Santos. Il écrit : « Un accord politique a été passé. Nous avons avancé 450 000 dollars. De ce qu'ils nous disent, ils en attendent 6 à 7 millions de francs, soit 1 à 1,2 million de dollars. Nous croyons savoir que cet argent devrait, dans sa totalité, être utilisé pour la campagne des élections européennes. » Au-dessus de la lettre, qui sera retrouvée chez Isabelle Delubac, figure la mention « Robert ».

Qui est donc Robert ? Falcone affirme que, derrière ce prénom, se cache en réalité un pseudonyme désignant des services secrets des pays d'Afrique. Isabelle Delubac sera moins nuan-

1. Interview dans *Le Figaro* du 5 juin 2001.

2. Le mystérieux Robert en avait reçu un premier, en 1997, de 300 000 dollars.

cée, révélant au juge que, « pour elle, Robert c'était Jean-Charles Marchiani ». Les enquêteurs de la Brigade financière en ont la quasi-certitude, puisque tous les numéros de téléphone de Robert correspondent tantôt à celui de la préfecture du Var, tantôt à celui de son domicile personnel, de son portable ou du secrétariat général de la Zone de défense de Paris.

Marchiani n'en démord pas : Robert, ce n'est pas lui. Il s'agit bien d'un pseudonyme collectif regroupant certains services de renseignement...

Quant aux 450 000 dollars, l'ancien préfet du Var le dit et le répète : « Nous n'avons jamais perçu un seul centime d'une personne morale, quelle qu'elle soit. Ça ne peut pas être nous. Nous l'avons d'ailleurs démontré le 17 janvier 2000 au Parlement européen, par un vote d'une proposition très dure pour le régime angolais et contrebattu par une résolution [1] socialiste appuyée par la majorité de droite du Parlement. »

Et Marchiani de se montrer catégorique : « Jamais un accord politique n'a été signé entre l'Angola et nous. » Avant de concéder : « Le seul accord franco-angolais qui s'est concrétisé a été l'envoi de troupes françaises dans les deux Congo et l'appui du président angolais aux sociétés françaises face aux Américains. »

Pour les juges et la PJ, Robert et Marchiani ne font qu'un. Et il a bien perçu les 450 000 dollars. Mais qu'en a-t-il fait ? Pour le savoir, les enquêteurs examinent les comptes bancaires de ses deux fils. Surprise : ils découvrent qu'entre 1997 et 2000, ils ont bénéficié de 1 400 000 francs déposés par leur père, dont plus de 400 000 remis en espèces. Y aurait-il là une piste qui conduirait aux 750 000 dollars de Falcone ?

Le juge Courroye s'y engouffre. Le 22 mai 2001 il interroge Marchiani. Audition tendue [2]. L'ancien préfet se cabre :

1. Audition le 22 mai 2001 chez les juges Courroye et Prévost-Desprez. Jean-Charles Marchiani confirme ce qu'il a déjà dit à la Brigade financière le 12 avril 2001, au cours d'une audition mouvementée.

2. Cette tension connaîtra son paroxysme à l'automne. Le 10 octobre, le juge Courroye, qui convoque Marchiani pour le 18, assortit sa convocation de la mention : « Si vous ne comparaissez

« C'est insultant pour moi que vous fassiez un lien entre ces remises d'espèces et nos activités en Angola. Je suis blessé. Je remets 4 000 francs par mois à mes enfants, en gros, plus des dons de la famille. Quand j'étais préfet du Var, je percevais entre 30 000 et 35 000 francs par mois. Je ne percevais pas d'enveloppe. Après avoir quitté la préfecture du Var, je suis devenu secrétaire général de la zone de défense de Paris. Je percevais la même chose, plus des enveloppes par trimestre. De plus, j'ai accès, pour des missions, aux fonds spéciaux. »

Courroye revient à la charge. Tente de le piéger. Multiplie les questions. En quoi consistaient ces fonds spéciaux ? Avaient-ils vocation à aller sur les comptes de vos enfants ? Qui sont les amis qui versent de l'argent sur leurs comptes ?

---

pas, vous pourrez y être contraint par la force. » Mention on ne peut plus maladroite, en raison de l'immunité dont bénéficie Jean-Charles Marchiani en tant que député européen. Fort mécontent, ce dernier alerte la présidente du Parlement européen, Nicole Fontaine, qui, dans une lettre adressée à Philippe Courroye le 19 octobre, lui rappelle les privilèges et immunités dont bénéficie tout élu au Parlement de Strasbourg : « [...] J'ai l'honneur d'attirer votre attention sur l'article 10 du protocole sur les privilèges et immunités des Communautés européennes du 8 avril 1965 selon lequel : " pendant les sessions du Parlement européen, les membres de celui-ci bénéficient a) sur le territoire national, des immunités reconnues en tant que membres du Parlement de leur pays " »... Et Nicole Fontaine de poursuivre : « Cette disposition contient donc, dans le cas de M. Marchiani, un renvoi à l'article 26, alinéa 2, de la Constitution de la République française selon lequel : « Aucun membre du Parlement ne peut faire l'objet, en matière criminelle ou correctionnelle, d'une arrestation et de toute autre mesure privative ou restrictive de liberté qu'avec l'autorisation du bureau de l'Assemblée dont il fait partie. Cette autorisation n'est pas requise en cas de crime ou délit flagrant ou de condamnation législative. »

Cette guéguerre se poursuivra, notamment en décembre, Marchiani ne se rendant pas à une convocation du juge Courroye. Elle était prévue le 27 décembre 2001, alors que l'ancien préfet du Var avait fait savoir au magistrat que, du 25 décembre 2001 au 4 janvier 2002, il serait « à des milliers de kilomètres de Paris ».

Et ainsi de suite... jusqu'à cette ultime question : « Avez-vous des comptes à l'étranger dont vous êtes l'ayant droit économique ou sur lesquels vous disposez d'une procuration [1] ? » Marchiani ne cède pas : « Sur tout ce qui concerne l'étranger, je ne veux pas répondre. » Aveu implicite ? Le juge sait en tout cas que Jean-Charles Marchiani a, via son avocat genevois, un ancien bâtonnier, introduit un recours pour que les comptes dont il pourrait être l'ayant droit économique échappent à la curiosité de la justice. Pour l'instant.

Il tient le choc, l'ex-préfet du Var. Cela fait trois heures

1. La question n'est pas innocente. Philippe Courroye sait en effet depuis quelques semaines, grâce à une note de la DST transmise fin janvier 2001 au procureur de Paris — une procédure rarissime —, que l'ex-préfet du Var aurait eu la faculté d'actionner un compte du CCF Genève dont le titulaire était Iskandar Safa, homme d'affaires franco-libanais et l'un des principaux négociateurs en 1988, aux côtés de Marchiani, de la libération des otages du Liban.

Entre 1995 et 2001, plusieurs millions de francs seront transférés de ce compte genevois à un compte CCF aux Champs-Elysées, dont le titulaire était toujours Safa. C'est à partir de ce compte parisien que des proches d'Iskandar Safa auraient retiré des espèces à hauteur de 13,9 millions de francs pour les remettre à diverses personnes, parmi lesquelles une collaboratrice de Pasqua, Marie-Danièle Faure, et l'épouse de Marchiani. Toutes deux ont été mises en examen en décembre 2001 par le juge Isabelle Prévost-Desprez pour recel de blanchiment aggravé et recel de trafic d'influence.

La DST, dans sa note dont le contenu a été révélé par *Le Monde*, n'excluait pas que ces fonds proviennent d'une rançon versée par le gouvernement Chirac pour la libération des otages. Cette histoire révélée par Laïd Sammari, journaliste à *L'Est républicain*, provoquera les protestations de Charles Pasqua, scandalisé que la DST se transforme en officine, tout en martelant que jamais une rançon n'avait été versée. Marchiani, pour sa part, demandera solennellement au président de la République de le dire également. Ce que fera Maurice Ulrich, le conseiller de Jacques Chirac.

En février 2002, rien dans l'enquête de la Brigade financière ne permettait d'affirmer que ces sommes provenaient d'une rançon, les policiers concentrant leurs efforts à dénouer les fils d'une affaire compliquée, essentiellement financière.

que, sous l'œil admiratif de son avocat, Jacques Trémolet de Villers, il se débat pour convaincre le magistrat.

L'audition se poursuit. Marchiani ne cède pas. Non et non, cette histoire de ventes d'armes vers l'Angola ne le concerne pas, répète-t-il. « Vous suiviez pourtant en 1993-1995 au cabinet du ministre de l'Intérieur des ventes illicites d'armes », rétorque Courroye. Marchiani campe sur ses positions, consentant à admettre « avoir entendu parler de ce contrat en 1995, 1996 ou 1997, dans le petit monde du renseignement »... Pour le reste, il n'a jamais été informé de quoi que ce soit. « Je n'ai pas su, plaide-t-il, qu'Osos vendait des armes en Angola, car les services ne nous ont pas avisés. Du reste, la DST et la DGSE ne nous ont donné que des éléments favorables sur Falcone et Gaydamak. »

Le juge tend alors au préfet une note de la DGSE datée du 14 juillet 1997 sur laquelle on lit : « Si les activités de MM. Falcone et Gaydamak devaient se poursuivre de façon inchangée, il apparaîtrait clairement aux différents responsables concernés en Afrique francophone et en Afrique australe que certains volets de la politique africaine de la France sont abandonnés par l'autorité gouvernementale légitime à certains groupes d'intérêts politiques et financiers particuliers. »

Le document ne trouble guère Jean-Charles Marchiani : « Cette note a été rédigée, affirme-t-il, après le changement de gouvernement en 1997. Je me demande pourquoi on ne vous a pas transmis cette note plus tôt, si les activités de MM. Falcone et Gaydamak étaient frauduleuses. » Et l'ancien préfet du Var d'enfoncer le clou : « Dans ces conditions, il n'y avait aucune raison de ne pas confier à Gaydamak une mission afin qu'il ramène nos deux pilotes capturés en Bosnie en 1995 par les Serbes. »

Philippe Courroye montre alors une nouvelle note à Marchiani. Rédigée par la Direction centrale des Renseignements généraux, datée du 7 août 1995, elle a pour titre : « Manque de transparence autour des investissements immobiliers du mafieux russe Arcadi Gaydamak ».

Cette note des RG n'émeut guère Marchiani : « Je n'en ai peut-être pas eu connaissance, mais des renseignements de même type me sont parvenus. Le ministère de l'Intérieur a fait diligenter une enquête par la DST qui n'a pas recoupé ces informations [1].

On savait Marchiani coriace. On sait désormais qu'il peut faire preuve d'une habileté redoutable, même si au cours de son audition il a été en difficulté, notamment sur l'identité réelle du fameux Robert [2].

Mais l'ex-préfet du Var avait minutieusement préparé son interrogatoire, anticipant sur les questions qui pouvaient lui être posées et, aidé par Jacques Trémolet de Villers, avocat discret, peaufinant sans relâche ses dossiers et au bout du compte terriblement efficace.

Au fait, cher lecteur, l'avez-vous remarqué ? Pas une fois, au cours de son face-à-face avec Philippe Courroye, Marchiani n'évoquera le nom de Charles Pasqua. Ou plutôt une seule, pour exprimer « toute la sympathie personnelle et politique »

1. La DST — Direction de la surveillance du territoire — est une direction qui, comme la Direction centrale des Renseignements généraux, dépend du ministère de l'Intérieur. Bon nombre de notes de ces deux services, surtout lorsqu'elles concernent des sujets ultrasensibles, sont transmises au cabinet du ministre. Précisons qu'Arcadi Gaydamak entretenait d'excellentes relations avec la DST.

2. D'autres éléments laissent penser que Jean-Charles Marchiani ne semble pas avoir été totalement ignorant des ventes d'armes vers l'Angola. Ainsi, dans sa permanence électorale, les enquêteurs ont mis la main sur un contrat de livraison à destination de l'Angola signé le 21 février 1994 entre une société libérienne, Cultwork Invesment, et un mystérieux M. G. domicilié à Londres. « Ce contrat ne concernait pas l'Angola, mais le Moyen-Orient », soutient l'ex-préfet du Var. Toujours dans sa permanence, les policiers ont également découvert une note rédigée en portugais, datée du 22 janvier 1994, dans laquelle le ministre de l'Intérieur angolais recense toute une série de matériels — jeeps, camions, téléphones, radios — destinés à équiper la région de Luanda. Enfin, les enquêteurs ont mis la main sur le compte rendu d'une réunion sur l'Angola à laquelle participaient le 10 juin 1994 les dirigeants de la Sofremi, ainsi que des représentants d'Alcatel et de Thomson. « Il s'agit là de notes que l'on m'avait demandé de conserver à titre d'archives au cabinet », explique Jean-Charles Marchiani.

qu'il porte à l'ancien ministre de l'Intérieur, et même à Pierre Messmer.

A aucun moment, l'ex-préfet du Var n'impliquera à quelque degré que ce soit, ou tiendra des propos ambigus sur Charles Pasqua, qui se rendra, lui aussi, à Luanda, du 29 janvier au 2 février 1997.

Quand, le 12 avril 2001, un commissaire de la Brigade financière lui demande pour quelles raisons ce voyage a été réglé par un homme d'affaires moyen-oriental, Marchiani répond, ironique : « Je suis heureux de l'apprendre. » Quand le policier persiste : « Pourquoi le coût de ce voyage a-t-il été [en réalité] supporté par Arcadi Gaydamak ? », là Marchiani s'exaspère : « Je ne connais pas cela. J'étais préfet du Var, à l'époque. »

La cuirasse de Pasqua, c'est bien Jean-Charles Marchiani, détenteur de nombreux secrets et toujours muet. Quoi qu'il en coûte. C'est cela la force du futur candidat à l'élection présidentielle : pouvoir compter sur des hommes et des femmes entièrement dévoués et sûrs. Ils ne sont pas légion : une dizaine à peine, soudés autour du chef, qui se rencontrent régulièrement au 24, rue de Penthièvre, siège de France-Afrique-Orient, et de Demain la France, avant d'émigrer fin 1999 au 50, rue de Berri.

Le nom de ces fidèles ? C'est Marie-Danièle Faure, chargée de mission auprès de Charles Pasqua au Conseil général des Hauts-de-Seine [1]. Documentaliste de formation, cette pied-noir est une pasquaïenne pur sucre. Elle voit tout, entend tout, mais ne se souvient de rien. C'est aussi Marie-Hélène Bry, chef du secrétariat particulier de Pasqua au ministère de l'Intérieur, candidate du RPF aux élections municipales de 2001 dans le Xe arrondissement de Paris. Une tombe. Ne vous risquez pas à lui demander l'heure ou le temps qu'il fera

1. Elle se verra reprocher d'avoir antidaté fin 2000 un courrier pour faire croire qu'un don de 9 000 dollars avait bien été effectué par un bienfaiteur algérien à France-Orient, une association gravitant dans l'orbite du RPF. Or, selon les enquêteurs de la Brigade financière, ce courrier aurait été rédigé après la découverte de ces 9 000 dollars, en espèces, dans le coffre de France-Orient.

demain, elle risquerait de répondre « secret-défense ». Qui d'autre ? François Antona, un policier qui prépare avec un collègue, Daniel Léandri, les voyages du patron en Afrique francophone. Et encore Alain Robert, ancien militant d'extrême droite, qui a viré au centre [1]. Un autre personnage, enfin, joue un rôle de premier plan : c'est un diplomate, détaché au Conseil général des Hauts-de-Seine, Bernard Guillet. Il occupe les fonctions de secrétaire de France-Afrique-Orient depuis la création de l'association en 1988.

Cinquante-cinq ans, les cheveux soigneusement peignés, portant costume croisé, Bernard Guillet — homonyme de Jean-Jacques — compte autant, ou presque, que Marchiani.

Conseiller des affaires étrangères hors classe, Guillet effectue une grande partie de sa carrière dans le monde arabo-musulman. Que ce soit comme vice-consul à Khartoum (Soudan) de 1972 à 1975, premier secrétaire à Damas (Syrie) de 1977 à 1979 et à Rabat dans les années 1985-1986. Il a été aussi en poste en Angola comme conseiller d'ambassade de 1979 à 1982.

Un événement fait basculer sa vie : sa rencontre à Damas en 1978 avec Charles Pasqua. Ce dernier, tout juste élu sénateur des Hauts-de-Seine, apprécie immédiatement ce diplomate à la fois direct et carré. Ils se revoient de temps à autre. Jusqu'à ce que, à l'automne 1986, Pasqua, qui vient d'arriver place Beauvau, demande à Guillet de le rejoindre comme conseiller diplomatique.

Hormis un exil forcé comme consul général à Houston pour cause de défaite de Jacques Chirac à la présidentielle de mai 1988, Pasqua et Guillet ne se quittent plus. Tout naturellement, en 1993, lorsque Charles Pasqua réintègre le ministère de l'Intérieur [2], il fait à nouveau appel à lui comme conseiller diplomatique. Son rôle ? Assurer la liaison avec le Quai d'Orsay, superviser la bonne application des accords de

1. Il faudrait ajouter à cette liste Jean Taousson, un ancien militant d'extrême droite, lui aussi rangé des voitures, décédé il y a quelques années.

2. A la suite de la victoire de la droite aux élections législatives. Edouard Balladur est Premier ministre.

Schengen et maintenir d'étroites relations avec le monde arabe, notamment au Moyen-Orient (Syrie, Liban) et au Maghreb. Lors de son retour place Beauvau, Bernard Guillet fait la connaissance, début 1994, de Pierre Falcone. Méfiant — serait-il au courant de rumeurs circulant sur un trafic de vente d'armes ? — il se fait communiquer sa fiche des RG. Le voici rassuré : Falcone ne vend que des équipements et matériels de sécurité. Prudent tout de même, il montre la fiche au ministre de l'Intérieur qui lui rétorque : « Pas de problème, la Sofremi peut travailler avec Pierre Falcone [1]. » Et c'est ainsi que Guillet autorise la Sofremi à refacturer à Brenco — la société de Falcone — la moitié du prix — de la Safrane blindée offerte au président Dos Santos. Deux ans plus tard, en juillet 1996, Pierre Falcone adresse un don de 1 500 000 francs à France-Afrique-Orient dont Guillet est l'une des chevilles ouvrières. Ce don, « jamais je n'en ai été informé », assure Guillet. Pas plus qu'il n'a eu vent d'un quelconque trafic d'armes de Falcone et Gaydamak vers l'Angola. Certes, le conseiller diplomatique dispose d'une revue de presse au Conseil général des Hauts-de-Seine, mais jamais, affirme-t-il, n'y ont été insérés les articles de *L'Evénement du jeudi* d'octobre 1996 et de janvier 1997. En fait, Bernard Guillet n'aura connaissance des activités réelles de Pierre Falcone qu'en novembre 2000 [2].

Le juge Courroye en doute. En effet, en 1997, Bernard Guillet promet à un bon connaisseur de l'Angola de lui trouver un emploi chez Pierre Falcone. Représentant à Luanda, dans les années 1988-1989, d'une société de vente de matériels sensibles, la Sofema, dépendant du ministère de la Défense, il s'appelle Jean-François Clarisse [3]. A ce titre, il a eu à connaître les dessous du contrat de vente d'armes vers l'Angola. Aussi semble-t-il peu probable que Guillet l'ignore, d'autant qu'au cabinet du ministre il suit le dossier Sofremi et

1. Telle est la version de Bernard Guillet, lors de son audition par Courroye, le 23 avril 2001.

2. Son audition, le 23 avril 2001, par les juges Courroye et Prévost-Desprez.

3. Déjà évoqué (voir le chapitre IV).

entretient des relations cordiales avec Clarisse. Ce dernier, qui ne sera finalement pas embauché par Falcone, aura droit à une compensation, puisque Guillet lui proposera un bureau au... 24, rue de Penthièvre, à partir de novembre 1997. La gentillesse n'est pas gratuite. Clarisse connaît beaucoup de monde. Ça peut toujours servir. En Russie, il entretient d'excellentes relations avec le maire de Moscou, Youri Loujkov, et le général Lebed. En Yougoslavie, il est très ami avec Borislav Milosevic, le frère du dictateur. En Afrique, il voit souvent le chef de la rébellion de l'ex-Zaïre, Arthur Zidi M'Goma. Il connaît également le commandant Massoud, le chef de la rébellion afghane [1] qui sera « traité » par Jean-Charles Marchiani. En avril 1999, Clarisse, qui a présenté tout ce petit monde à Bernard Guillet, quitte les bureaux de la rue de Penthièvre. Désabusé et furibond. Il n'a retiré aucune contrepartie de son travail de relations publiques. De plus, Guillet l'a contraint à régler les loyers d'une société Saberlink [2], installée elle aussi au 24, rue de Penthièvre, et animée par sa protégée, une ravissante jeune femme blonde, très star de cinéma américain, montre Cartier au poignet et autres babioles en or aux mains.

Malgré ses trente-trois ans, Sabine Moutier est loin d'être une inconnue dans la galerie pasquaïenne qu'elle fréquente depuis 1992. C'est au sortir de la faculté de droit de Nanterre,

1. Assassiné le 9 septembre 2001, deux jours avant l'attentat contre le World Trade Center de New York.

2. Société de conseil ayant vocation à travailler avec des pays du Moyen-Orient. Les relations entre Clarisse et Guillet se seraient distendues en raison de la campagne de dénigrement lancée par le second auprès de Pierre Falcone qui devait prêter 500 000 francs à Jean-François Clarisse. Selon le chauffeur et garde du corps de Falcone, Sylvain Dargery, Clarisse aurait réclamé 10 millions de francs (*sic*) à Pierre Falcone. Ne parvenant pas à les obtenir, il se serait tourné vers une équipe de voyous yougoslaves à qui il aurait promis une commission de 10 % sur la somme récupérée. Le chauffeur de Falcone aurait alors versé 120 000 francs aux Yougoslaves qui ne donneront pas suite à la proposition inquiétante de Clarisse. Cette histoire, apparemment extravagante, a été racontée par Sylvain Dargery au cours de son audition par la PJ le 19 juin 2001.

où elle vient d'obtenir un DESS de droit public, que Charles Pasqua lui propose un stage au groupe RPR du Sénat. En 1993, le stage se transforme en poste de chargée de mission au cabinet du ministre de l'Intérieur. La belle Sabine, objet de bien des attentions place Beauvau, retient vite celle de Bernard Guillet qui lui demande de le seconder. Ici pour le représenter dans des réunions avec des ambassadeurs étrangers, là pour qu'elle participe à des réunions liées à l'application des accords de Schengen. La jeune femme se débrouille bien, donnant totale satisfaction à Bernard Guillet. Ce dernier prendrait-il sa protégée pour une nouvelle Mata-Hari ? Toujours est-il qu'en 1994, il lui confie une mission très spéciale : se rendre à Genève pour récupérer des documents diplomatiques de première importance. Un peu inquiète, Sabine demande quelques explications. En vain. « Si vous avez un problème à la douane de l'aéroport, vous montrerez votre carte tricolore et tout ira bien », lui répond Guillet.

Tôt le matin, Sabine Moutier prend un vol Air France pour Genève. A l'aéroport, un homme l'attend et la conduit vers une limousine où un autre homme lui remet un attaché-case fermé avec un code. Sabine tente de savoir son contenu. « Ça ne vous regarde pas, lui lance-t-on sèchement, vous êtes chargée de le remettre à votre chef, M. Guillet. Un point c'est tout. » Sabine reprend le vol suivant vers Paris. Direction : le ministère de l'Intérieur, où elle rapporte la mallette à Bernard Guillet et François Antona. Tous deux s'enferment dans un bureau. A plusieurs reprises, la jeune chargée de mission redemande ce que contient la mallette. De nouveau, elle est éconduite. Plus tard, elle pensera que l'attaché-case recelait de l'argent liquide. Entendue par le juge Courroye le 12 avril 2001, elle confie : « J'ai souvent remarqué que Bernard Guillet détenait beaucoup d'espèces sur lui, des billets de 500 francs ou de 100 dollars. »

La curiosité trop aiguisée de Sabine Moutier aura une conséquence : plus jamais Bernard Guillet ne lui confiera de mission solitaire. Ce genre de travail, elle le fera en liaison directe avec Bernard Guillet. C'est ainsi qu'elle se rend au Liban, en Syrie, en Jordanie et en Irak. A Bagdad, accompagnés d'un richissime homme d'affaire irakien, Nasir Abid, le duo Guillet-Moutier livrera des médicaments dans le cadre d'une mission humanitaire parrainée par le conseil général des Hauts-de-Seine.

Qui est Nasir Abid ? Résidant au Luxembourg, proche dans les années 1989-1990 du numéro 2 d'Elf, Alfred Sirven, il est le bras droit d'un businessman d'origine également irakienne, qui est aussi son beau-frère, Nadhmi Auchi dont le nom sera cité à l'occasion du rachat en 1991 du raffineur espagnol Ertoil par Elf : il aurait perçu une commission de 300 millions de francs [1].

Abid, qui dispose d'une suite à l'année à l'hôtel Crillon, connaît bien Charles Pasqua. Ce dernier le convie souvent à des dîners officiels. Il est aussi très lié à Bernard Guillet, qu'il rencontre quatre ou cinq fois par an au Luxembourg. A chaque fois accompagné de la dévouée Sabine Moutier... Que se disent les deux hommes ? La jeune femme, qui ne participe jamais à leurs entretiens, n'est certaine que d'une chose : Nasir Abid remettait de l'argent à Bernard Guillet. Un petit jeu qui va durer jusqu'à l'automne 2000, époque à laquelle Guillet prend peur. D'abord parce que l'affaire Falcone suscite une attention soutenue de la presse, ensuite parce que le conseiller diplomatique de Pasqua a appris le lancement d'un mandat d'arrêt international contre son ami Abid.

Aussi, pour le contacter, Guillet n'utilise plus que le portable de Sabine. Celle-ci, affolée, sentant qu'elle risque gros, envisage un temps de tout déballer au juge Courroye.

En cet automne 2000, pourtant, elle retourne voir Nasir Abid au Luxembourg. Pour parler uniquement de ses propres affaires, assure-t-elle, en particulier un dossier portant sur des mines de nickel. Lorsqu'elle s'apprête à prendre congé d'Abid, elle est estomaquée : l'Irakien insiste pour qu'elle remette une enveloppe contenant 50 000 francs à Bernard Guillet. Elle refuse. De retour à Paris, Sabine prévient son mentor que, cette fois, c'est terminé, elle ne mettra plus les pieds au Luxembourg.

1. Le juge Renaud Van Ruymbeke qui instruit ce dossier a délivré un mandat d'arrêt international contre Nasir Abid et Nadhmi Auchi.

Le diplomate, selon la version de Sabine Moutier, se serait alors tourné vers une certaine Natacha, membre d'une association gravitant dans l'orbite de proches de Pasqua, France-Russie-Sibérie. C'est elle qui, à l'avenir, aurait pour mission de récupérer au Luxembourg les fonds mis à disposition de Bernard Guillet par Nasir Abid. Natacha séjournera effectivement vingt-quatre heures au Grand-Duché le 28 février 2001, où elle rencontrera l'homme d'affaires irakien à l'hôtel Royal.

L'objet de l'entretien, affirme-t-elle, était d'évoquer une affaire de préfinancement pétrolier. Natacha, une experte en pétrole ? Elle ignore que l'unité de compte dans ce domaine est le baril et non la tonne ! Elle travaille exclusivement dans... la mode, tantôt à Moscou, tantôt à Paris ! Natacha tient bon : « Jamais, dit-elle, je n'ai remis d'espèces à Bernard Guillet. » Lequel confirme et ne cède pas : « Je n'ai jamais demandé à Sabine Moutier de récupérer des fonds auprès de Nasir Abid. Ce qu'elle dit est faux [1]. » C'est parole contre parole. En revanche, Guillet admet volontiers que l'homme d'affaires est un de ses meilleurs amis. Il l'a connu en 1993 pour préparer la visite à Paris du ministre des Affaires étrangères irakien Tarek Aziz.

Le conseiller diplomatique de Pasqua admet encore volontiers détenir toujours sur lui pas mal d'argent liquide, d'origine totalement transparente : en qualité de membre du cabinet de Pasqua, Guillet recevait chaque mois une enveloppe de 5 000 francs agrémentée d'une prime de 10 000 francs, en raison de ses fonctions de « proche conseiller du ministre ». En outre, il avait droit au remboursement de ses frais de restaurant.

Quant à Charles Pasqua, à propos des accusations de Sabine Moutier, il ne prend pas de gants : « C'est une mythomane. Je n'ai rien à dire de plus. »

Fin avril 2001. Depuis près de trois mois les juges tournent autour de la galaxie pasquaïenne. Et s'interrogent sur un éventuel financement du RPF par l'Angola et Pierre Falcone.

Personne n'est dupe. A travers cette interrogation, c'est Charles Pasqua que l'on cherche. C'est lui le chef. L'âme du

1. Audition du 23 avril 2001 par Philippe Courroye.

RPF. Ses fidèles défilent chez le juge Courroye ou à la PJ : coup sur coup, la dévouée Marie-Danièle Faure se voit placée en garde à vue, Bernard Guillet mis en examen et Jean-Charles Marchiani, de nouveau entendu comme témoin par les policiers de la Brigade financière.

S'il doit s'expliquer sur l'« Angolagate », l'ancien ministre de l'Intérieur devra aussi se battre sur un autre front, ouvert par son allié d'hier, Philippe de Villiers : le financement du RPF lors des européennes de juin 1999. Un financement où apparaît la généreuse Marthe Mondolini et, c'est du moins ce que pense la Justice, quelques amis corses du président du conseil général des Hauts-de-Seine.

CHAPITRE X

Charles, Marthe et Robert

Ce 20 avril 1994, Robert Feliciaggi a toutes les raisons d'être un homme comblé. Le ministre de l'Intérieur, Charles Pasqua, vient de lui délivrer l'autorisation — contre l'avis de la Commission supérieure des jeux — d'exploiter black-jack, roulette française et anglaise au casino d'Annemasse en Haute-Savoie, situé à quelques encablures de la Suisse [1].

On comprend pourquoi Feliciaggi est heureux. A deux reprises, le 13 novembre 1991, puis le 30 septembre 1992 — sous un gouvernement de gauche —, cette même commission avait rendu un avis négatif en raison de la personnalité des actionnaires du casino, notamment celles de Michel Tomi et de son frère, Jean-Baptiste suspectés à l'époque d'être impliqués dans une affaire de détournement de fonds au casino de Bandol (Var). Le 21 février 1994, les fonctionnaires des courses et jeux de la Direction centrale des Renseignements généraux avaient rédigé un rapport, à l'opposé de leurs premières analyses : « Aujourd'hui rien ne permet plus — alors que toutes les vérifications ont été diligentées — de douter de l'honorabilité des postulants. » Bizarrement, la

1. Présidée par un conseiller d'État, cette commission qui comprend des représentants des Finances, du Tourisme, du ministère de l'Intérieur parmi lesquels le directeur des Libertés publiques, se réunit dans les locaux de l'Inspection générale de l'administration du ministère de l'Intérieur. La Commission supérieure des jeux compte quatorze membres.

Commission supérieure des jeux ne suit pas cet avis et met son veto par 13 voix contre 1[1] à toute autorisation d'exploitation du casino d'Annemasse par Robert Feliciaggi. Une interdiction à laquelle passe outre, en ce printemps 1994, comme il en a parfaitement le droit, le ministre de l'Intérieur.

Qui est Robert Feliciaggi ? Agé de cinquante-neuf ans, originaire du village de Pila Canale en Corse, toujours vêtu simplement, sempiternelle chaîne en or autour du cou, il est issu d'une famille partie tenter l'aventure en 1911 à Pointe-Noire au Congo. Son père, directeur des postes et télécommunications dans cette ville à l'époque coloniale, y reste trente ans. Puis, sont nés ses deux enfants, Charles, dit « Charly », qui travaille aujourd'hui en Angola, et Robert né en 1942. Après des études à la faculté de droit de Paris, Robert associé à son frère fait fortune dans la pêche, l'import-export et l'hôtellerie : il dirige l'hôtel Olympic à Pointe-Noire.

Au début des années 1990, Robert Feliciaggi, partenaire de Michel Tomi, frère aîné de Jean-Baptiste, se lance dans l'exploitation de machines à sous et de tables de jeux au PMU (Pari Mutuel Urbain) de Douala au Cameroun. Les deux hommes récidivent au Congo, via la Congolaise de gestion de la loterie (COGELO), grâce aux bonnes relations qu'ils entretiennent avec le général-président Denis Sassou N'Guesso. Et encore au Gabon, où ils créent le Pari Mutuel Urbain de Libreville.

L'implantation en Afrique du PMU peut dérouter. Le système est simple : le joueur parie non sur des courses se déroulant à Douala, Brazzaville ou Libreville, mais sur celles qui ont lieu à Chantilly, Vincennes ou Longchamp, retransmises par la télévision. Il fallait y penser !

Le groupe Feliciaggi-Tomi, qui emploie environ cinq mille personnes pour un chiffre d'affaires annuel de plusieurs centaines de millions de francs, possède également une holding, la Société d'études pour le développement (SED), domiciliée dans le VIIIe arrondissement de Paris, rue de La Trémoille, à deux pas de l'hôtel du même nom, quartier général du clan. Nous en reparlerons.

1. Celle de Jean-Marc Sauvé, directeur des Libertés publiques.

Comme tout Corse qui se respecte, Robert s'intéresse de fort près à la vie de la cité, puisqu'il est maire de Pila Canale, membre de l'Assemblée territoriale et l'un des fondateurs du RPF sur l'île de Beauté, mouvement qu'il a quitté à la suite de divergences avec Pasqua, Feliciaggi ayant rejoint le camp des partisans du « processus de Matignon ». Mais Charles et Robert, au-delà des divergences politiques, demeurent très liés. Robert Feliciaggi sera également un temps patron du club de foot, le Gazelec d'Ajaccio.

Tel est l'homme qui, en avril 1994, devient le propriétaire du casino d'Annemasse. Or, coup de théâtre, quelques mois plus tard il souhaite s'en débarrasser. Un candidat se montre particulièrement intéressé. C'est Jean-Claude Aaron, propriétaire du casino de Divonne-les-Bains, situé de l'autre côté du lac Léman. Un personnage exceptionnel qu'Aaron. Agé aujourd'hui de quatre-vingt-cinq ans, c'est un ancien des services secrets de la France libre (le BCRA) aux côtés du colonel Passy, qui a connu l'oncle et le père de Charles Pasqua dans la Résistance. Par la suite, il sera en 1949-1950 conseiller financier de Paul Devinat, secrétaire d'Etat à la présidence du Conseil, avant d'entamer une carrière de promoteur immobilier qui le conduit en 1953 à construire à Chateauroux des logements pour l'armée américaine. Le grand public le découvre à la fin des années 1960 lorsqu'il édifie la tour Montparnasse, l'ambassade de l'URSS à Paris, puis l'hôtel Cosmos à Moscou, spécialement réalisé pour les jeux Olympiques de 1980. Aaron sera même, entre 1977 et 1983, actionnaire du *Parisien libéré*. Un retour aux sources puisque, en 1946, Jean-Claude Aaron était parti aux Etats-Unis acheter des rotatives destinées au journal...

Quand il apprend en 1995 qu'Annemasse est à vendre, Jean-Claude Aaron se porte candidat ; il est sûr, ainsi, qu'aucun concurrent ne s'installera non loin de Divonne-les-Bains. Le 31 mars 1995, Robert Feliciaggi et Jean-Claude Aaron signent un accord au terme duquel le premier cède 51 % du capital du casino d'Annemasse au second, le reste devant être cédé selon le calendrier suivant : 15 % au 31 octobre 2000 ; 34 % au 31 octobre 2003.

Montant de la transaction : 100 millions de francs. Versés

en plusieurs fois au profit de Feliciaggi, sur l'un de ses comptes au Crédit foncier de Monaco : 34 millions de francs en avril 1995 ; puis, par anticipation, 17 millions le 3 novembre 1997 et 47,7 millions le 9 octobre 1998.

Douze jours plus tard, le 21 octobre, une partie de ces 47,7 millions, soit 17,5 millions, atterrit, sur ordre de Feliciaggi, sur un autre compte au Crédit foncier de Monaco, ouvert visiblement à dessein le 13 octobre seulement. Son titulaire n'est autre qu'une certaine Marthe Mondoloni, dirigeante du PMU Gabon à Libreville, et fille de Michel Tomi.

Un virement à hauts risques, qui va rejaillir sur le RPF de Charles Pasqua. Pour l'heure, personne ne s'en soucie. Ni la justice monégasque, ni la justice française... En juin 1999, ont lieu les élections européennes. La liste Pasqua-Villiers (Rassemblement pour la France et l'indépendance de l'Europe) réalise un score excellent, au-delà de toutes les espérances : avec plus de 13 % des suffrages, elle a droit à plus d'une dizaine d'élus, parmi lesquels Charles Pasqua, Philippe de Villiers, Jean-Charles Marchiani, William Abitbol (brouillé depuis avec son ancien mentor) entre autres.

En ce début d'été 1999, c'est l'euphorie au sein du RPF. Pas pour longtemps. En effet, la Commission nationale des comptes de campagne et de financement politique (CCFP) a appris que Marthe Mondoloni a aidé, à hauteur de 7,5 millions de francs, la liste Pasqua-Villiers... alors qu'elle ne figurait qu'en 55e position sur ladite liste.

Intriguée, la Commission demande des explications à Charles Pasqua, dans une lettre qu'elle lui adresse le 9 septembre. Le 16 septembre, le correspondant de la liste, Me Edgard Vincensini, répond : « Mme Mondoloni est domiciliée à Libreville, au Gabon, et son adresse est BP 7696. Vous trouverez ci-joint une télécopie du Crédit foncier de Monaco en date du 13 septembre 1999, à laquelle sont annexés les extraits du compte personnel de Mme Mondoloni faisant apparaître des chèques de 5 millions de francs et 2,5 millions de francs. »

Réponse brève. Mais incomplète aux yeux de la Commission des comptes de campagne. Le 1er octobre 1999, son chef du service juridique, Bernadette Bhasin, adresse une nouvelle missive à Charles Pasqua. La voici *in extenso* :

En complément aux informations déjà formulées sur le compte de campagne de la liste et aux réponses fournies, je vous serai obligée de bien vouloir apporter à la Commission des précisions et des justifications complémentaires concernant l'apport effectué par Mme Mondoloni, candidate en 55e position sur la liste, et s'élevant à 7 500 000 francs, constitués par deux versements de 5 millions et 2,5 millions respectivement.

Le Conseil d'Etat a en effet considéré que la mission impartie par la loi à la Commission s'étend [...] à la vérification de l'exactitude du montant déclaré, des recettes payées selon leurs origines respectives. Aussi, *la Commission n'excède pas les limites des pouvoirs d'investigation nécessaires à l'accomplissement de sa mission* en demandant *de justifier l'origine des sommes versées par un candidat [...]* et *prélevées sur des comptes bancaires personnels [...]. A l'appui de votre réponse du 16 septembre 1999 concernant l'interrogation portant sur l'origine des fonds susvisés apportés par Mme Mondoloni, vous avez produit deux extraits de compte de l'intéressée (Crédit foncier de Monaco) faisant apparaître :*

— un débit de 5 millions de francs au profit de l'AFPPE[1]*, en date du 15 mars 1999, compensé par un crédit de 4 988 284,70 francs mentionné, comme « conversion en euros 000076045910 », le compte personnel portant sur un ancien solde de 49 185,73 francs ;*

— un débit de 2 500 000 francs au profit de l'AFPPE en date du 14 juin 1999, compensé par un crédit de 2 514 352,97 francs, mentionné comme « conversion en euros 000038331064 », le compte personnel portant un ancien solde de 4 605,36 francs, rétabli à 30 133,55 francs, après l'opération précitée. Mme Mondoloni étant, comme ci-dessus, candidate sur la liste en 55e position, et étant souligné que le bulletin de vote de la liste mentionne comme profes-

1. Association de financement de la liste Pasqua-Villiers aux européennes de 1999.

sion, « mère de famille », vous voudrez bien, dans ces circonstances, apporter à la Commission toutes précisions sur l'origine des fonds apportés par Mme Mondoloni. Je vous remercie d'apporter ces renseignements dans les meilleurs délais et, au plus tard, dans un délai de huit jours.

Six jours plus tard, Me Vincensini adresse la réponse suivante à Bernadette Bhasin :

Par lettre en date du 1er octobre 1999, vous avez bien voulu me demander des précisions sur l'origine des fonds personnels apportés par Mme Mondoloni, candidate sur la liste conduite par M. Pasqua. Comme je l'avais indiqué à MM. les rapporteurs qui m'avaient posé cette question jeudi 30 septembre dernier, les fonds apportés par la candidate proviennent de la vente de Sicav de trésorerie. Vous trouverez ci-joint une attestation du Crédit foncier de Monaco, en date du 6 octobre 1999, précisant que ces Sicav de trésorerie étaient détenues par elle sur son compte personnel. Je déposerai moi-même l'original de cette attestation dès qu'il me sera parvenu. Je vous prie de bien vouloir agréer, Madame, l'expression de mes sentiments respectueux et dévoués.

Satisfaite de cette réponse et des documents envoyés par Me Vincensini, la Commission approuvait les comptes de campagne de la liste Pasqua-Villiers de juin 1999.

A l'état-major du RPF, on respire. D'autant plus que, grâce au score réalisé aux élections (plus de 5 %), le mouvement va percevoir une manne plus que respectable provenant de l'Etat et se transformer en authentique parti politique. Une perspective proche, le congrès fondateur étant prévu pour novembre 1999.

Reste un problème : comment financer ce congrès puisque le remboursement des frais de campagne n'interviendra qu'au début de l'an 2000 ? Avoir recours aux adhérents ? D'accord, ils se bousculent, mais leurs cotisations resteraient insuffisantes. Que faire ? Eh bien, les dirigeants du mouvement se tournent vers quelques généreux donateurs. Parmi ceux-ci, Marthe Mondoloni, évoquée plus haut, qui a avancé 7,5 millions de francs à la liste Pasqua-Villiers.

En attendant d'être remboursée de cette somme, Marthe autorise « M. Pasqua à affecter sur cette somme 2,5 millions de francs au financement du congrès fondateur du RPF [1] ». Témoin la reconnaissance de dette du parti du 18 novembre 1999.

Toujours pour financer le congrès du RPF, Charles Pasqua transfère encore des fonds de la campagne européenne vers le parti : un médecin radiologue marseillais, Robert Assadourian, prête 1 million de francs, tandis que l'ancien ministre de l'Intérieur octroie 500 000 francs sur scs propres deniers. Enfin, Pasqua s'adresse à sa banque, le Crédit du Nord, pour obtenir un découvert temporaire de 4 millions, qu'il couvrira lorsque l'Etat le remboursera des frais de campagne. Cette autorisation, sollicitée en novembre 1999, entérinée par la maison mère du Crédit du Nord, la Société générale, ne pose aucune difficulté. Charles Pasqua, en effet, envoie comme garantie, au Crédit du Nord, une lettre du directeur de l'Administration territoriale et des Affaires politiques du ministère de l'Intérieur, le préfet Dominique Dubois, confirmant que la liste Pasqua-Villiers allait bien recevoir, début 2000, un remboursement forfaitaire de 26 063 601 francs.

Cette bonne nouvelle confirmée, Pasqua voit son compte personnel crédité de 4 millions de francs. Une somme qu'il affecte, en deux fois, les 19 novembre et 3 décembre 1999, au RPF.

Ainsi donc, de l'argent destiné à l'Association de financement des européennes atterrit dans les caisses du RPF. Or la loi est formelle : elle interdit tout don supérieur à 30 000 francs provenant d'une personne physique.

Comme prévu, le congrès du RPF a lieu en novembre 1999. Un congrès triomphal pour Charles Pasqua, réélu président du mouvement.

En janvier 2000, le parti, qui reçoit sa dotation de 26 millions de francs, semble à l'abri des soucis. Au moins sur le plan financier.

Sur le plan judiciaire, c'est autre chose. En effet, à Monaco — où l'on n'a pas oublié l'impact négatif causé par la

1. Cette lettre est non datée et non signée. Elle porte pour seule mention : « Fait à Libreville ».

Commission d'enquête parlementaire animée par le fougueux député PS de Saône-et-Loire, Arnaud Montebourg — le Siccfin (Service d'information et de contrôle des circuits financiers), l'équivalent du Tracfin français, s'intéresse beaucoup, au printemps 2000, à des proches de Pasqua, qui ne sont autres que Robert Feliciaggi et Michel Tomi, titulaires de nombreux comptes offshore au Crédit foncier de la principauté. Le Siccfin a en effet constaté que, de 1995 à 1999, plusieurs de ses comptes — alimentés à hauteur de 300 millions de francs — sont souvent débités par des retraits d'argent liquide, tant à Monaco qu'à la maison mère de Paris, le Crédit agricole-Indosuez. Il a donc alerté le parquet de la principauté, qui va ouvrir, en juin 2000, une information judiciaire pour blanchiment, confiée à un juge autrement plus accrocheur et courageux que bon nombre de ses collègues de la principauté. Agé de quarante ans, il s'appelle Jean-Christophe Hullin. Bien qu'entourée de confidentialité, cette décision filtre rapidement jusqu'à Paris, et en Corse où Robert Feliciaggi et Michel Tomi commencent à se faire du mauvais sang. Mais ils ne sont guère surpris : leur gestionnaire de fortune au Crédit foncier, Alain Fradet, les avait vraisemblablement informés [1].

Au bout de neuf mois d'enquête, la Sûreté monégasque, qui agit sur commission rogatoire du juge Hullin, a reconstitué le circuit emprunté par l'argent de Feliciaggi et Tomi, et identifié les bénéficiaires.

C'est ainsi que 5 à 6 millions de francs retirés en espèces, à Paris, au Crédit agricole-Indosuez, seront remis à quelques ministres de pays d'Afrique occidentale, gros pays producteurs de pétrole ; que le Gazelec d'Ajaccio, club de football présidé un temps, on le sait, par Robert Feliciaggi, aurait eu droit à 6,5 millions et qu'une association satellite du RPF domiciliée à Sartène aurait reçu aussi quelques subsides. La Sûreté monégasque découvre également qu'un personnage

1. Au cours d'une perquisition, on retrouvera chez Alain Fradet un rapport de l'Inspection générale du Crédit agricole-Indosuez, datant de l'automne 1999, qui réclamait la fermeture de tous les comptes de la famille Feliciaggi en raison de mouvements suspects.

influent, Jean-Jé Colonna, présenté par la Commission d'enquête parlementaire sur la Corse de 1998 comme l'un des parrains de la Corse du Sud, s'est vu octroyer, toujours en espèces, plusieurs millions de francs.

Enfin, l'enquête de la police monégasque révèle que Marthe Mondoloni a bien reçu le 21 octobre 1998, sur son compte au Crédit foncier de Monaco, 17,5 millions de francs et que sur cette somme elle en a prêté 7,5 à la liste Pasqua-Villiers. Jusque-là, rien à dire. Sauf que cette manne, selon le rapport de synthèse de la Sûreté monégasque, appartient à Robert Feliciaggi et provient de la vente du casino d'Annemasse.

Pour en arriver à ce constat, les enquêteurs s'appuient sur la chronologie des différentes opérations. Reprenons. Le 9 octobre 1998, l'un des comptes de Robert Feliciaggi au Crédit foncier de Monaco se voit créditer de 47,7 millions de francs provenant du groupe Aaron, nouveau propriétaire du casino. Quelques jours plus tard, Marthe Mondoloni ouvre un compte à la banque monégasque. Dans la foulée, le 21 octobre, elle reçoit 7,5 millions de Robert Feliciaggi. Ils sont immédiatement convertis en Sicav. En mars et juin 1999, les Sicav sont revendues. Une partie d'entre elles — à hauteur de 7,5 millions de francs, on l'a vu — est prêtée à la liste Pasqua-Villiers. Sur cette somme, 5 millions ont été remboursés depuis.

Conforté par cette coïncidence de dates, le juge Hullin en déduit qu'une partie du produit de la vente du casino d'Annemasse a bien servi à financer le RPF, plus exactement son association de financement pour les européennes de 1999.

Le rapport de synthèse de la police monégasque écrit sans détours : « Le groupe Feliciaggi-Tomi a mis en place une structure de blanchiment [en utilisant] le secteur bancaire de la principauté et des relais douteux pour se livrer à des opérations qui ont permis de réinvestir dans des activités légales, l'immobilier, le financement de partis et la mise à disposition d'individus membres du milieu, des sommes importantes en liquide. » Sans s'entourer de précautions, le document poursuit : « Au niveau national, le groupe Feliciaggi-Tomi est lié au parti politique français dénommé RPF et, notamment, son président, Charles Pasqua. Des contacts financiers, téléphoniques et professionnels sont avérés. »

Enfin, ce rapport n'exclut pas que le financement présumé du RPF pourrait être un renvoi d'ascenseur de Feliciaggi en direction de l'ancien ministre de l'Intérieur qui a autorisé l'ouverture du casino d'Annemasse.

Nous sommes au printemps 2001. Des extraits de ce rapport filtrent dans la presse [1]. Et, avec eux, les démentis des principaux intéressés, soit qu'ils s'expriment eux-mêmes, soit qu'ils le fassent par l'intermédiaire de leurs avocats. Ainsi, Charles Pasqua, sévèrement égratigné par le rapport, déclare ne pas « se sentir concerné par cette enquête », tout en lançant : « Si la principauté veut s'occuper de blanchiment, il y a sans doute des gens plus importants à interroger que MM. Feliciaggi et Tomi. »

Quant à son avocat, le discret et subtil Lev Forster, il se montre plus incisif : « Lorsqu'en 1994 le ministre de l'Intérieur délivre l'autorisation d'ouverture du casino d'Annemasse à Robert Feliciaggi, la création du RPF n'est pas un seul instant envisagée. Comment, dans ces conditions, pourrait-il exister un lien entre les deux événements ? » Et Me Forster de poursuivre par une remarque judicieuse : « M. Pasqua a également refusé à M. Feliciaggi l'ouverture d'un casino à Nice. Preuve que ce dernier n'a jamais fait l'objet de favoritisme. »

Me Jean-Dominique Lovichi, le conseil de Robert Feliciaggi, est tout aussi catégorique : « Il est fallacieux d'établir un lien entre l'autorisation d'ouverture du casino d'Annemasse en 1994 et le financement du RPF, pour une raison simple : à cette date, le ministre de l'Intérieur [Charles Pasqua] ne donne aucun feu vert pour l'exploitation des machines à sous, qui seules font gagner de l'argent. Ce n'est qu'en 1995 et 1998 que les successeurs de Charles Pasqua autorisent les machines à sous. A cette époque mon client n'est plus propriétaire du casino. » Et Me Lovichi d'ajouter : « Quant aux 17,5 millions de francs virés, en octobre 1998, à Marthe Mondoloni, ils n'ont rien à voir avec le casino d'Annemasse. Ils représentent le

1. Voir *Le Monde* du 16 mars 2001, « A Monaco, une enquête pour blanchiment vise des proches de M. Pasqua », par Fabrice Lhomme.

rachat par M. Feliciaggi à M. Tomi des actions de la société qui exploite le PMU congolais. »

En ce printemps 2001, tout va décidément très mal pour le clan Feliciaggi-Tomi. C'est la guigne. Les pépins succèdent aux pépins.

Dans la nuit du 10 au 11 mars, Jean-Baptiste Tomi, frère de Michel et oncle de Marthe, maire de Tasso, en Corse du Sud, voit sa mairie soufflée par un attentat à l'explosif. Trois jours plus tard, le secrétaire général du Tracfin, Alain Cadiou, dans une note de sept pages adressée au parquet de Paris, fait part de ses doutes et interrogations sur les relations commerciales qu'entretient Jean-Baptiste, également directeur commercial du PMU Gabon, avec un ressortissant chinois de Libreville, un certain M. Xu, directeur général d'une société de droit gabonais, Gadicom, spécialisée dans l'importation de produits divers (alimentaire, électroménager, électronique en gros et en détail) au Gabon.

Selon le Tracfin, Jean-Baptiste Tomi a reçu, sur son compte, au Crédit foncier de Monaco, deux chèques de M. Xu, l'un de 350 000 francs le 11 août 2000, l'autre de 1 million de francs, le 9 septembre 2000... « Apparemment, écrit le Tracfin, sans que cette transaction financière ait une explication commerciale réelle. »

Le 30 mars, coup de tonnerre. Le juge Jean-Christophe Hullin inculpe deux proches de Feliciaggi qui avaient l'habitude de retirer de l'argent au siège parisien du Crédit agricole-Indosuez, pour le remettre à quelques dignitaires africains dans les locaux de la SED, holding située dans le VIIIe arrondissement de Paris et animée par un proche de Robert.

Huit jours plus tard, c'est au tour de l'ancien gestionnaire de fortune de Feliciaggi et Tomi, Alain Fradet, d'être épinglé. Pour « avoir apporté son concours à une opération de placement ou de dissimulation du produit d'une infraction ». Ensuite, les grosses pointures : Robert Feliciaggi et Michel Tomi. Hullin souhaite les entendre. Les choses ne se passent pas très bien, les deux hommes d'affaires refusant de se rendre à Monaco. Ils craignent d'être incarcérés. Des discussions s'engagent entre Hullin et leurs avocats, désireux d'avoir l'assurance que leurs clients rentreront tranquillement en Corse après leur audition.

Nouveau bras de fer. Palabres. Finalement, Feliciaggi et Tomi obtiennent gain de cause : ils seront entendus sur l'île de Beauté, lieu de leur résidence.

C'est ainsi que le juge d'Ajaccio, Jean-Michel Gentil, sur commission rogatoire internationale de son collègue monégasque, procède à l'audition des deux hommes d'affaires le 18 juin. Le soir même, ils rentrent chez eux. Libres. Sans avoir été mis en examen [1].

Pendant ce temps, à mille kilomètres de là, à Paris, le juge Courroye, qui a pris connaissance du dossier d'Hullin, poursuit son enquête sur le financement politique du RPF. Cette possibilité lui a été donnée le 19 avril 2001 grâce à un réquisitoire du procureur de Paris, Jean-Pierre Dintilhac, qui a ouvert deux informations judiciaires. La première, qui vise nommément Charles Pasqua, a trait au financement de la campagne des élections européennes. Un financement où est apparu le don de 7,5 millions de francs de Marthe Mondoloni. La seconde concerne le financement proprement dit du RPF.

L'initiative du procureur de Paris a été très mal prise par l'ancien ministre de l'Intérieur. Le soir même, il organise, en urgence, à 21 heures, une conférence de presse dans son fief, le conseil général des Hauts-de-Seine.

Ce 19 avril, flanqué de l'un de ses avocats, le médiatique Gilbert Collard, Charles Pasqua se montre particulièrement pugnace. Depuis le début de l'affaire Falcone, la donne a changé. Jusqu'à présent, on évoquait le nom de ses proches. Cette fois, c'est différent : la justice pointe du doigt le sénateur des Hauts-de-Seine à titre personnel. « C'est l'apogée d'une campagne de dénigrement contre le mouvement que je préside et moi-même », tonne-t-il avant de s'en prendre aux juges Courroye et Prévost-Desprez. « Leur instruction, dit-il, est une tentative visant à empêcher le fonctionnement d'un parti poli-

1. Rien de surprenant : un magistrat français agissant sur commission rogatoire internationale ne peut prendre une telle mesure. Robert Feliciaggi et Michel Tomi ont seulement été placés en garde à vue ce 18 juin. Ils seront inculpés par le juge Hullin, pour blanchiment, le 21 octobre 2001.

tique. Il s'agit d'une atteinte aux principes de la vie démocratique. »

« Dans l'esprit d'un certain nombre de juges il faut avoir un tableau de chasse. A ce titre je représente une cible de choix, mais je les attends », défie le président du RPF.

Pas de doute, l'ancien ministre de l'Intérieur est bien victime d'un complot des juges, voire d'une opération de déstabilisation politique. La preuve, termine-t-il, « comment peut-on continuer à utiliser de tels moyens, deux juges et des dizaines de policiers, pour enquêter sur un mouvement dont le budget annuel ne dépasse pas 7 millions de francs ? ».

Il a beau avoir soixante-quatorze ans, le « terrible M. Pasqua », selon l'expression de François Mitterrand, ne manque pas de punch. Il ne se laissera pas faire. Dès le 29 mars, le sénateur des Hauts-de-Seine, toujours aussi combatif, avait envoyé une lettre à Jacques Chirac, président du Conseil supérieur de la magistrature, afin qu'il demande à cette instance de diligenter une enquête sur certains actes des juges Courroye et Prévost-Desprez. Tout d'abord, Charles Pasqua reproche aux magistrats d'avoir saisi et conservé le fichier des adhérents du RPF, ce qui constitue, à ses yeux, une atteinte à l'article 4 de la Constitution. Ensuite, il leur fait grief d'avoir réclamé à Nicole Fontaine, présidente du Parlement européen, dans un courrier adressé le 19 janvier 2001, la liste des interventions des députés RPF concernant l'Angola. La présidente du Parlement de Strasbourg a sèchement répondu aux juges, le 1er février, que tous les débats étaient disponibles sur le site Internet www.europarl.eu.int, tout en rappelant que « les membres du Parlement européen ne peuvent être recherchés, détenus ou poursuivis en raison des opinions ou votes émis par eux dans l'exercice de leurs fonctions ».

Il en faut plus pour décourager Philippe Courroye. En mai, il se décide à convoquer Charles Pasqua et Jean-Charles Marchiani [1]. Le magistrat doit patienter quelque temps,

1. Le juge souhaite interroger Charles Pasqua sur le financement de sa campagne pour les européennes de 1999, le financement proprement dit du RPF, sur les conditions d'attribution de l'ordre national du Mérite à Arcadi Gaydamak et les raisons pour

Pasqua et Marchiani invoquant leur emploi du temps chargé à Strasbourg pour se rendre disponibles. Que peut faire Courroye, sinon les attendre ? En aucun cas leur délivrer un mandat d'amener, puisqu'ils sont couverts par leur immunité de députés européens.

Fin mai, tout rentre dans l'ordre. Le premier à pénétrer dans le cabinet 208 du juge Courroye est Jean-Charles Marchiani. Son audition se déroule dans la matinée du mardi 23 mai. L'ancien préfet du Var ressort du cabinet du magistrat mis en examen pour trafic d'influence. Il lui est reproché d'avoir usé de son influence pour qu'Arcadi Gaydamak soit nommé chevalier dans l'ordre national du Mérite (voir chapitre IV). Une mise en examen qui n'a évidemment aucun rapport avec le financement du RPF.

Le soir même, Pasqua vient au secours de Marchiani, à l'occasion d'un débat organisé à Cergy par les élèves de l'ESSEC.

« Je suis écœuré, lance le sénateur des Hauts-de-Seine. M. Marchiani a risqué sa peau les armes à la main au Liban pour sortir nos otages. Il a failli y rester, lui qui avait deux enfants de dix et douze ans à l'époque. » Avant de poursuivre : « S'il avait été en Angleterre, il aurait été fait chevalier ; aux Etats-Unis, couvert d'or. Nous, on est des minables, voilà mon sentiment. Et ça, ça ne peut que m'écœurer. » Et Pasqua d'ajouter : « Rien ne m'empêchera d'être candidat à l'élection présidentielle, sauf peut-être Dieu, pour qu'il y ait un débat, et qu'on pose les vrais problèmes aux Français. » Il termine, en direction de son ancien associé Philippe de Villiers : « Il y a eu de sa part une volonté de noyautage de notre mouvement, puis une opposition avec le secrétaire général du mouvement, à la suite de quoi il est parti, ce qui lui a évité de tenir ses engagements financiers. Je dois le dire avec regret, je n'ai pas beaucoup de considération pour lui. »

---

lesquelles l'association France-Afrique-Orient, dont il a été jusqu'en 1991 vice-président, a reçu 1,5 million de francs le 12 juillet 1996 de Brenco, la société de Falcone. Quant à Jean-Charles Marchiani, le juge souhaite lui demander des explications sur les conditions d'attribution de l'ordre du Mérite à Gaydamak.

Le 28 mai, cinq jours après son ami Jean-Charles, Pasqua se rend à son tour dans le cabinet du juge Courroye. Il en ressort mis en examen pour infraction à la législation sur le financement des partis [1].

Ces mises en examen fournissent de nouveau l'occasion à l'ancien ministre de l'Intérieur de tirer quelques salves en direction de Courroye et Prévost-Desprez : « Tout ça, déclare-t-il, est directement lié à l'action politique que je conduis. Les juges n'ont aucun élément me concernant. Ils n'ont strictement rien. » Avant d'ajouter : « Je n'accepte pas ces mises en examen et nous entamons immédiatement les recours nécessaires devant la chambre de l'instruction de la cour d'appel de Paris. »

Quarante-huit heures plus tard, le sénateur des Hauts-de-Seine, dans un communiqué transmis à l'Agence France-Presse, revient à la charge. En réaffirmant avec force que « les sommes versées pendant sa campagne électorale [pour les européennes de juin 1999] ne sont pas des dons mais des prêts qui lui ont été consentis, déclarés à l'administration fiscale et figurant sur sa déclaration patrimoniale ».

Pas à dire : Charles Pasqua est coriace. Fermement décidé à se battre, quitte à prendre l'opinion publique à témoin. Guère impressionné, Philippe Courroye ne baisse pas davantage les bras. Ainsi, à la mi-mai 2001, il a écrit une lettre au ministre de l'Intérieur, Daniel Vaillant pour s'informer de la situation de Pasqua au regard de ses mandats électoraux. Est-il toujours protégé par son statut de député européen alors qu'il a été réélu le 23 mars 2001 président du Conseil général des Hauts-de-Seine ? En effet, la loi du 5 avril 2000 le stipule clairement : aucun cumul n'est possible entre le mandat de représentant européen avec l'exercice d'une fonction de chef d'un exécutif local. C'est dire que Charles Pasqua aurait dû, le 23 mars 2001, abandonner son fauteuil à Strasbourg.

1. Le lendemain, Charles Pasqua retournera chez Philippe Courroye pour être de nouveau mis en examen. Pour trafic d'influence. Le juge le soupçonne d'avoir décerné l'ordre national du Mérite à Arcadi Gaydamak en échange du fameux don de 1,5 million de francs à l'association France-Afrique-Orient.

Dans ces conditions, n'étant plus couvert par son immunité, il pourrait faire l'objet de mesures coercitives qui ont nom : contrôle judiciaire, mandat de dépôt ou garde à vue.

Voilà ce dont veut s'assurer Courroye. Le 6 juin, Daniel Vaillant lui adresse sa réponse dans une lettre de deux pages.

Effectivement, écrit le ministre de l'Intérieur, « mon prédécesseur, place Beauvau, aurait dû, en vertu de la loi du 25 avril 2000, abandonner son mandat européen pour ne conserver que la présidence du Conseil général des Hauts-de-Seine ». Seulement voilà, indique Daniel Vaillant, un particulier a formé un recours devant le tribunal administratif de Paris contre l'élection de Charles Pasqua à la présidence du Conseil général des Hauts-de-Seine. Aussi, conclut le ministre de l'Intérieur, « Charles Pasqua peut conserver son mandat de représentant au Parlement européen tant qu'un jugement définitif n'est pas intervenu (article 6-6 de la loi du 5 avril 2000) ».

Et Vaillant de poursuivre : « Le tribunal administratif de Paris a rejeté le recours le 25 avril 2001, mais appel a été interjeté de ce jugement le 18 mai 2001. Ce n'est donc qu'à la date du jugement définitif que le mandat de représentant au Parlement européen exercé par M. Pasqua cessera, conformément aux articles 6-2 et 6-6 précités de la loi du 5 avril 2000 [1]. »

Fort de cette réponse qui ne facilite guère sa tâche, Philippe Courroye se résout finalement le 20 juin [2] à solliciter du Parlement européen la demande de levée de l'immunité de Charles Pasqua ainsi que celle de Jean-Charles Marchiani.

1. Voir article de *L'Express* du 25 avril 2001 : « Pasqua en sursis », sous la signature de Jérôme Dupuis, Gilles Gaetner et Jean-Marie Pontaut.

2. Cette requête n'arrivera officiellement qu'à la mi-octobre 2001 sur le bureau de Nicole Fontaine. Certains magistrats se demandent si cette lenteur ne s'explique pas par une volonté du pouvoir socialiste d'éviter à tout prix que la levée d'immunité de Charles Pasqua n'intervienne avant l'élection présidentielle. Elle empêcherait, sans doute, ce dernier de s'y présenter, permettant ainsi au « probable » candidat Chirac de prendre les voix de l'ancien ministre de l'Intérieur au premier tour et d'avoir un net avantage sur l'autre candidat « probable » Lionel Jospin. Ce que ce dernier ne souhaite guère.

Le magistrat l'obtiendra-t-il ? Par tradition, les parlementaires européens sont moins enclins que leurs collègues nationaux à le décider. En outre, la procédure, plus longue, est surtout sujette à interprétation. Jean-Marie Le Pen, par exemple, a pu échapper à la levée de son immunité [1].

Le 11 juillet, nouvelle accélération de l'instruction sur cette histoire d'Annemasse. A peine, ce jour-là, le parquet a-t-il délivré un réquisitoire supplétif contre X pour « corruption active ou passive », qu'une double perquisition a lieu à la Sous-Direction des courses et jeux et à la Direction des libertés publiques du ministère de l'Intérieur. Objectif ? La saisie d'archives, comptes rendus de réunions ayant trait à l'autorisation d'ouverture du casino d'Annemasse en avril 1994. La Brigade financière découvrira que certains documents n'avaient pas été communiqués à l'époque à la Commission supérieure des jeux...

Pour Pasqua, même s'il n'est pas nommément visé, cette nouvelle information judiciaire ne présage rien de bon. « Tout simplement indigne », lâche un communiqué du RPF à propos de ce réquisitoire. Avant d'enchaîner : « En abusant de moyens juridiques, on cherche en fait à détruire l'image d'un

1. La Cour de cassation a confirmé, le 23 novembre 1999, de façon définitive, la peine d'inéligibilité d'un an prononcée à l'encontre du leader du Front national qui avait agressé, lors des élections législatives de juin 1997, la candidate socialiste à Mantes-la-Jolie (Yvelines) Annette Peulvast-Bergeal. Conformément au code électoral français, cette peine a entraîné la déchéance de tous les mandats de Le Pen.

Celle du mandat européen a été prononcée par un décret du gouvernement français en date du 22 avril 2000. Pour que cette mesure soit définitive, le Parlement devait simplement en « prendre acte ». Ce qu'a fait la présidente Nicole Fontaine.

Pas d'accord, a rétorqué Jean-Marie Le Pen, estimant que la déchéance ne pouvait intervenir que par un vote du Parlement européen réuni en séance plénière. Le leader du Front national a alors saisi la cour de justice des Communautés européennes, qui dans une ordonnance de référé du 26 janvier 2001, lui a donné raison : « Il ne saurait être exclu, constatait la cour, que le Parlement ait, au moins, un pouvoir de vérification de la procédure prévue par le droit national. »

homme d'Etat dont la France a le plus grand besoin aujourd'hui. » « A moins, poursuit le RPF, que le parquet de Paris veuille rappeler ainsi que la chasse à l'homme n'est pas exclusive. »

Il n'empêche. Un jour ou l'autre, Charles Pasqua risque d'être entendu dans cette affaire d'Annemasse [1].

Tout comme Robert Feliciaggi et Michel Tomi.

Pendant de longs mois, silence radio sur cette histoire de casino. Jusqu'à ce que le 11 janvier 2002, après quarante-huit heures de garde à vue, Feliciaggi soit mis en examen pour faux et usage de faux, et corruption active aggravée.

Laissé en liberté par le juge des libertés et de la détention contre l'avis du parquet qui avait requis un mandat de dépôt, Robert Feliciaggi doit s'acquitter d'une caution de 154 000 euros (plus de 1 million de francs) [2].

Quant à Michel Tomi et Marthe Mondoloni, également convoqués par la justice, ils ne sont pas venus. Marthe a fait une fausse couche. Aussi, son père est-il resté à son chevet... Promis, juré, ils viendront quand Marthe sera rétablie.

Mais Philippe Courroye n'est guère patient. Le 21 janvier, il délivre un mandat d'arrêt international contre Michel Tomi. Du coup, ce dernier décide de se rendre à Paris le 28. Désireux de ne pas être interpellé à sa descente d'avion à Roissy, le père de Marthe prend un vol Libreville-Bruxelles. Puis, de la capitale belge, il effectue le trajet en voiture jus-

1. Si des soupçons de corruption se vérifiaient contre ce dernier, seule la Cour de Justice de la République serait compétente pour le poursuivre. Les juges Philippe Courroye et Michèle Vaubaillon seraient dans l'impossibilité d'entendre le sénateur des Hauts-de-Seine, puisque les faits susceptibles de lui être reprochés ont été commis alors qu'il était ministre de l'Intérieur. Les deux magistrats devraient donc se dessaisir.

2. Dans son ordonnance, le juge des libertés estime qu'il « n'apparaît pas [...] d'éléments de vraisemblance suffisamment patents pour considérer que le mis en examen aurait accepté l'idée d'un tel marché alors même qu'au moment de l'investissement qu'il a réalisé à Annemasse, M. Pasqua n'exerçait pas de fonctions ministérielles ».

qu'au pôle financier. Ses avocats l'attendent. Et aussi les policiers de la Brigade qui, exécutant le mandat d'arrêt, somment Tomi de les suivre. Placé en détention provisoire, il doit attendre le lendemain pour être interrogé par Philippe Courroye qui le met en examen pour complicité de financement politique illégal, corruption active, faux et usage de faux. Contrairement à ce qu'il avait envisagé pour Robert Feliciaggi, le magistrat ne réclame pas l'incarcération de Michel Tomi. Ce dernier peut quitter, libre, le cabinet de Courroye, contre le versement d'une caution de 1,5 million d'euros (10 millions de francs). Une fois encore, Tomi réfute toute accusation de corruption, contestant que ses affaires aient pu servir de caisse noire à Charles Pasqua.

Coïncidence, le soir même, l'ancien ministre de l'Intérieur annonce officiellement sa candidature à la Présidence de la République. En évoquant, avec des accents dramatiques qu'il manie à merveille, une « France qui n'est plus respectée » et un « Etat déliquescent ».

L'annonce a lieu, sur fond de drapeaux tricolores, dans une salle réservée rue du Quatre-Septembre à Paris. Un symbole, ce quatre septembre : c'est le jour de la naissance de la IIIe République...

Épilogue

C'est une comédie de mœurs comme on en voit rarement que nous avons dépeinte, tout en essayant de ne pas porter de jugement de valeur.

Une comédie de mœurs où s'entremêlent des initiatives de diplomatie parallèle, et des luttes d'influence pour libérer deux otages français détenus en Bosnie. Où apparaissent pêle-mêle un avocat entreprenant, deux hommes d'affaires hors du commun, un ancien ministre haut en couleur, un agent secret, un esprit brillant, ex-conseiller de François Mitterrand... et même une Mata-Hari qui nous vient tout droit d'un théâtre de marionnettes. Où l'on voit surgir aussi quelques corbeaux, qui rappellent des époques que l'on croyait révolues. En toile de fond, l'argent. L'argent facile, omniprésent qui valse de comptes bancaires en comptes bancaires...

Une comédie humaine revue et corrigée qui se déroule entre fin du deuxième millénaire et début du troisième, dans divers endroits de la planète. A Paris, en Angola, en Russie, en Bosnie, en Amérique latine et même en Extrême-Orient.

A cette comédie manquerait un acteur si on oubliait un juge aux méthodes rudes, contestées, qui, malgré les embûches dressées sur sa route, tel un joueur d'échecs — ce qu'il est du reste — poursuit imperturbablement son instruction.

Jusqu'où cela ira-t-il ? Quelle sera la décision de la justice ?

Ce sera à l'accusation de prouver, par exemple, que l'avocat Allain Guilloux est allé au-delà d'une classique activité de lobbying pour obtenir un dégrèvement fiscal au profit de ses deux clients, Pierre Falcone et Arcadi Gaydamak. A l'accusation de démontrer que Jacques Attali a usé de son influence auprès d'Hubert Védrine et Dominique Strauss-Kahn pour qu'ils interviennent au sujet de ce dégrèvement. Et que l'étude qu'il a réalisée sur les micro-crédits en Angola ne serait, selon la Brigade financière, qu'un « habillage juridique » destiné à le rémunérer de sa demande d'intervention.

A l'accusation encore de démontrer qu'il y a un lien entre l'ordre national du Mérite sollicité par Charles Pasqua pour Gaydamak et le versement d'un don par Falcone à l'association France-Afrique-Orient. Et d'apporter la preuve que l'ancien ministre de l'Intérieur a délivré l'autorisation d'exploitation d'un casino à un homme d'affaires corse en échange d'un financement politique.

Ce sera aussi à l'accusation de prouver que Jean-Charles Marchiani a usé de son influence pour que Gaydamak obtienne l'ordre national du Mérite en échange du financement de France-Afrique-Orient par Pierre Falcone.

Ce sera à l'accusation de démontrer que Falcone et Gaydamak ont violé les dispositions du décret-loi de 1939 sur le commerce des armes et qu'ils ont commis le délit de fraude fiscale alors qu'ils soutiennent être non-résidents en France.

A l'accusation enfin de démontrer que Jean-Christophe Mitterrand s'est rendu complice d'un trafic d'armes et qu'il a, lui aussi, commis le délit de fraude fiscale en ne déclarant pas ses revenus en France alors qu'il affirme ne plus résider sur le territoire national.

La justice devra avant tout dire le droit, rien que le droit, et ne pas se fonder, dans sa décision, sur la morale. Une mission périlleuse, tant, selon l'expression d'un magistrat, Antoine Garapon, « notre droit est devenu la dernière morale commune dans une société qui n'en a plus ».

Car c'est bien l'une des questions soulevées par l'affaire Falcone qui révèle des pratiques à la lisière du droit, tordant le cou à la morale. Sont-elles pour autant illégales ? Pour l'heure, le juge d'instruction, réputé pour mener ses enquêtes au cordeau, et les policiers de la Brigade financière le pensent. Le parquet aussi. Les avocats des mis en examen sont évidemment d'un avis radicalement opposé. Le moment venu, quel sera le jugement du tribunal correctionnel [1] ?

Quelle que soit son issue, cette instruction fleuve permet d'ores et déjà de dégager quelques enseignements.

D'abord, il y a vingt ou trente ans, jamais elle n'aurait connu un tel développement judiciaire. Jamais, dans les années soixante-dix, un magistrat n'aurait été aussi loin dans la conduite de son information. Jamais il n'aurait mis au jour des circuits financiers d'une telle envergure, sollicité à ce point la police judiciaire. Enfin, jamais, vraisemblablement, il n'aurait osé mettre en examen — inculpé, disait-on à l'époque — des personnalités ou notables de premier plan. Tout au plus, cette affaire se serait-elle cantonnée à un délit de fraude fiscale.

Ces temps sont révolus. Les juges ont acquis une formation financière leur permettant de se plonger dans le dédale, parfois compliqué, des mouvements de fonds internationaux. Ils multiplient l'envoi de commissions rogatoires internationales en Suisse ou dans les paradis fiscaux. Ils entendent plutôt deux fois qu'une les mis en examen, organisent des confrontations, n'hésitent plus à débusquer les collusions éventuelles entre les avocats et leurs clients. Depuis deux ou trois ans, les perquisitions effectuées dans les cabinets d'avocats ont fait florès.

Désormais, rien n'échappe aux juges. D'autant plus qu'ils peuvent compter aussi sur l'aide précieuse de policiers spécialisés — notamment ceux de la prestigieuse Brigade financière [2] et aussi de la sous-direction des Affaires économiques et financières de la direction centrale de la police judiciaire — parfaitement rompus aux techniques comptables ou financières.

Cette révolution des mentalités s'est esquissée au milieu des années 1980 avec le développement des scandales

1. Le juge pourra aussi, à la clôture de son instruction, délivrer un non-lieu partiel ou total.

2. Elle dépend de la Direction de la police judiciaire de la préfecture de police.

politico-financiers de grande envergure qui ont nom : Carrefour du développement, Péchiney, Société générale, Urba.

C'est l'époque où les juges, longtemps frileux, s'émancipent du pouvoir politique... qui lui-même prend peur.

Secoués par deux lois d'amnistie — celles de 1988 et de 1990 —, les magistrats ne craignent pas d'engager des actions symboliques fortes. C'est Thierry Jean-Pierre, qui un week-end, le 7 avril 1991, ose perquisitionner au siège d'Urba. C'est Renaud Van Ruymbeke qui, le 14 janvier 1992, agit de même au siège du Parti socialiste rue de Solférino, avant, quelques mois plus tard, d'inculper le quatrième personnage de l'Etat, Henri Emmanuelli, président de l'Assemblée nationale. C'est aussi Edith Boizette, qui instruit avec détermination et courage l'affaire Péchiney et inculpe l'ami du président de la République, Roger-Patrice Pelat.

Cette prise de pouvoir connaît son apogée lorsque Eva Joly, dans le cadre de l'affaire Elf, place en détention en juillet 1996 un grad patron en exercice, Loïk Le Floch-Prigent, en poste à la SNCF, après avoir été celui de Rhône-Poulenc puis d'Elf de mai 1989 à août 1993.

Epoque bénie pour les juges, starisés par les médias, le symbole en étant Eva Joly. Elle qui devient, aux yeux des Français, l'une des personnalités les plus courageuses, les plus respectées du pays [1].

Depuis quelques mois, le vent tourne. Deux décisions récentes rendues par le tribunal correctionnel de Paris ont fait tomber les juges de leur piédestal et porté un coup à leur façon d'instruire, et donc à leur crédibilité. La première a été la relaxe en novembre 2001 de l'ancien ministre de l'Economie et des Finances, Dominique Strauss-Kahn, mis en examen il y a deux ans pour faux et usage de faux dans le dossier de la MNEF. Ce qui l'avait conduit à la démission du gouvernement Jospin en

1. C'est logique, les juges sont en phase avec l'opinion publique. Un sondage Sofres/*Le Monde*/RTL de janvier 1997 révèle que 82 % des Français estiment que la justice est soumise au pouvoir politique.

novembre 1999 [1]. Dans son jugement sur l'affaire DSK, le tribunal se montre particulièrement sévère tant à l'égard des juges Riberolles et Brisset-Foucault que du parquet de Paris. Qualifiant d'« absurde » la prévention, le tribunal « observe qu'il eût été préférable, avant que d'engager le débat judiciaire public, de s'interroger sur les limites de l'application de la règle de droit ». Sous-entendu : l'affaire Strauss-Kahn n'aurait jamais dû forcer les portes d'une juridiction, mais se clore par un non-lieu.

Observons tout de même que notre système judiciaire a, tout compte fait, fonctionné, chaque partie ayant joué son rôle : les juges ont instruit, le parquet a, *in fine*, abandonné l'accusation et les avocats de l'ancien ministre, avec des arguments convaincants, ont obtenu la relaxe de leur client.

Enfin, l'instruction s'est déroulée dans un temps relativement court — deux ans — alors que d'autres mis en examen comme Loïk Le Floch-Prigent ou l'ancien président du Crédit Lyonnais, Jean-Maxime Lévêque attendent toujours d'être fixés sur leur sort.

Leurs dossiers, il est vrai, sont d'une tout autre complexité que ne l'était celui de l'ancien ministre de l'Economie.

La seconde affaire est la relaxe prononcée en décembre 2001 à l'encontre de Robert Hue, soupçonné d'avoir reçu illégalement des fonds d'un bureau d'études pour financer le

1. Trois ministres du gouvernement Balladur (1993-1995) avaient dû prendre pareille initiative : Gérard Longuet, ministre de l'Industrie, Michel Roussin, ministre de la Coopération, et Alain Carignon, ministre de la Communication. Le premier obtiendra un non-lieu partiel, le deuxième un non-lieu total, le troisième sera condamné. Ces trois personnalités avaient démissionné au nom d'un principe inauguré par le Premier ministre Edouard Balladur, selon lequel tout ministre mis en examen devait quitter le gouvernement. Curieux principe, car précisément, au nom de la présomption d'innocence qui, contrairement à ce que l'on pourrait croire, existe depuis des lustres dans notre code pénal et ne date pas de la loi Guigou du 15 juin 2000, Longuet, Roussin et Carignon auraient pu parfaitement conserver leurs fonctions ministérielles, tout comme Strauss-Kahn d'ailleurs.

PC [1]. D'où ce commentaire du président du Parti communiste : « Durant cinq ans, j'ai subi avec mes amis le poids écrasant de la suspicion que le tribunal vient de démontrer comme injustifiée et inacceptable. Il conviendra naturellement de tirer tous les enseignements de cette situation. »

Hier hérauts de la lutte contre la corruption, en osmose avec une opinion avide de justice, méfiante à l'égard de la classe politique — elle l'est toujours —, voici qu'aujourd'hui les juges sont vilipendés, accusés de mettre à bas nos libertés publiques, d'incarcérer à tour de bras, de jongler avec la procédure et de multiplier des mises en examen hasardeuses. Aussi n'est-il pas surprenant que les avocats, à la formation financière plus poussée que jadis, se rebiffent, contestent les décisions des juges d'instruction, engagent des demandes de récusation, ou déposent plainte contre ces derniers.

C'est l'initiative qu'ont prise dans l'affaire Falcone Mes Lev Forster et Gilbert Collard, conseils de Charles Pasqua, ainsi que Mes Jean-Pierre Versini-Campinchi et Rémy Wilner, conseils de Jean-Christophe Mitterrand, contre le juge Courroye. Pour faux en écritures publiques. Une démarche prévue par le code de procédure pénale, qui ne peut évidemment qu'instaurer un climat de tension au cours de l'information judiciaire.

1. On pourrait citer les réquisitions de non-lieu prises en décembre 2001 par le parquet de Paris dans l'affaire Conserver 21, instruite depuis quatre ans par Laurence Vichnievsky, dans laquelle Yves Bonnet, l'ancien patron de la DST, a été mis en examen pour complicité d'escroquerie parce que soupçonné d'avoir prêté main forte à un homme d'affaires douteux. La juge a suivi le parquet en décernant, le 21 décembre 2001, un non-lieu en faveur de Bonnet.

Citons encore le dossier des emplois fictifs de la MNEF dans lequel le parquet de Paris a également pris des réquisitions de non-lieu en faveur de Jean-Marie Le Guen, député PS de Paris, Jean-Christophe Cambadélis, ex-numéro 2 du PS, Marie-France Lavarini, ex-conseillère de Lionel Jospin au ministère de l'Education. Début janvier 2002, les juges Marc Brisset-Foucault et Françoise Neher décidaient de ne suivre que partiellement les réquisitions du parquet et renvoyaient uniquement Cambadélis et Marie-France Lavarini devant le tribunal correctionnel. Le parquet de Paris a interjeté appel de la décision des juges.

Le recours à cette pratique était inusitée il y a cinq ou dix ans. Autre nouveauté : certains mis en examen ou susceptibles de l'être recourent parfois à des méthodes inquiétantes en enquêtant sur la vie privée de tel ou tel juge. Eric Halphen, en poste à Créteil, chargé d'instruire l'affaire des HLM de la Ville de Paris, en fit les frais il y a quelques années [1]. Philippe Courroye, dans un autre dossier que celui de Falcone, aura la désagréable surprise — le mot est faible — de découvrir que l'on s'intéressait au patrimoine de son épouse. Le but était clair : démontrer qu'il était à la fois juge et partie dans ledit dossier. Ce qui était absurde.

Pour bon nombre d'observateurs, les affaires Strauss-Kahn et Robert Hue marqueraient, selon l'expression de Me Jean-Marie Burguburu, le « chant du cygne » du juge d'instruction. Des avocats comme Me Daniel Soulez-Larivière se demandent si le temps n'est pas venu d'instaurer dans notre système judiciaire la procédure accusatoire sur le modèle anglo-saxon. C'est aussi l'opinion de Jean-Pierre Mignard, avocat de talent, délégué aux professions libérales auprès de François Hollande, premier secrétaire du Parti socialiste. Estimant que « le parquet doit sortir de l'ombre et assumer la responsabilité de l'accusation », Me Mignard n'exclue pas que la suppression du juge d'instruction soit un des thèmes de campagne du candidat socialiste à la présidentielle. [2]

Le plus haut magistrat de France — avec le premier président de la Cour de cassation —, Jean-François Burgelin, procureur général près de notre Cour suprême est lui aussi partisan de la disparition des juges d'instruction.

Il y a quelques années, au moment de l'affaire du sang

1. Dans une interview au *Parisien* en janvier 2002 recueillie par Laurent Valdiguié, il a annoncé sa demande de mise en disponibilité.

2. Propos tenus début février 2002 lors d'un colloque organisé par le groupe Mialet, aassociation qui regroupe des personnalités ayant connu la détention. Parmi les membres de ce groupe, figurent Olivier Spithakis, ex-directeur général de la MNEF, Loïk Le Floch-Prigent, ancien président d'Elf et Jean-Michel Boucheron, ancien député maire (PS) d'Angoulême.

contaminé, il s'était élevé — avec raison — contre la judiciarisation de notre vie politique et avait requis devant la cour de justice de la République un non-lieu en faveur de l'ancien Premier ministre Laurent Fabius.

Aujourd'hui, il va plus loin, estimant que « le juge d'instruction a fait son temps ».

Jean-François Burgelin en explique les raisons [1] : « Nous avons été façonnés par deux siècles de culture révolutionnaire et napoléonienne. Le juge d'instruction, qui en est issu, a bien rempli son office pendant deux siècles, mais il a fait son temps. Il va falloir regrouper le parquet et l'instruction pour simplifier l'organisation judiciaire. Il faut un parquet qui poursuive, instruise les dossiers et soutienne l'accusation face à une défense qui joue pleinement son rôle, sous le regard du juge arbitre. »

Et Burgelin de poursuivre : « Nos codes, depuis Colbert, ont été conçus pour juger les malfaiteurs, assassins, voleurs, escrocs. Aujourd'hui, on demande à la justice de régler des problèmes de société fondamentaux, qu'il s'agisse du sang contaminé, de l'amiante, de la vache folle. Les dossiers deviennent de véritables monstres. »

Le plus haut parquetier de France ajoute : « [Les juges] doivent se livrer à un exercice de doute systématique sur le bien-fondé de leur propre démarche. Je pense qu'en ce moment certains d'entre eux sont trop bardés de certitudes. [...] Il y a quelques années, je disais qu'il ne fallait pas que les juges s'érigent en justiciers. [...] Je n'avais pas complètement tort. »

Le point de vue du procureur général a un immense mérite, exprimé en quelques lignes seulement : celui de la clarté, de la concision et de la cohérence, tout en soulevant quelques questions capitales.

Les juges seraient-ils prêts à faire leur propre révolution culturelle ? Autrement dit, accepteraient-ils de se remettre en cause en endossant les habits de parquetiers, c'est-à-dire en remplissant à la fois la fonction de poursuite et celle de l'instruction ? N'y aurait-il pas un risque, dans cette hypothèse,

1. Interview dans *Le Nouvel Observateur* du 13 novembre 2001.

que ces nouveaux juges engagent des poursuites au-delà du raisonnable ?

Les organisations syndicales de magistrats répondent non et non aux propositions de Jean-François Burgelin. Dominique Barella, secrétaire adjoint de la principale organisation, l'Union syndicale des magistrats (USM), le dit sans ambages : « Cette réforme ne servirait qu'à une chose : permettre à la police de faire des enquêtes sans le contrôle des juges. On en arriverait à une justice à l'américaine, c'est-à-dire à la coexistence d'une justice des riches et d'une justice des pauvres. Celui qui a les moyens de s'offrir un bataillon d'experts et d'avocats peut lutter, celui qui n'a pas les moyens ne peut pas. »

Même analyse du côté du Syndicat de la magistrature (SM). Certes, ce dernier n'est pas attaché coûte que coûte à l'existence du juge d'instruction, mais en l'état, souligne son secrétaire général adjoint, Raphaël Grandfils, « cette réforme est inacceptable ». Il invoque deux raisons : « D'une part, actuellement le parquet n'est pas indépendant. Transférer les pouvoirs du juge au parquet reviendrait à le soumettre au garde des Sceaux. D'autre part, c'est le parquet qui dispose aujourd'hui de l'opportunité des poursuites et peut donc enterrer une affaire. Seul le juge en constitue un contre-pouvoir. »

La remarque est pleine de bon sens. Encore que précisément, si la réforme proposée par Jean-François Burgelin voyait le jour, l'occasion devrait être saisie — certains magistrats n'y sont pas hostiles — de créer un poste de super-procureur général, élu par ses collègues de la Cour de cassation, ayant compétence sur le territoire national, qui aurait la maîtrise de l'action publique. Au lieu et place du garde des Sceaux.

Nous n'en sommes pas encore là. En effet, la proposition de Jean-François Burgelin, si elle devait être débattue, risquerait de se heurter aux pesanteurs sociologiques et au corporatisme assez vivaces dans la magistrature. Pour l'heure, le système inquisitoire est toujours là, avec comme clé de voûte le juge d'instruction. Aux chambres de l'instruction de le contrôler plus efficacement. De le censurer quand il commet une faute. Et à la Cour de cassation de dessaisir un juge quand il instruit n'importe comment.

Aujourd'hui, les juges, à l'image de leurs collègues italiens tancés à longueur de temps par le président du Conseil Silvio Berlusconi, sont dans le collimateur du pouvoir politique, de l'opinion et de bon nombre de mis en examen, principalement dans les affaires financières. Mais demain ? Nos gouvernants ont, depuis plusieurs années, mis en place des structures accueillant des magistrats spécialisés.

A la fin des années quatre-vingt, ce fut la création d'une section antiterroriste au parquet de Paris, compétente sur l'ensemble du pays. Des grincements de dents s'étaient fait entendre, certains redoutant une menace pour les libertés publiques. Désormais, personne ne songe à remettre en cause cette 14e section, qui fonctionne bien et a permis aux magistrats et aux policiers d'acquérir une très bonne connaissance du terrorisme islamiste. Il y a trois ans, ce fut la création des pôles financiers dans les grands tribunaux (à Paris, Lyon, Marseille notamment). Ces structures ont tout de même eu, même si certains juges, surtout à Paris, se chamaillent pour obtenir de « beaux dossiers », des résultats tangibles : une lutte plus efficace contre la grande délinquance financière. Au grand dam de nos élites qui accusent certains magistrats de se comporter comme des justiciers ou des chevaliers blancs.

Il est temps que l'on débatte de la responsabilité des magistrats du siège, qui devrait être la contrepartie de leur inamovibilité. Mais qu'on y prenne garde : lorsqu'un Etat prend ses juges comme boucs émissaires, il n'a plus de démocratique que le nom. Et glisse insensiblement vers quelque chose de détestable : le totalitarisme.

Table

Cet ouvrage a été composé par
Graphic Hainaut (59163 Condé-sur-l'Escaut)
et imprimé sur presse Cameron
par **Bussière Camedan Imprimeries**
à Saint-Amand-Montrond (Cher)
pour le compte des Éditions Plon

Achevé d'imprimer en février 2002.

N° d'édition : 13466. — N° d'impression : 020859/1.
Dépôt légal : février 2002.

Imprimé en France